당신의
가정에
폭풍이
몰려올 때

TOGETHER THROUGH THE STORMS
by Jeff and Sarah Walton

First published in English by The Good Book Company as Together Through the Storms
ⓒ 2020 by Jeff and Sarah Walton
All rights reserved.

Korean Edition published by Word of Life Press, Seoul 2021
Translated and published by permission.
Printed in Korea.

당신의 가정에 폭풍이 몰려올 때

ⓒ 생명의말씀사 2021

2021년 2월 2일 1판 1쇄 발행

펴낸이 ｜ 김재권
펴낸곳 ｜ 생명의말씀사

등록 ｜ 1962. 1. 10. No.300-1962-1
주소 ｜ 서울시 종로구 경희궁1길 6 (03176)
전화 ｜ 02)738-6555(본사) · 02)3159-7979(영업)
팩스 ｜ 02)739-3824(본사) · 080-022-8585(영업)

기획편집 ｜ 구자섭, 유영란
디자인 ｜ 조현진
인쇄 ｜ 예원프린팅
제본 ｜ 정문바인텍

ISBN 978-89-04-16744-9 (03230)

저작권자의 허락없이 이 책의 일부 또는 전체를
무단 복제, 전재, 발췌하면 저작권법에 의해 처벌을 받습니다.

당신의 가정에 폭풍이 몰려올 때

제프 월턴·사라 월턴 지음
홍병룡·김영인 옮김

생명의말씀사

추천사

"아름답고 용감하고 지혜로운 책이다. 당신의 결혼생활이 쉽든지 어렵든지 불문하고 이 책을 꼭 읽어라! 쉬운 해답을 기대하지 말라. 하지만 더 나은 해답을 찾을 것이다. 한 부부가 인생의 수많은 곤경을 겪으면서 하나님을 영화롭게 하고 서로를 사랑하기로 결심한 사연을 담은 감동적인 이야기다."
– 게리 토마스(『결혼, 영성에 눈뜨다』, 『고통스런 관계 떠나기』의 저자)

"모든 부부에게 언젠가 찾아오는 난관을 잘 극복하도록 건전한 성경적 지혜를 제공하는 책이다. 제프와 사라 부부들에게 슬픔에도 불구하고 장기적인 기쁨에, 실망에도 불구하고 장기적인 만족에, 궁극적 회복을 고대하며 장기적 희망에 이르는 길을 찾으라고 권면한다."
– 낸시 거스리(성경 교사, 『Even Better Than Eden』의 저자)

"이 유익한 책이 얼마나 많은 부부를 구출하거나 도와줄지는 상상만 할 수 있을 뿐이다. 가장 든든한 결혼관계라도 많은 슬픔을 피할 수 없다. 나도 그걸 경험했다. 우리 부부도 우리 가정에 계속 밀려오는 슬픔의 파도와 싸우지 않을 수 없었다. 그처럼 고통스러운 여정을 걷는 동안 성경적 진리와 실제적 조언을 겸비한 이 책이 있었더라면 얼마나 좋았을까."
– 마크 브로갑(미국 칼리지파크교회 담임목사, 『짙은 구름, 더 깊은 긍휼』의 저자)

"한 찬송가 작사자가 '험상궂은 섭리'라고 부른 것을 경험하는 모든 부부에게 딱 맞는 선물이다. 제프와 사라는 그들의 경험에 근거해 어두운 날에도 하나님은 선하시고 믿을만한 분임을 잘 보여주고 있다."
— 밥 레파인(라디오 프로그램 '패밀리라이프 투데이'의 사회자)

"제프와 사라는 결혼생활에 닥치는 고난과 시련을 직접 경험한 부부이다. 소중한 친구처럼 그들은 고통스런 환경에 대한 깊은 공감과 이해를 제공하되 초시간적인 성경의 진리를 통해 희망도 선사한다. 당신 부부가 위기를 겪고 있거나 미지의 날을 대비해 부부관계를 든든히 세우고 싶다면, 이 책을 꼭 읽어라."
— 로라 와이플러('리즌 머더후드'의 공동창립자, 『Risen Motherhood: Gospel Hope for Everyday Moments』의 공동저자)

"나는 결혼생활에서 고통스런 폭풍에 휘말린 아내들을 대상으로 오랫동안 사역하면서 성경으로 그들을 격려하려고 애써왔다. 그들과 다양한 책에 대해 토론해 왔으나 제프와 사라가 쓴 이 책에 비견할 만한 것은 없었다. 이들은 기막힌 고난의 이야기를 노련하게 나누어 독자로 하여금 저자들이 믿을만한 친구요 지혜로운 격려자요 예수님의 겸손한 제자라고 느끼게 한다. 이 책은 값진 보석이다! 그냥 읽지만 말고 곱씹어 음미하라."
— 엘렌 디카스(하비스트 USA, 『Sexual Sanity for Women』의 저자)

"사라와 제프는 인생이 여전히 힘겨운 기간에 이 글을 쓰고 있다. 그들은 '당신의' 폭풍에 대해 얘기한다. 단 하나의 문제가 있다. 당신 부부가 이 책을 읽으면 각 장 뒤에 나오는 기도문으로 계속 돌아갈 것인즉 이 책을 친구들에게 줄 수 없을 것이라는 문제다. 부부가 그 기도문에 따라 함께 기도한다면 분명히 변화될 것이다."

– 에드 웰치(기독교상담교육재단(CCEF)의 상담가, 『When People Are Big and God Is Small』, 『Side by Side』의 저자)

"제프와 사라는 끊임없는 압력을 받으며 산다는 것이 무엇인지 안다. 이 책은 어렵게 얻은 통찰과 성경적 지혜를 담고 있어 당신들이 서로에게, 그리고 궁극적으로 그리스도께 좀 더 가까워지도록 격려해줄 것이다. 이 책을 읽는 것은 복된 일이다. 밑줄 칠 곳이 너무 많아서 탈이다!"

– 라이첼 윌슨(『The Life We Never Expected』의 공동저자)

"제프와 사라는 실직, 만성 질병, 과거의 정서적 상처, 우울증, 친밀함, 정체성, 자녀 문제 등 많은 경험을 얘기하고, 그 모든 위기 가운데서도 하나님이 여전히 신실하신 분임을 보여준다. 각 장 뒤에 나오는 질문과 기도문과 성경구절은 당신 부부에게 열린 대화를 하도록 격려하고, 당신들만 위기를 겪는 것이 아님을 알게 해주고, 희망을 품고 꿋꿋이 살아가도록 도와줄 것이다."

– 커크 카메론(배우, 프로듀서)

"결혼은 하나님이 주신 멋진 선물이나 심한 고통을 초래할 수 있다. 제프와 사라는 가슴앓이를 겪으면서도 희망을 찾는다는 것이 무엇인지 안다. 이 희망의 열매가 너무나 유익한 본서에 담겨 있다. 그들은 솔직하고 민감하고 성경적인 방식으로 하나님 안에서 용기를 품으라고 격려한다. 당신도 조만간에 시련을 겪을 것이다. 이 책은 당신이 무엇을 믿어야 할지 알도록 도와줄 것이다."
- 말라드 부부(폴과 에드리)[영국 위드콤침례교회 목사, 『Invest Your Suffering』의 저자]

"이 책은 이상적인 결혼관이 아니라 실패와 두려움과 의심으로 점철된 이야기를 들려주되 그런 와중에도 우리에게 힘을 주시는 하나님을 잘 보여준다. 고통의 길을 걷고 있는 부부들에게 진정한 도움과 희망을 선사하는 놀라운 책이다."
- 바니타 리즈너(『The Scars That Have Shaped Me』의 저자)

"우리가 결혼서약을 할 때는 결혼생활의 난관을 접할 것을 예상하지 않는다. 그래서 고통스런 환경은 든든한 부부관계에도 스트레스를 유발할 수 있다. 제프와 사라는 그런 길을 걷는 것이 무엇인지 직접 경험한 부부이다. 그들의 조언은 텅 빈 상투어가 아니라 도움과 희망의 진정한 원천을 가리켜준다. 지혜롭고 탄탄하고 실제적인 본서는 생명줄과 같다."
- 메리 카시안(『The Right Kind of Strong』의 저자)

"솔직하고 꾸밈없는 이 책은 우리의 삶에, 그리고 결혼생활과 가정에 희망과 진리의 빛을 비춰준다. 본서는 시련을 겪고 있는 모든 사람에게 진정한 복을 안겨 줄 것이다."
− 데일 부부(폴과 라이첼)[호주 처치바이더브리지교회 담임목사]

"신선하고 통찰력 있고 실제적이다. 어려움에 빠지면 많은 이들이 분열과 절망에 압도되곤 하는데도 제프와 사라는 희망과 함께하는 법을 찾은 부부이다. 부부가 곤경에 처할 때 성실하게 그리스도의 도움을 구하면 무슨 일이 일어나는지를 보여주는 유익한 책이다."
− 콜린 스미스(미국 오처드이벤젤리컬프리교회 담임목사, 라디오 프로그램 'Unlocking the Bible'의 회장)

"결혼 상담의 많은 부분은 부부가 고난을 헤쳐 나가도록 돕는 일이다. 이 책에 담긴 질문과 기도문과 성경구절은 불빛이 희미할 때 희망을 찾는 모든 사람에게 유익한 자원이다."
− 조나단 홈스(미국 파크사이드교회 상담 목사, 『Counsel for Couples』의 저자)

"격려와 도전과 희망을 선사하는 놀라운 책이다. 페이지를 넘길 때마다 험한 물결 중에도 그리스도가 당신과 함께 계시다는 진리를 상기시켜줄 것이다. 모든 부부가 읽어야 할 책이다!"

― 프라이스 부부(마크와 로라)[미국 NBA 올스타에 네 번 뽑힌 선수]

"보기 드문 선물이다. 시련을 겪는 이들에게 공감과 성경적 통찰, 솔직함과 실제적 도움을 제공한다. 결혼한 사람이면 누구나 필요한 책이다."

― 로스 추 시몬스(GraceLaced, 『Beholding and Becoming』의 저자)

"솔직하고 투명하다. 이 독특한 책은 폭풍을 헤쳐 나가는 모든 부부에게 꼭 필요한 지지와 힘을 줄 것임을 확신한다."

― 카메론 콜(『Therefore I Have Hope』의 저자)

목차

추천사   4
들어가는 글 _ 폭풍 속에서도 우리는 강해질 수 있다   16

서론   20
우리의 이야기 | 이 책의 탄생

1장. 고통 속에서 희망을 말하다 _ 제프와 사라   28
욥에게 배우는 삶 | 왜 우리에게 예수님이 필요한가? | 앞을 내다보는 희망 | 성찰 질문 | 기도 | 나의 묵상 노트

2장. 시련이 닥칠 때 _ 제프   38
배우자는 당신의 적이 아니다 | 하나님이 경계를 설정하신다 | 하나님은 적의 책략을 이용하실 것이다 | 성찰 질문 | 기도 | 나의 묵상 노트

3장. 상실의 순간에도 희망을 잃지 않다 _ 사라   50
슬픔은 불신의 징표가 아니다 | 슬픔 중에 경배하는 욥의 모습 | 슬픔 중에 배우자와 함께 걷는 길 | 가장 소중한 것은 아직 잃지 않았다 | 성찰 질문 | 기도 | 나의 묵상 노트

4장. 모든 것을 붙잡은 손을 펴다 _ 제프   60

계획이 바뀔 때 1. 나는 안락한 생활을 잃는 것을 두려워하는가? · 2. 나는 무엇을 세우고 있는가? · 3. 예수님으로 충분한가? | 더 험한 길이 더 낫다 | 성찰 질문 | 기도 | 나의 묵상 노트

5장. 만성 질병에 시달리는 배우자를 사랑하다 _ 사라   70

고통의 경감을 위해 기도하고 은혜 주실 것을 믿으라 | 어려운 날이라고 희망이 없는 것은 아니다 | 성찰 질문 | 기도 | 나의 묵상 노트

6장. 리더하는 법을 배우다(남편을 위한 글) _ 제프   80

우월함이 아니라 희생이 필요하다 | 그분의 힘으로 한 단계 올라서다 | 성찰 질문 | 기도 | 나의 묵상 노트

7장. 따르는 법을 배우다(아내를 위한 글) _ 사라   92

순종을 구출하다 | 결혼생활에 문제가 많을 때 | 격려하며 따라가는 아내 | 순종한다는 것은 어떤 모습일까? | 복음을 삶으로 보여주다 | 성찰 질문 | 기도 | 나의 묵상 노트

**8장. 배우자가 당신을 실망시킬 때:
　　　하나님만 마음을 바꿀 수 있다** _ 사라　　　　　　　　106

당신의 배우자가 당신에게 필요한 유일한 사람은 아니다 | 변화되어야 할 사람은 당신의 배우자가 아닐 수 있다 | 당신이 변화시킬 수 있는 유일한 사람은 바로 당신이다 | 당신의 배우자를 변화시킬 수 있는 유일한 분은 하나님이시다 | 성찰 질문 | 기도 | 나의 묵상 노트

9장. 사람들이 위로 대신 쉽게 판단할 때 _ 제프와 사라　　　118

1. 진리에 뿌리를 박고 거짓된 것을 분별하라 · 2. 자신을 고립시키지 않으려고 또는 당신의 필요만 채우려고 공동체를 찾지 않도록 조심하라 · 3. 밀어낼 때와 경청할 때를 잘 분별하라 · 4. 재빨리 은혜를 베풀라 | 성찰 질문 | 기도 | 나의 묵상 노트

10장. 하나님이 침묵하실 때 기다리다 _ 제프　　　　　　　130

욥의 기다림 1. 예수님은 기다림을 통해 스스로를 영화롭게 하신다 · 2. 그리스도께서는 기다리는 중에도 일하고 계신다 · 3. 기다림은 능동적인 행위이다 | 성찰 질문 | 기도 | 나의 묵상 노트

11장. 이상한 은사, 탄식하기 _ 제프　　　　　　　　　　142

1. 당신의 생각을 직접 하나님께 아뢰라 · 2. 진리를 마음에 담아두라 · 3. 주님의 힘과 기쁨을 받으라 | 하나님에 관해 말하기보다 하나님께 말씀드리라 | 진정한 희망은 여기에 | 성찰 질문 | 기도 | 나의 묵상 노트

12장. 서로 손잡고 절망의 골짜기를 걷다 _ 사라   154

우리의 감정이 진리를 규정짓지 않는다 | 우울증은 하나님이 부재(不在)하신다는 징표가 아니다 | 우울증이 우리를 쓸모없게 만들지 않는다 | 함께 골짜기를 통과하다 | 나는 소망을 잃지 않으리라 | 성찰 질문 | 기도 | 나의 묵상 노트

13장. 과거가 현재의 발목을 잡을 때 _ 제프   168

우리는 하나님 앞에서 모두 동등하다 | 예수님이 모든 것을 바로잡으시리라 | 과거의 고통이 최종 결론은 아니다 | 성찰 질문 | 기도 | 나의 묵상 노트

14장. 지금 나는 누구인가?
정체성 위기와 부부관계 _ 사라   180

막다른 골목을 찾아내는 법 | 구속받고, 안전하고, 본향을 향해 가다 | 더 이상 신세를 탄식하지 않다 | 성찰 질문 | 기도 | 나의 묵상 노트

15장. 폭풍 속에서 홀로 있다고 느낄 때 _ 사라   192

기억하라… | 다리를 지을까, 벽을 쌓을까? | 당신 혼자만 그런 것이 아니다 | 몰이해는 무관심과 같지 않다 | 딱 붙어있는 친구 | 우리의 외로움을 표현하는 언어 | 성찰 질문 | 기도 | 나의 묵상 노트

16장. 고난과 친밀한 관계(1) _ 제프와 사라   204

부부의 성생활은 친밀함과 같지 않다 | 너무 중요하게 여기거나 너무 소홀하게 여기거나 | 성찰 질문 | 기도 | 나의 묵상 노트

17장. 고난과 친밀한 관계(2) _ 제프와 사라   218

마음의 문제: 이기심 | 몸의 문제: 만성 질병 또는 정신 질환 | 감정의 문제: 과거의 학대 | 성찰 질문 | 기도 | 나의 묵상 노트

18장. 가족이 짐으로 다가올 때:
      자녀와 씨름하다 _ 사라   232

우리는 슬퍼해도 좋다는 허락을 받았다 | 예수님도 우리와 함께 슬퍼하신다 | 상실 때문에 부부관계가 분열될 필요는 없다 | 부엌 식탁에서 | 성찰 질문 | 기도 | 나의 묵상 노트

19장. 하필이면 왜 우리 가족인가? _ 제프   244

불은 단련할 수 있다 | 아이들은 인내를 배울 수 있다 | 아이들은 하나님의 신실하심을 바라보는 법을 배울 수 있다 | 아이들은 죄가 고통보다 더 나쁘다는 것을 배울 수 있다 | 우리는 두려워하지 않겠다 | 성찰 질문 | 기도 | 나의 묵상 노트

20장. 탕자를 위한 기도 _ 사라   256

1. 무슨 대가를 치르든 그들의 마음이 깨지기를 기도하라 · 2. 적에 대항하는 기도를 드리라 · 3. 자녀를 위해 성경에 따라 기도하라 | 자녀들을 계속 사랑하라 | 기도하는 부모의 능력 | 성찰 질문 | 기도 | 나의 묵상 노트

21장. 기쁨을 다시 발견하다 _ 제프   268

함께 시간을 보내려면 사전 계획이 필요하다 | 평소의 환경에서 벗어나라 | 함께 즐길 수 있는 취미를 찾으라 | 배우자에게 본인이 즐기는 것을 하도록 격려하라 | 타인과의 관계를 잘 유지하라 | 함께 누군가를 섬기라 | 웃음을 잃지 말라 | 성찰 질문 | 기도 | 나의 묵상 노트

22장. 우리의 의문에 하나님이 답하시다 _ 사라   280

뜻밖의 응답 | 예수님도 "왜?"라고 물으셨다 | 우리가 아는 것이 우리가 모르는 것보다 낫다 | 성찰 질문 | 기도 | 나의 묵상 노트

23장. 듣기만 하다가 눈으로 보다: 겸손의 열매 _ 제프   294

겸손이란 무엇인가? | 우리는 어떻게 겸손해지는가? | 겸손은 결혼생활에 어떤 도움을 주는가? | 성찰 질문 | 기도 | 나의 묵상 노트

24장. 그대들을 묶어주는 끈: 용서 _ 사라   306

하나님이 그리스도 안에서 당신을 용서하셨듯이 | 수직적 용서와 수평적 용서의 차이점 | 용서는 하나의 사건이자 과정이다 | 용서를 잘 주고받는 부부관계 | 성찰 질문 | 기도 | 나의 묵상 노트

25장. 최선의 날은 아직 오지 않았다 _ 제프와 사라   318

우리가 품은 희망 | 중간 지대에서 사는 삶 | 함께 폭풍을 헤쳐 나가다 | 성찰 질문 | 기도 | 나의 묵상 노트

감사의 글   330

들어가는 글

폭풍 속에서도 우리는 강해질 수 있다

나(로버트)와 아내(지금은 세상을 떠난)가 플로리다 중부로 이사했을 때 우리는 그 무서운 계절성 허리케인이 닥칠지 말지는 문제가 아니라는 사실을 곧바로 알게 되었다. 문제는 '언제' 닥치느냐는 것이었다. 허리케인은 피할 수 없다. 그러나 우리가 방심한 가운데 맞을 필요도 없다. 우리 부부는 폭풍이 몰려오기 전에 예방책을 강구하는 법, 강풍과 폭우 한가운데 취해야 할 조치, 폭풍이 지나간 후에 청소하고 수리하는 법을 배웠다.

인생의 폭풍(문자적이나 은유적인)도 그렇다. 문제는 그 여부가 아니라 언제 닥치느냐 하는 것이다. 낸시와 나는 우리의 삶과 타인의 삶에서 이런 폭풍을 거듭해서 목격해왔다. 예수님도 이렇게 될 것이라고 친히 말씀하셨다. 비가 내리고 홍수가 나며 바람이 불어 우리 집과 당신의 집에 부딪힐 것이다(마 7:24-27을 보라).

폭풍이 결혼한 이들을 공격할 때, 우리의 관계와 가정은 그 피해를 견딜 수 있게 한다. 하나님의 자비와 은혜에 힘입어 더 강해질 수도 있다.

감사하게도, 비와 바람을 창조하신 분(폭풍에게 명하여 폭풍을 일으키고 또 기쁘신 뜻에 따라 폭풍을 잠잠케 하시는 분, 시 107:25, 29)은 우리의 힘으로 인생의 비바람을 견디도록 우리를 그냥 내버려두지 않으신다. 그분은 우리에게 폭풍우가 닥쳐도 넘어지지 않을 그런 토대 위에 집을 짓는 데 필요한 모든 것을 주셨다.

제프와 사라 월턴은 결혼생활 16년이 흐르는 동안 이런저런 폭풍을 연달아 맞았다. 너무도 강력한 바람과 휘몰아치는 비가 그 가족을 때리는 바람에 그들은 이리저리 까불리다 완전히 가라앉는 듯한 느낌이었다. 그러나 그 파란만장한 시절을 거치면서(부분적으로는 그 폭풍 '때문에') 그들의 신앙과 부부관계는 오히려 더 든든해졌다.

용광로와 같은 그들의 이야기는 깨어진 꿈과 기대에 관한 꾸밈없는 진실을 풀어놓을 뿐 아니라 폭풍이 사방에서 몰아칠 때에도 그리스도와 그분의 말씀을 꼭 붙잡으면 희망이 생긴다는 것을 일깨워준다.

당신이 손에 들고 있는 이 책은 사실상 모든 커플이 살아가는 데 필요한 지혜와 격려를 담고 있다. 결혼한 지 얼마나 되었든 모든 커플은 조만간 가정을 위협하는 상황을 접할 것이기 때문이다. 제프와 사라는 희망의 좌절, 우울증, 자녀들이 고통당할 때 함께 버티는 것, 탕자의 비통함을 수습하는 것, 만성 질병을 직면하는 것, 용서하는 것, 겸손을 포용하는 것, 고난에 따른 부부의 친밀함 문제를 다루는 것 등 많은 이슈들을 솔직하게 이야기한다.

이 책의 핵심은 한결같이 실제적이지만 이 책은 전반적으로 더 나은 결혼생활이 궁극적 목표는 아니라는 주제로 가득 차 있다. 그리스도를 더 친밀히 아는 것이 우리가 붙잡을 만한 최고의 결과라고 제프와 사라는 말한다. 우리도 동의한다. 풍파가 많은 시절에 우리가 서로에게 등을 돌리기보다 그리스도를 향해 나아가면, 하나님의 은혜로 우리의 삶과 부부관계는 풍파로 부서지기보다 그 때문에 오히려 강해질 수 있다.

이 책에는 우리가 좋아하는 단락이 많은데 다음은 그중 하나이다.

"폭풍이 몰아칠 때는 기억하기 어렵지만, 고난이 우리의 가장 큰 문제는 아니다. 문제는 우리의 죄다. 그리고 우리의 죄는 하나님께서 예수 그리스도의 희생적 죽음과 승리의 부활을 통해 완전히 또 최종적으로 다루셨다.
이것이 바로 복음이다. 이것은 우리가 품은 영원한 구원에 대한 소망일 뿐 아니라 우리 삶의 매순간을 위한 희망이다."

결혼생활과 가정의 모든 요구사항과 의무를 짊어진 채, 부부가 어떤 책을 함께 읽기란 쉬운 일이 아니다. 우리도 이해한다. 그래도 우리는 몇

번 해보았는데, 노력을 들일만한 가치가 있었다. 조금 주제넘게 들릴지 모르지만 우리는 부부가 시간을 내어 이 책을 함께 읽으라고 권하고 싶다. 분명히 큰 위로와 격려를 받을 것이다.

당신이 만일 폭풍이 몰아치는 상황에 처해 있다면, 이 책은 당신을 위한 구조대원이 될 수 있다. 만일 비교적 평안한 시절에 몸담고 있다면, 이 책은 당신이 앞에 놓인 불가피한 폭풍을 직면하도록 준비시켜줄 것이다. 그리고 만일 과거의 폭풍이 당신의 마음과 부부관계에 피해를 줬다면, 그것을 정리하고 회복하도록 도와줄 것이며, 또 다음 폭풍이 일어나기 전에 기반을 강화하도록 도와줄 것이다. 우리 부부를 포함해 우리가 아는 많은 부부들을 생각할 때 이 책에서 유익을 얻지 못할 경우는 하나도 떠오르지 않는다.

제프와 사라, 이 "사랑의 선물"을 쏟아부어줘서 정말 고맙소. 덕분에 우리 부부는 물론 앞으로 이 책을 읽을 많은 이들이 어려운 때를 대비해 희망의 예방주사를 맞을 수 있게 되었소.

자신의 삶과 부부관계를 든든한 반석이신 예수 그리스도와 그 말씀 위에 둔 두 사람과 독자들에게 하나님께서 복 주시기를 기도한다오.

– 로버트 월게머스 & 낸시 데모스 월게머스

서론

마치 어제 일어난 일만 같다. 날씨가 화창했고, 누구나 미소를 지었고, DJ가 첫 번째 춤에 엉뚱한 노래를 튼 것 말고는(우리 모두 웃고 말았다) 거의 완벽한 날이었다. 나는 스물셋, 신부는 스물. 우리 부부는 젊었고, 우리는 사랑에 빠져 있었고, 우리는 흥분을 감출 수 없었으며, 우리는 함께하는 삶을 출범시킬 준비가 되어 있었다.

우리는 물론 삶이 완벽할 것으로 기대하진 않았으나 자연스레 결혼생활에 "좋은 일"이 "나쁜 일"보다 더 많을 것으로 예상했다. 그래서 반짝이는 눈빛과 장래에 대한 큰 꿈을 지닌 채 이렇게 서약했다.

"나는 그대를… 이날부터 우리 모두 살아있는 동안, 좋을 때나 나쁠 때나, 더 부유해지든 더 가난해지든, 아플 때나 건강할 때나, 사랑하고 소중히 여길 것을 서약합니다."

거의 16년 전 일이다. 그 세월이 흐르는 동안 만성 질병, 재정 손실, 실직, 특수한 필요, 고통받는 자녀들, 엄청난 스트레스, 그리고 매번 따르는 부부간의 긴장이 닥칠 줄은 거의 몰랐다. 우리가 그토록 많은 "나쁜 일"과 "더 가난해지는 일"과 "아플 때"를 경험하리라고는 미처 상상도 못했다.

현실적으로 말하면 모든 부부는 폭풍을 통과한다. 어느 남편과 아내든지 결혼생활을 이야기해달라고 하면 행복한 부분, 재미있는 부분, 그리고 어렵고 고통스러운 부분이 섞여 있게 마련이다. 모든 일이 순조롭게 흘러가는 평온한 때가 있고, 폭풍을 맞은 배에서 어떻게 물을 퍼내야 할지 모르겠을 때, 심지어는 어떻게 물에 떠 있어야 할지도 모르겠을 때가 있다. 그리고 당신이 이 책을 집어든 이유는 당신이 폭풍 속에 있든, 아니면 부부관계에 격려나 도움이 필요하든, 앞으로 닥칠 폭풍에 대비하고 싶기 때문일 것이다.

여기 좋은 소식이 있다. (당신의 결혼을 포함해) 모든 부부는 희망이 있고, (당신의 결혼을 포함해) 모든 결혼은 폭풍에 의해 강건해질 수 있다는 분명한 사실이다.

이는 이론으로만 아니라 실제로도 참이라는 걸 우리는 알고 있다. 바로 우리가 그랬기 때문이다.

우리의 이야기

결혼한 지 3년도 채 안 되어 우리는 첫 아이를 얻는 기쁨을 누렸다. 처음에는 모든 일이 순조로웠는데 7주 정도 지난 어느 날, 아이가 열이 나더니 심각한 질병에 감염되어 입원하고 말았다. 입원한 지 5일 후 정확한 진단 결과도 없이 그냥 집으로 돌아올 수밖에 없었다. 우리는 어쩌다 걸리는 질병 정도로 생각했으나 그것은 시간이 흐르며 삶을 바꿔놓는 심각한 문제로 굳어져서 우리 가족의 삶을 영원히 바꾸어버렸다. 날마다, 우리는 귀엽고 똑똑하고 재미있는 작은 소년이 다른 누군가로 변하는 모습을 무력하게 지켜보았고, 아이의 행동을 통제하기가 지극히 어려운 지경에 빠졌다. 수많은 자문과 검사와 평가를 거쳤지만 의사들은 고개를 좌우로 흔들기만 했고, 우리는 결국 점점 커지는 재정 부담, 스트레스로 가득한 가정생활, 아이와 우리 자신에 대한 두려움만 안게 되었다.

설상가상으로, 아내 사라의 건강이 급격히 나빠졌다. 그동안 낳은 네 아이와 함께 아내는 만성적인 고통과 질병으로 몸이 점점 더 망가졌다. 더군다나 그녀가 고등학교 시절에 당한 발목 부상이 재발해 수술을 다섯 차례나 받고는 좋아하는 활동을 더 이상 할 수 없는 상태에 이르렀다.

아들의 문제가 더 심각해지고 아내의 병도 더 악화되고 다른 세 아이 역시 만성적인 고통을 겪기 시작할 무렵, 정형외과 전문의로 일하던 나는 집을 자주 비워야 했다. 우리의 부부관계는 그 모든 짐에 억눌려 흔들리기 시작했다.

2015년 우리는 한 의사 집단을 만나게 되었는데, 그들은 아내의 여러 증상을 보고 라임병으로 진단했다. 그리고 이듬해 아이들 각각의 증상을 관찰하고 검사를 한 끝에, 그 질병이 아이들에게 전이된 것으로 밝혀졌다. 그들이 우리에게 서로 상충되는 조언을 한 바람에 별로 도움이 되지는 않았다. 그러던 중에도 우리 아이들 각각이 보이는 신경적이고 신체적인 질병의 양상은 도무지 부인할 수 없었고, 갈수록 더 헷갈리고 조처하는 데 많은 돈이 들었다.

우리는 바닥을 찍었고 더 이상은 견딜 수 없다고 판단했다. 이제는 내가 24시간 비상 대기해야 하는 직업을 계속 유지할 수 없음이 분명해졌다. 그 직업을 그만두고 나니 수입이 절반으로 줄었다. 우리는 우리의 꿈이 담긴 집을 팔고 더 작은 집으로 이사했고 세입자 신세로 전락하고 말았다. 1년 후 내가 시작한 새로운 사업이 흔들리기 시작하더니 갑자기 무너지는 바람에 나는 실업자가 되어 우리 가족은 수입이 없는 상황에 이르렀다.

우리 가족에게 심각한 위기에 닥친 것이다. 우리가 부부로서 보낸 시간 대부분은 의사와의 약속, 아들의 문제를 처리하기, 아파서 우는 아이들을 달래기, 우리가 감당할 만한 치료에 대해 의논하기, 아내와 내가 받은 아홉 번의 수술에서 각각 회복하기, 아내 사라의 만성 질병을 다루기, 고갈되는 재정으로 인한 스트레스 풀기, 이 모든 일로 탈진되어 부부관계에 쌓이는 긴장의 문제 등에 사용되었다. 우리 둘은 상할 대로 상해서 하나님은 도대체 어디에 계시는지 또 어째서 그토록 복합적인 고난을 허락하시는지 의아해했다. 우리는 이런저런 상실을 잇달아 견디면서 절망과 싸우는 자신을 발견했다. 우리는 예전에 접한 적이 없는 신앙의 문제를 직면하고 있었다. 우리는 겨우 생존하고 있었고 우리의 부부관계는 가냘픈 끈에 매달려 있었다.

그래도 우리는 여전히 여기에 있다. 그것도 함께. 그 모든 문제에도 불구하고 더 강한 모습으로.

하나님은 우리를 꼭 붙잡아서 생존하게 하셨을 뿐 아니라 그 길을 걷는 동안에 우리에게 주신 좋은 선물들도 보게 하셨다. 그 위기는 우리가 상상했던 것보다 더 힘들었지만 웃음을 터뜨리는 순간, 달콤한 추억의 순간, 과분한 선물의 순간도 없지 않았다. 날마다 매 순간 하나님은 어떻게든 우리가 헤치고 나아가도록 도우셨고, 우리가 싸울 힘이 없을 때에도 우리의 부부관계를 유지하도록 붙드셨고, 우리가 슬픔 속에서도 기쁨을 찾도록 가르치셨다. 우리의 환경은 별로 바뀌지 않았지만 하나님은 그분의 은혜로 우리를 나날이 계속 붙잡고 계신다.

이 책의 탄생

우리 가족이 이런 시련들을 겪고 있던 몇 년 전에, 나(사라)는 『고통 중에 품는 소망』(Hope When It Hurts)이라는 책을 공동으로 집필했다. 하나님의 은혜로 그 책은 우리가 상상했던 것보다 더 많은 독자를 만났고 우리가 감히 바랐던 것보다 더 많은 인생을 바꿔놓았다. 그 책은 고난과 신앙을 개인적인 차원에서 다루었는데 고난이 우리의 부부관계, 곧 가장 큰 위로를 줄 수 있으나 가장 큰 고통도 유발할 수 있는 그 관계에 미치는 영향은 다루지 않았다. 우리 부부는 비록 폭풍의 한가운데 처해 있었지만, 하나님은 이 고통과 희망의 장소에서 글을 써서 각기 나름의 폭풍을 직면하는(또는 장차 직면할) 다른 부부들을 격려하고픈 마음을 심어주셨다. 우리는 당신에게 (당신이 누구든지, 당신이 어떻게 이 책을 접하게 되었든지) 당신이 혼자가 아니라는 것, 당신의 고난은 많은 의미가 있다는 것, 무슨 일이 일어났든지 당신의 부부관계가 늘 그리스도를 통해 희망을 품을 수 있다는 것을 상기시키고 싶다.

우리가 인생의 가장 어려운 시절을 보내며 이 책의 집필을 놓고 기도했을 때, 우리의 지혜로운 목사이자 친구인 콜린 스미스는 시편 118편 13-14절 말씀으로 우리를 격려하고 상담해주었다. 이 말씀은 본서가 전반적으로 전달하고픈 진리이기도 하다.

"너는 나를 밀쳐 넘어뜨리려 하였으나 여호와께서는 나를 도우셨도다 여호와는 나의 능력과 찬송이시요 또 나의 구원이 되셨도다."

우리와 우리 부부관계는 강하게 밀쳐졌다. 때로는 넘어질 것만 같았다. 사실은 매우 자주 넘어지고 또 넘어지는 듯했다. 우리의 결혼생활은 완전하지 않았고 지금도 마찬가지다. 우리는 정상이 아닌 당신 바로 곁에 있는 도랑에서 글을 쓰고 있다. 하지만 예수님이 보여주신 신실함, 선하심, 지탱하시는 은혜를 증언하며 쓴다. 그분은 예나 지금이나 우리의 도움이자 힘이시고 노래이자 구원이시다.

이 책은 결혼에 관한 책이지만 결혼에 관한 대다수의 책들과 매우 다르다. 이 책은 폭풍에 관한 책이다. 장래에 당신에게 닥칠 폭풍에 대비하도록 당신을 돕거나, 현재 당신에게 닥친 폭풍 속을 항해하도록 돕거나, 당신이 방금 거친 폭풍의 후유증을 잘 다루도록 돕기 위한 책이다.

우리는 폭풍이 우리 부부에게 몰아칠 때 접하는 (전부는 아니라도) 여러 도전들을 고백함으로써 당신을 격려하고 싶다. 우리가 폭풍 속을 잘 항해해서 다른 편에 안전하게 도착했기 때문이 아니라, 우리가 함께 폭풍을 헤치고 나아갈 때 예수 그리스도께서 신실하게 우리에게 힘을 주시고 우리를 옮기시고 우리와 우리의 부부관계를 변화시켜 주셨기 때문이다.

모든 결혼은 찬란한 햇빛을 받으며 시작한다. 그리고 반드시 폭풍을 통과한다. 당신의 경우에는 그 폭풍이 부부관계 내에서 일어났을 수 있다. 아마도 서로의 약점과 차이점과 죄악으로 인해, 어쩌면 불륜과 중독과 죄악된 습관, 또는 믿지 않는 배우자로 인해 발생했을 것이다. 또는 당신의 부부관계를 둘러싼 환경의 폭풍이었을지 모른다. 신혼생활을 신나게 누리거나 가족을 부양하다가 불임, 자녀의 죽음, 또는 특수한 필요 때문에 격심한 고통을 겪을 수 있다. 아니면 만성 질병, 치명적인 부상, 쓴 뿌리, 재정 손실, 배우자 가족과의 긴장, 또는 반항하는 자녀 등으로 인해 고통을 경험할 수 있다.

당신이 겪은 폭풍 혹은 겪을 폭풍이 무엇이든 이런 시련은 반드시 당신으로 신앙의 문제와 씨름하게 만들 것이다. 그리고 당신 부부를 더욱 가깝게 만들거나 더 멀어지게 할 것이다. 이때 중요한 점은 우리가 폭풍을 견디는 데 필요한 힘과 희망을 얻기 위해 어디로 향하고 누구를 찾느냐는 것이다.

그래서 우리는 욥기를 토대로 각 장(章)을 펼쳐 나가려 한다. (모든 것을 잃은 사람의 이야기인) 욥기는 결혼에 관한 책에는 어울리지 않아 보이지만, 욥기에 담긴 진리는 우리에게 많은 가르침을 준다. 말하자면, 예배하고, 희망을 품고, 슬퍼하고, 애도하고, 고백하고, 씨름하고, 궁극적으로 예수님을 더욱 분명히 보고 그분을 더 깊이 사랑하도록, 그리고 그 과정에서 우리가 서로를 더 잘 보도록, 사랑하는 면에서 더욱 자라도록 가르쳐준다.

한 번에 전체 내용을 다 읽어도 좋고 장(章)의 순서를 바꾸어 읽어도 좋다. 하루에 한 장씩 읽거나 천천히(또는 빨리) 읽어도 무방하다. 부부가 함께 읽어도 좋고 사정이 허락하지 않으면 홀로 읽어도 좋도록 집필되었다. 개인적으로나 소그룹으로 조금씩 읽을 수 있고, 시간을 내어 각 장 뒤에 실린 성찰 질문과 기도문과 묵상 노트를 활용하면 좋을 것이다.

형제와 자매여, 우리는 모든 해답을 갖고 있어서가 아니라 당신이 그리스도 안에서 찾을 수 있는 소망을 가리키기 위해 이 책을 썼다. 폭풍이 당신의 부부관계에 몰아칠 때 당신이 힘을 찾을 수 있는 통로는 바로 그 소망이고 하나님의 말씀에 담긴 진리들이다. 우리는 무척 현실적이다. 폭풍은 올 것이다. 그러나 우리는 희망에 가득 차 있다. 그리스도와 그의 말씀을 바라보기만 한다면, 우리는 하나님의 은혜로 함께 최악의 폭풍도 능히 헤쳐 나가고 더욱 강해질 수 있기 때문이다.

1장.

고통 속에서 희망을 말하다

_ 제프와 사라

"주께서는 못 하실 일이 없사오며 무슨 계획이든지 못 이루실 것이 없는 줄 아오니 무지한 말로 이치를 가리는 자가 누구니이까… 내가 주께 대하여 귀로 듣기만 하였사오나 이제는 눈으로 주를 뵈옵나이다 그러므로 내가 스스로 거두어들이고 티끌과 재 가운데에서 회개하나이다"(욥 42:2, 5-6).

'우리가 도대체 누구이길래 결혼에 관한 책을 쓰는가? 우리는 완벽한 결혼과 거리가 멀 뿐 아니라 어떤 때에는 그 근처에도 못 미치잖아!'

우리가 이 책의 집필을 고려했을 때, 맨 먼저 떠오른 생각이다. 하지만 우리가 계속 기도하면서 깨달은 것은 우리의 자격이나 지혜에 관해 쓰는 것이 아니라 (부부관계를 포함한) 우리의 모든 것이 시험받을 때 발견한 그리스도의 선하심과 신실하심과 충분하심에 관해 쓰는 거라는 사실이었다.

그래서 우리의 접근은 많은 결혼 관련 서적들과 다르게 보일 것이다. 우리의 목표는 최고의 결혼생활에 관한 '방법론'을 제공하는 게 아니다. 당신과 나란히 걸으면서 고난에 관해, 그리고 고난이 결혼생활에 미치는 영향에 관해 이야기하되 우리의 눈을 우리의 시련과 배우자 너머에 있는 부족함 없는 구원자를 바라보게 하는 것이다.

만일 당신과 배우자가 현재 영적으로 다른 지점에(또는 다른 환경에) 있다면 좋은 소식이 있다. 당신과 그리스도의 관계와 당신이 그분을 영화롭게 하는 능력은 당신의 배우자에게 달려있지 않다. 그와 정반대다. 오히려 당신과 배우자의 관계가 당신과 그리스도의 관계에 달려있다.

그런즉 우리가 이생의 폭풍 속을 항해하며 그로 인한 부부관계의 스트레스를 다룰 때 출발점으로 삼고 시선을 고정해야 할 곳은 바로 그리스도이다. 우리는 소망을 우리의 부부관계(어제나 오늘이나 내일의)가 아니라 오직 그리스도에게서 찾아야 한다. 그리고 우리가 배운 멋진 진리는 그리스도께 소망을 둘 때 부부관계에도 희망이 싹튼다는 것이다.

욥에게 배우는 삶

16년 전 우리가 결혼한 이래 경험한 시련의 성격과 기간 때문에 우리는 종종 욥의 삶에서 위로를 받곤 했다. 그래서 욥의 삶을 이 책의 토대로 삼았다. 욥이 우리에게 가르쳐준 것이 있다면 고난에는 우리 눈에 비치는 것보다 더 많은 것이 있다는 점이다. 이 점은 욥기 1장에서 보게 될 것이다. 그러나 그 이전에 욥기의 마지막 대목에서 시작하려고 한다.

욥은 시련을 알았다. 그는 가축과 낙타, 종들(다시 말해 그의 재산과 생계수단)을 잃었다. 단 하루에 열 명의 자녀를 모두 잃어버렸다. 그리고 머리부터 발끝까지 온 몸에 악성 종기가 생겼다. 그뿐 아니라, 그것으로 부족하다는 듯 그의 친구들은 욥이 그 모든 불행을 자초했다고 확신했다.

욥은 너무나 참담한 고난을 당한 나머지 차라리 죽기를 원했고 하나님께 그 고통 뒤에 있는 엄청난 이유를 알게 해달라고 간청했다(욥 23). 하지만 욥은 친구들의 비난, 무자비한 불행, 끝으로 하나님과의 치열한 씨름 이후 이런 결론에 도달했다.

"주께서는 못 하실 일이 없사오며 무슨 계획이든지 못 이루실 것이 없는 줄 아오니… 내가 주께 대하여 귀로 듣기만 하였사오나 이제는 눈으로 주를 뵈옵나이다"(욥 42:2-5).

욥의 인생은 (재산과 자녀들과 친구들을 포함한) 구속과 회복과 치유의 놀라운 그림으로 막을 내렸다. 우리가 받은 약속은 세상적인 의미에서 "그 후로 영원히 행복하게 살았습니다"가 아니다. 부활하신 예수님을 따르는 모든 이들이 받은 약속은 "썩지 않고 더럽지 않고 쇠하지 아니하는 유업… 곧 너희를 위하여 하늘에 간직하신 것"(벧전 1:4)이다. 그렇지만 우리의 희망은 오직 영원한 행복과 장래의 치유에만 있지 않다. 가장 어두운 날에 욥이 경험한 축복을 경험하는 것, 즉 하나님을 더 많이 보고 또 아는 데 있다. 욥이 하나님을 눈으로 보기에 이른 일, 곧 그분을 알고 경험하며 놀라게 된 일은 고난의 한복판에서 일어난 일이지 그 이후가 아니다. 욥은 그로서는 도무지 이해할 수 없는 고난을 통해 '하나님의 위대하심, 장엄하심, 주권, 독자성'(존 맥아더 스터디 바이블, 욥 42:6절 주석)을 알게 된 것이다.

우리는 이렇게 기도한다. 우리가 장차 더 나은 날이 도래할 것을 바라면서 앞으로 나아갈 때, 우리가 고난을 받는 중에 그리스도께서 예비하신 획기적인 복을 놓치지 않게 해달라고.

왜 우리에게 예수님이 필요한가?

우리의 출발점은 욥의 경우와 똑같다. 우리는 예수님에 관해 알아야 할 뿐 아니라 우리에게 예수님이 필요하다는 것도 알아야 한다.

"그는 허물과 죄로 죽었던 너희를 살리셨도다 그 때에 너희는 그 가운데서 행하여 이 세상 풍조를 따르고 공중의 권세 잡은 자를 따랐으니 곧 지금 불순종의 아들들 가운데서 역사하는 영이라 전에는 우리도 다 그 가운데서 우리 육체의 욕심을 따라 지내며 육체와 마음의 원하는 것을 하여 다른 이들과 같이 본질상 진노의 자녀이었더니"(엡 2:1-3).

우리는 구원과 사랑을 받았을지라도 여전히 죄를 짓는다. 그래서 대다수 사람이 주일 아침마다, 그리고 친구들과 함께 있을 때는 '완벽한 결혼생활'을 하는 듯이 보이지만 실제로는 기쁨과 몸부림이 공존한다. 모든 부부관계는 두 죄인들로 이뤄져 있기 때문이다. 평온한 날에는 긴장과 문제가 터지곤 한다. 그리고 한 배를 탄 두 죄인에게 폭풍이 다가올 때는 서로 힘을 모아 물을 퍼내기보다 서로를 배에서 밀어내고 싶은 유혹을 종종 받는다.

그러므로 우리에게 무슨 일이 일어나든지 4절 맨 앞에 나오는 '그러나'(But, 개역개정에서는 3절의 어미 '이었더니'로 번역됨-편집자주)를 붙들어야 한다.

"[그러나] 긍휼이 풍성하신 하나님이 우리를 사랑하신 그 큰 사랑을 인하여 허물로 죽은 우리를 그리스도와 함께 살리셨고 (너희는 은혜로 구원을 받은 것이라) 또 함께 일으키사 그리스도 예수 안에서 함께 하늘에 앉히시니 이는 그리스도 예수 안에서 우리에게 자비하심으로써 그 은혜의 지극히 풍성함을 오는 여러 세대에 나타내려 하심이라 너희는 그 은혜에 의하여 믿음으로 말미암아 구원을 받았으니 이것은 너희에게서 난 것이 아니요 하나님의 선물이라 행위에서 난 것이 아니니 이는 누구든지 자랑하지 못하게 함이라 우리는 그가 만드신 바라 그리스도 예수 안에서 선한 일을 위하여 지으심을 받은 자니 이 일은 하나님이 전에 예비하사 우리로 그 가운데서 행하게 하려 하심이니라"(엡 2:4-10).

폭풍이 몰아칠 때는 기억하기 어렵지만 고난이 우리의 가장 큰 문제는 아니다. 우리의 문제는 죄다. 그리고 우리의 죄는 하나님께서 예수 그리스도의 희생적 죽음과 승리의 부활을 통해 완전히 또 최종적으로 해결하셨다. 이것이 바로 복음이다. 이것은 우리가 품은 영원한 구원에 대한 소망일 뿐 아니라 우리 삶의 매 순간을 위한 희망이다.

욥은 자신에게 무엇보다 하나님을 보고 또 신뢰하는 일이 필요하다고 깨달았다. 나보다 훨씬 위대하신 하나님, 그 계획이 나를 훨씬 뛰어넘는 하나님, 나의 유한한 마음으로는 도무지 이해할 수 없는 그런 설계를 나를 향해 하신 하나님을 신뢰해야 한다는 것.

우리의 부부관계를 안정적인 배로 만들어 폭풍에 시달릴 때 버틸 수 있게 하는 것은 하나님을 보는 일과 그분의 필요성을 깨닫는 일이다. 이 글을 읽는 당신이 절망에 빠져 있을지 모르겠다. 즉, 자신에게는 마음을 바꾸어 배우자를 사랑할 능력이 없다고, 또는 용서하고 앞으로 나아갈 능력이 없다고, 또는 당신 부부에게 닥치는 모든 것을 견딜 능력이 없다고 느끼고 있을지 모른다. 그렇다면 당신의 실망과 상처와 무능력을 예수님께 가져가라고 격려하고 싶다. 예수님께서 당신 마음의 눈을 열어 그분을 좀 더 분명히 보고 그분의 위대한 능력을 알도록 해달라고 믿음으로 간구하라.

앞을 내다보는 희망

우리 교회의 목사였던 베브 사비지(Bev Savage)에게 그가 인생의 많은 우역곡절을 겪으며 하나님의 신실하심을 경험한 감동적인 간증을 들었다. 그는 언젠가 이탈리아 피렌체에 있는 아카데미아 갤러리를 방문할 기회가 생겨 그 유명한 미켈란젤로의 다윗 상(像)을 보게 되었다. 그런데 다윗 상을 향해 가다 보면 미켈란젤로의 죄수들로 알려진 미완성 조각들을 지나게 된다. 한 사이트는 그 작품들을 이렇게 묘사한다.

"아카데미아에 있는 모든 미완성 작품들은 조각에 대한 미켈란젤로의 접근과 개념을 드러낸다. 미켈란젤로는 조각가란 하나님의 도구로서, 무언가를 창조하는 게 아니라 단지 대리석에 이미 담긴 강력한 형상들을 드러내는 사람일 뿐이라고 믿었다. 미켈란젤로의 과업은 단지 여분을 깎아내고 그 형상을 드러내는 일에 불과했다(www.accademia.org/explore-museum/artworks/michelangelos-prisoners-slaves)."

베브는 말했다. "나는 이 놀라운 조각상을 보며 우리의 주권적인 조각가이신 하나님이 그의 자녀들을 조금씩 깎아서 그의 아들의 형상으로 만드시는 모습이 떠올랐다. 그래서 이후로 나는 '어째서 이런 일이 내게 일어나지?'라고 생각하기보다 '하나님이 예수님의 모습을 더 많이 드러내기 위해 나에게서 어떤 여분을 깎아내시나보다'라고 생각하게 되었다."

폭풍은 고통스럽고 그 목적을 알기 어렵지만, 우리는 전능하신 조각가의 손길을 신뢰할 수 있다. 그분이 끌을 드실 때는 우리를 향한 영원한 목적을 이루고 그리스도의 형상을 우리 안에 더 많이 드러내시려는 것이라고 약속하기 때문이다. 만일 그 일이 우리에게 달렸다면, 우리는 아무 형태도 없는 편한 대리석으로 남고 싶어 할 것이다! 그러나 하늘 아버지는 우리를 너무나 사랑하셔서 우리를 있는 그대로 두실 수 없다. 우리는 하나님의 작품이다. 그분은 그리스도를 통해 우리를 구원하신 만큼 우리를 끌로 손질해서 그리스도의 형상으로 만들어가신다(엡 2:10). 그리고 우리의 결혼은 분명 그 하나님의 끌 중 하나다. 하나님은 우리의 결혼을 이용해 우리를 깎아내고 개조하고 정련하신다. 그 일은 고통스럽지만 언제나 유익하다. 그리고 그분의 작업이 아직 끝나지 않았음을 우리는 알고 있다!

예수님이 당신 인생의 주인이시라면, 이 관점으로 당신의 부부관계와 폭풍을 바라보길 바란다. 당신의 삶에서 중대한 상실, 당혹스러운 환경, 부부관계의 몸부림 등 그 무엇도 헛되이 땅에 떨어지지 않을 것이다. 그런 순간은 하나같이 우리를 깎아내어 점점 더 그리스도의 영광스러운 형상을 드러내게 한다.

크리스천이여, 언젠가 우리는 영광 가운데 우뚝 서고 우리의 눈은 정말로 예수님을 보게 될 것이다. 죄와 고난과 몸부림은 더 이상 없을 것이다. 우리는 그토록 헷갈리고 파괴적으로 보였던 모든 것들을 뒤돌아보면서 깜짝 놀라고 그 의미를 깨닫게 되리라. 우리가 믿은 것을 눈으로 보게 될 때, 곧 하늘 아버지께서 우리를 그분의 소유로 선택해서 우리 속에 그의 아들의 형상을 드러내기 위해 친절하고 노련한 손길로 신실하게 일하신 것을 보게 될 때, 우리는 얼마나 기뻐하겠는가! 그 모두는 바로 하나님의 영광과 우리의 영원한 기쁨을 위한 것이다.

성찰 질문

1. 예수 그리스도를 당신의 주님이자 구원자로 영접했는가? 당신은 장래에 대해 어떤 희망을 품고 있는가? 만일 영접하지 않았다면, 복음의 진리는 그런 당신의 희망에 어떤 영향을 미칠 것 같은가? 당신이 크리스천이라면, 복음은 어떻게 고난과 결혼에 대한 당신의 관점을 바꿔주는가?

2. 이 책으로부터 무엇을 얻기를 바라는가? 당신은 하나님이 어떻게 당신을 돕거나 변화시키시길 바라는가?

3. (가능하면 부부가 함께 풀라.) 현재 당신의 부부관계에 압력을 가하는 시련은 무엇인가? 그리스도께서 부부관계의 유익을 위해 이 시련을 사용하실 수 있다고 믿는가? 왜 그렇게 생각하는가? 이제껏 하나님이 예수님을 더 닮게 하려고 끌로 당신을 깎아낸 적이 있는가?

기도

주님, 저에게 용서와 자유와 영생을 주시려고 저를 위해 주님의 목숨을 내놓으셔서 제 생애에서 절망이 사라지게 하신 것을 인해 감사드립니다. 주님은 저의 고난을 보시고 또 제 마음의 감춰진 부분을 아시며, 우리의 부부관계가 새롭게 되고 치유되고 구속될 필요가 있음을 아십니다. 주님께는 제가 모르는 목적이 있으며 또 주님께는 불가능한 것이 아무것도 없음을 믿게 하소서. 제가 최상의 것이라 생각하는 바를 주님께 내려놓고, 저의 삶과 가족과 결혼생활에 대한 열망을 주님께 내어놓도록 도와주소서. 무슨 대가를 치르든지 주님을 좇는 것이 최선의 길임을 믿습니다. 이 믿음이 더욱 강해지도록 도와주소서. 제가 주님과 타인들 앞에서 믿음 대신에 두려움을, 희생적 사랑 대신에 이기적인 마음을, 겸손 대신에 교만을 품고 살아도 제게 은혜와 용서를 베풀어주셔서 감사합니다. 다가오는 몇 주 동안 제 눈을 열어 말씀의 진리를 보게 하시고, 제 속에서 주님의 형상이 더 드러나도록 저를 다듬어주소서. 아멘.

더 묵상할 본문 : 시 130; 고전 1:26-31; 엡 1:16-21; 히 12:1-2, 3-13

나의 묵상 노트

2장.

시련이 닥칠 때

_ 제프

"사탄이 여호와께 대답하여 이르되 욥이 어찌 까닭 없이 하나님을 경외하리이까 주께서 그와 그의 집과 그의 모든 소유물을 울타리로 두르심 때문이 아니니이까… 이제 주의 손을 펴서 그의 모든 소유물을 치소서 그리하시면 틀림없이 주를 향하여 욕하지 않겠나이까 여호와께서 사탄에게 이르시되 내가 그의 소유물을 다 네 손에 맡기노라"
(욥 1:9-12).

사소한 짜증에서 큰 고난의 시절에 이르기까지 온갖 시련은 모든 부부관계를 시험한다. 그러나 모든 결혼생활이 하나같이 똑같은 영향을 받지는 않는다. 시련이 우리에게 남기는 흔적은 우리의 반응에 달려 있다. 옛 속담에 따르면 "같은 태양에도 밀랍은 녹지만 진흙은 굳는다." 동일한 환경에 처해도 어떤 사람은 하나님과 배우자를 향해 원망과 비통함과 분노를 쏟아내는 반면, 다른 사람은 오히려 그 부부관계가 든든해지고 겸손과 인내와 친절과 그리스도에 대한 의존을 열매로 맺는다.

욥기는 욥이 큰 시련을 겪으면 어떻게 반응할지 의견 충돌을 보이는 천상의 모습을 보여주며 시작한다. 사탄은 욥이 지상의 복들을 제거하면 하나님을 저주할 것으로 예상했다. 욥이 아닌 그의 아내에 대해서는 사탄이 옳았다. 욥의 아내는 사탄이 예상했던 그 행동을 하라고 욥에게 충고했기 때문이다(2:9-10). 그러나 욥은 하나님이 어떻게든 선을 위해 일하고 계신다는 그의 믿음을 붙잡으며 그녀의 충고를 무시했고 사탄의 예상에서 빗나갔다. "그가 나를 단련하신 후에는 내가 순금 같이 되어 나오리라"(23:10).

사탄이 하려고 했던 일을 놓치지 말라. 사탄은 이 부부를 혼란에 빠트려서 그들을 서로에게서 갈라놓은 후 그들을 하나님에게서 끌어내려고 했다. 욥은 모든 것을 잃어버리고 이제는 부부관계까지 잃을 위기에 직면했다. 그리고 우리 역시 시련이 닥치면 그렇게 되기 쉽다. 폭풍은 부부관계에 영향을 미칠 것이다. 그러나 어떤 영향을 미칠지는 폭풍에 대한 당신의 반응과 서로에 대한 반응에 달려 있다. 그래서 폭풍이 닥칠 때 꼭 기억해야 할 중요한 진리가 세 가지 있다.

배우자는 당신의 적이 아니다

나는 가끔 아내를 적으로 보기도 했다(말이나 글로 표현한 적은 없지만). 특히 압도적인 스트레스에 시달릴 때는 각자 시련을 다르게 소화하는 탓에 서로에게 욕구불만을 퍼붓기가 너무나 쉽다. 과거에는 사소한 짜증거리에 불과했던 것이 두려움과 실망과 상처가 사방에서 몰려오면 갑자기 엄청나게 커지고 만다.

그럴 때 우리는 연합 전선을 펴서 시련을 직면하는 대신 우리의 작은 세계 속으로 후퇴하거나 서로에게 등을 돌리고 싶은 유혹을 받는다. 결국은 배우자에게 유리하게 행동하기보다 자신에게 유리하게 행동하고 상대방의 필요보다 자신의 감정을 앞세우기가 쉽다.

우리가 배우자를 적으로 만들면 부부가 함께 대적해야 할 진정한 적을 인식하지 못할 위험이 있다.

여기 한 부부가 부엌에 서 있다. 그들은 지친 상태로 금년 예산에 비춰 과연 가족 휴가를 보낼 수 있을지 논쟁을 벌인다. 그때 별안간 침입자가 몰래 들어와서 그들의 결혼사진 앨범을 비롯해 가장 소중한 물건들을 훔치기 시작한다. 그런데도 이 부부는 침입자를 완전히 무시한 채 말다툼을 계속한다. 결국은 마지못해 휴가 문제에 대해 휴전을 선언한다. 시간이 조금 흐른 후 그들은 서로 여러 물건들이 어디로 사라졌는지 의아해한다.

누구도 이런 일이 일어나게 하지 않을 것이다! 침입자가 들어오는 순간 휴가에 대해 논쟁하는 일은 터무니없는 일이 된다. 훨씬 더 큰 위협거리가 부부 앞에 있다. 그런데 우리는 종종 그와 비슷하게 행동하곤 한다. 우리는 삶에 가해진 압력을 느끼고는 (때로는 아주 사소한 문제를 놓고) 불편한 상태로 서로에게 등을 돌린다. 그러는 동안 눈에 안 보이는(그러나 실존하는) 적이 우리의 결혼을 파괴하고, 우리로 주님께 등을 돌리게 하고, 하나님이 정련하기 원하시는 우리 속의 금을 훔치려고 열심이다. 우리는 고통이나 실망에 시달릴 때 현재 벌어지는 영적 전쟁을 별로 주목하지 못한다. 그보다는 우리의 차이점과 좌절된 기대에 지나치게 주목하기 쉽다.

사탄이 욥을 공격한 목적은 욥이 하나님 그분 자체가 아닌 지상의 복들 때문에 하나님을 사랑했을 뿐임을 증명하는 것이었다. 오늘날에도 사탄의 사명은 마찬가지다. 사탄은 당신이 하나님께 등을 돌리도록 당신을 설득하기 원한다. 그 과정에서 당신이 배우자를 적대시하도록 당신을 설득하려 한다.

그러므로 우리는 남편이나 아내에게 등을 돌리고 상대방을 적으로 보고픈 유혹과 싸워야 한다. 그런 사고방식에 적극적으로 저항하는 것이 필요하다. 어떻게 그럴 수 있을까? 우선 당신이 주도적으로 배우자를 위해 친절하고 사려 깊고 관대한 일을 할 수 있다. 예컨대, 화장대 앞에 배우자에게 감사하는 내용을 적은 메모지를 놓으라. 또는 하나님이 배우자의 삶에서 일하고 계시는 증거를 적은 메모도 좋다. 평소에 배우자가 담당하는 허드렛일을 대신 해보라. 나의 경우에는 자진해서 세탁을 하거나 가족을 위해 식사를 준비한다. TV를 켜기 전에 배우자를 위해 기도하고 함께 이야기하고 상대방의 말을 경청하는 시간을 가지라.

당신이 나와 같은 유형이라면 배우자를 섬기거나 배우자에게 가까이 다가가고픈 느낌이 자주 들지는 않을 것이다. 하지만 우리의 감정은 종종 우리의 행동에 따라 생긴다. 그런즉 원망이나 분노가 뿌리를 내릴 기회를 주지 말며 그런 생각을 즉시 잘라버리고, 그 대신 당신이 오늘 어떻게 배우자에게 가까이 다가가서 두 사람이 같은 편임을 떠올리게 할지 생각해보라.

하나님이 경계를 설정하신다

배우자를 적으로 돌리면, 사탄이 우리의 적임을 잊어버리는 것과 상반되는 또 다른 위험에 처한다. 바로 사탄이 주관자가 아님을 잊어버리는 것이다. 사탄은 주권적인 하나님이 그에게 허락하는 만큼의 힘만 갖고 있을 뿐이다. 욥기 1장 12절에서 하나님은 사탄에게 그분의 종인 욥을 공격하도록 허락하신다. "내가 그의 소유물을 다 네 손에 맡기노라 다만 그의 몸에는 네 손을 대지 말지니라." 사탄은 자기의 공격이 기대한 바를 이루지 못했음을 알고는 하나님께 돌아가서 또 다른 채찍질을 요청한다.

하나님은 이렇게 응답하신다. "그를 네 손에 맡기노라 다만 그의 생명은 해하지 말지니라"(2:6). 사탄은 하나님의 사랑과 선하심에 대한 욥의 믿음을 무너뜨리기 위해 자신에게 허락된 모든 자유를 행사했지만 하나님이 정해놓은 경계선을 한 발자국도 넘어갈 수 없었다.

사탄은 지금도 당시에 가능했던 것보다 더 나갈 수 없다. 우리는 사탄이 더 짧은 채찍을 갖고 있기를 바랄 수 있어도 그 채찍이 여전히 존재한다는 사실을 잊으면 안 된다. 그런데 그 채찍은 하나님이 통제하고 계신다. 하나님이 그분의 목적을 위해 채찍의 길이를 결정하신다. 한마디로 사탄은 통제권이 없다.

19세기 설교가 토마스 보스턴(Thomas Boston)은 이 진리를 이렇게 잘 설명했다.

> "만일 하나님이 이런 악한들(달갑지 않은 환경들)을 속박하지 않으신다면, 그가 당하는 고통이 얼마나 심하든 더 악화되면 악화되었지 나아지지 않을 것이다. 그러나 하나님은 죄악의 도구들(사탄, 우리의 죄, 또는 깨어진 세상에서의 삶)을 향해 창조 때 바다에게 하신 말씀을 그대로 하신다. '네가 여기까지 오고 더 넘어가지 못하리니 네 높은 파도가 여기서 그칠지니라'(욥 38:11).… 그러므로 이런 종류의 악한은 더 심하거나 덜 심하지 않고, 딱 하나님께서 강력한 속박으로 정하신 만큼만 유지된다."(The Crook in the Lot, 제이슨 로스의 현대 영어판, p. 30)

상황이 혼란스럽고 시련이 끝없는 것처럼 보일 때는 이 진리가 평안을 줄 수 있다. 우리가 하나님의 길을 다 이해할 수는 없지만 모든 일이 하늘 아버지의 선하고 주권적인 경계 안에 있다. 19세기 영국의 설교가였던 스펄전은 이렇게 썼다.

"폭풍이 거세게 몰아칠지라도 만사가 평안한 것은 우리의 선장이 폭풍을 다스리는 분이시기 때문이다. 사랑하는 친구여, 용기를 내라. 언제나 자비로운 주님이 모든 슬픈 순간과 모든 고통의 순간을 정해놓으셨다. 그분이 만일 숫자 10을 정하신다면 그것은 결코 11로 올라갈 수 없고, 우리는 그것이 9로 내려가기를 바라서도 안 된다. 주님의 때가 최선이다. 당신의 수명은 머리카락의 넓이에까지 측정된다. 불안한 영혼이여, 하나님께서 모든 것을 정하시니 주님이 그분 뜻대로 행하시게 하라."(Beside Still Waters, p. 143)

욥은 거의 모든 것을 잃었다. 그러나 그는 하나님께서 허용하신 것 이상은 아무것도 잃지 않았고, 하나님께서 그의 궁극적인 선을 위해 설정하신 것 이상은 하나도 잃지 않았다.

하나님은 적의 책략을 이용하실 것이다

욥을 두고 한 사탄과 하나님의 대화에서 누가 주도권을 쥐었는지 알아챘는가? 바로 하나님이시다. 그분은 이 이야기가 어떻게 펼쳐질지를 정확히 아셨고, 오늘 우리의 이야기가 어떻게 전개될지도 알고 계신다. 우리가 시련에 직면해 싸우느라 지칠 때에도 우리의 이야기가 아직 끝나지 않았다는 사실을 기억해야 한다. 우리는 눈에 보이는 것만 볼 수 있다. 그래서 당장은 절망적이고 불가능한 듯이 보이고, 우리의 환경에서 선한 것이 전혀 나올 수 없는 듯 보일 수 있다. 그러나 또한 우리의 눈을 들어서 보이는 것 너머에 있는 희망을 볼 수도 있다.

이 지점에서 당신은 이렇게 생각할 수도 있다. '정말로? 내가 왜 이런 시련을 겪을 때 하나님은 자신이 행하는 일을 다 아시고, 또 나에게 유익을 주기 원하신다고 믿어야 하는가?'

바로 십자가 때문이다.

십자가는 역사상 가장 캄캄한 순간이었고, 그것은 하나님이 주도하신 일이었다. 하나님은 그의 독생자에게 우리보다 더 많이 주고 또 더 많이 잃게 하셨다. 하늘의 부요함, 천사들의 경배, 심지어는 우리를 대신해 그의 목숨까지 잃게 하신 것이다. 사탄이 최대의 승리를 이룬 듯한 순간을 보고 싶은가? 그렇다면 십자가, 곧 하나님의 아들이 홀로 고통 가운데 죽어가는 그곳을 보라. 그런데 사탄이 최대로 승리한 듯 보였던 그 순간은 사실 그의 궁극적인 패배의 순간이었다. 하나님의 아들이 배척과 고문을 받고 십자가에 끌려가실 때 사탄은 능글맞게 웃었겠지만, 예수님이 우리 죄에 대한 형벌을 짊어지심으로 사탄이 우리를 고발할 근거가 없어졌으니 결국 사탄의 능력은 십자가에서 분쇄된 것이다.

그렇다, 사탄이 하나님의 아들의 삶에서 행한 것을 하나님은 그분의 목적을 위해, 그 아들의 영광을 위해, 우리의 유익을 위해 이용하셨다. 그렇다, 하나님은 사탄이 욥의 삶에서 행한 것을 그의 유익을 위해 이용하셨다. 그리고 우리에게 일어나는 모든 일 역시 우리의 유익을 위해 이용하신다(롬 8:28).

나는 이 사실을 보고 또 삶으로 경험했다. 적은 우리 부부를 개인적으로 또 함께 넘어뜨리기 위해 열심히 일했다. 때로는 그 적이 이긴 것처럼 보였다. 그러나 뒤돌아볼 때 하나님께서 이제까지 우리를 도우셨을 뿐 아니라 적의 전술을 이용해 우리를 강하게 하시고 그분께 더 가까이 이끌어주셨음을 알게 된다.

하나님께서 우리를 불로 연단하여 순금을 만들고 계심을 우리는 비로소 보기 시작했다. 이를 보기는 쉽지 않다. 솔직히 나보다 사라에게서 더 많이 보게 된다.

친구여, 나는 당신이 현재 직면하는 일을 모르지만 하나님은 알고 계신다. 적이 당신을 유혹해서 배우자에게 등을 돌리게 함으로써 하나님에게서 멀어지게 하려고 무엇을 제거했는지 나는 모른다. 그러나 당신이 결혼한 그 사람은 당신의 적이 아니라 동반자라는 사실은 안다. 나는 당신이 통제권을 쥐고 있지 않다는 것을 알고, 사탄도 그렇다는 것을 안다. 하나님이 통제권을 쥐고 계시기 때문이다. 나는, 하나님이 현재 당신이 겪는 시련을 통해 무슨 일을 하고 계시는지 모르지만, 그분이 일하고 계신다는 것을 알고, 당신이 그분을 꼭 붙잡고 배우자와 친밀하게 걷는 것이 중요하다는 사실을 알고 있다. 오늘 저녁, 당신이 결혼한 배우자의 눈을 쳐다보며 그를 사랑한다고 또 당신은 그의 편이라고 말해보라. 그리고 하나님도 그렇다고 일러주라.

성찰 질문

1. 어려운 시기에 당신이 배우자를 비난했거나 혹은 차이점과 짜증을 빌미로 서로 등을 돌린 적이 있는가? 부부관계에 갈등이 생길 때, 당신은 어떤 적이 부부관계를 포함해 하나님을 영화롭게 하는 것을 파괴하려 한다고 생각하는가? 만일 당신이 영적 전쟁이 벌어지고 있다는 사실과 그리스도께서 강한 방패이심을 기억한다면, 부부관계에서 일어나는 이견과 갈등과 상황에 어떤 영향을 미치겠는가?

2. 하나님께서 경계를 정하신다는 사실은 어떻게 당신에게 위로와 희망을 주고 또 고난에 대한 당신의 견해를 바꿔놓는가?

3. (가능하면 부부가 함께 풀라.) 부부관계에서 적이 당신 부부를 이간질시키는 데 성공한 영역이 있는가? 또는 어떤 갈등이 발생했지만 예수님께 굳게 설 수 있는 힘을 달라고 간구해서 서로 사랑하게 된 적이 있는가?

기도

주 예수님, 특히 어렵고 고통스러운 시기와 스트레스가 한없이 이어지는 듯한 때를 만나면 제 마음이 방황하곤 합니다. 제 마음을 살피시고 저를 주님의 진리에 뿌리박게 하시며, 저의 진정한 적이 누구인지를 보게 하소서. 고난의 시기에 제가 배우자(또는 타인)를 비난하지 않게 도우시고, 배우자가 아니라 저의 죄가 문제임을 깨닫게 하소서. 성령의 힘으로 저를 겸손하게 하셔서 저의 정체성이 저의 환경이나 배우자가 아니라 주님 안에 있음을 기억하게 하소서. 제게 하나님의 영광을 위해 싸우고 견딜 수 있는 새로운 힘을 주소서. 우리의 마음이 주님의 마음과 이어지고 우리도 서로 마음이 통하도록 해주시고, 주님이 우리의 고난도 다스리는 분이심을 믿고 안심하게 하소서. 저의 삶과 부부관계를 주님의 나라의 목적과 영광을 위해 사용하소서. 아멘.

더 묵상할 본문 : 삼하 22:1-7; 시 18:16-19; 고후 12:7-10; 약 1:2-6

나의 묵상 노트

3장.

상실의
순간에도
희망을
잃지 않다

_ 사라

"욥이 일어나 겉옷을 찢고 머리털을 밀고 땅에 엎드려 경배하며"(욥 1:20-22).

상실 뒤에는 종종 슬픔이 따라온다. 고통의 충격이나 생존 본능에서 나오는 아드레날린이 우리를 잠시는 강한 사람처럼 보이게 할지라도, 슬픔은 결국 우리 존재의 모든 구석까지 영향을 미친다. 제임스 패커(J. I. Packer)는 슬픔을 "우리가 사랑하는 어떤 사물이나 사람을 상실한 후에 따라오는 내면의 황폐함"(A Grief Sanctified, p. 9)이라고 말했다.

슬픔은 커다란 상실(죽음, 불임, 학대, 방황하는 아이 등) 후에도 오지만 작지만 아픈 상실(경제적 문제, 놓친 기회들, 실망스런 일들) 후에도 따라온다. 이 모든 것들이 결혼생활에서 길을 헤매게 한다.

욥은 상실이 무엇인지 알고 있었다. 그는 모든 것(가축들, 종들, 그리고 모든 자녀들)을 잃어버렸다. 단번에 그의 재산과 안전 보장과 가족이 사라졌다. 그런데 도무지 이해할 수 없는 고난에 대한 욥의 반응 또한 도무지 이해할 수 없다. 욥은 머리털을 밀고 땅에 엎드려 **주님을 경배한다**.

이런 모습을 이해할 수 없는 이유는 욥의 방식이 크리스천을 포함해 우리 대부분이 시련에 반응하는 방식과 너무 다르기 때문이다. 서양 문화에 익숙한 우리는 자주 슬픔을 불편해하면서 죽음과 부패(사람과 물건의)가 이 세상이 쇠퇴하는 증거라는 현실을 피하려고 최선을 다한다. 그 대신 우리는 강하게 보이고 긍정적으로 생각하고 고통을 숨기는 데 도움이 될 만한 모든 것을 동원해 우리의 삶을 채우려고 노력한다. 또는 슬픔과 상실이 그들을 더 큰 희망으로 몰아가기를 허용하는 대신 고통을 무디게 하는 무언가로 심한 통증을 완화시켜 상실을 직면하기를 회피한다. 다른 한편, 어떤 크리스천들은 슬퍼하는 동안에는 하나님을 경배하는 일이 면제될 수 있다 생각하며, 기분이 좋아지고 슬픔이 사라지면 다시 하나님을 위해 살 것이라고 생각한다.

우리는 어떻게 욥처럼 반응하는 법을 배울 수 있을까? 아니, 우리가 그렇게 반응해야 할 이유가 무엇인가?

슬픔은 불신의 징표가 아니다

욥의 경배가 그의 슬픔을 대신했다거나, 혹은 믿음이 있는 자들은 슬픔을 전혀 느끼지 않는다고 생각하지 말라. 목사이자 저자인 존 파이퍼(John Piper)는 이렇게 지적한다.

"슬픔과 고통의 흐느낌이 불신의 징표는 아니다. 욥은 고통에 대해 '아무튼 하나님을 찬양하라'는 경박하고 둔감하고 피상적인 태도와는 거리가 멀었다. 그의 경배가 훌륭한 이유는 슬픔 중에 드렸기 때문이지 슬픔을 대신했기 때문이 아니다. 재난이 닥칠 때는 얼마든지 울어도 좋다. 그리고 우리는 우는 자들과 함께 울어도 무방하다."(Job: Reverent in Suffering, desiringgod.org/messages/job-reverent-in-suffering, accessed 12/1/19)

우리가 이생에서 경험하는 상실과 고통을 슬퍼하는 일은 자연스럽고 정당하다. 슬픔과 눈물은 믿음이 약하다는 징표가 아니라 깨어진 이 세상과 그것이 우리에게 주는 고통스런 영향에 대한 정상적이고 건강한 반응이다. 이 타락한 세상은 원래 우리가 살도록 설계된 곳이 아니라고 성경은 말한다. 우리가 살도록 지어진 처소가 다가오고 있지만 아직 도래하진 않았다. 그때까지 우리는 중간지대에 사는 법을 배워야 한다. 즉, 슬프지만 소망을 품고, 고통으로 불안하지만 그리스도의 임재 안에서 평안을 누리며, 고통 중에도 경배하면서 사는 법을 말이다.

소망을 품는다고 슬픔이 없어지는 것은 아니다. 소망을 품는다는 것은 그리스도께서 "너희를 친히 온전하게 하시며 굳건하게 하시며 강하게 하시며 터를 견고하게 하시리라"(벧전 5:10)는 확신과 함께 슬퍼하는 것이다.

슬픔 중에 경배하는 욥의 모습

다른 한편, 욥의 경배는 그의 슬픔이 끝났다는 의미가 아니다. 욥도 우리도 상실의 고통을 한두 주만 견디면 다시는 어떤 고통도 느끼지 않게 되는 것이 아니다. (만일 그랬다면, 욥기는 훨씬 더 짧았을 테고 우리에게 큰 도움과 희망을 주지 못했을 것이다!) 진실은 이렇다. 충격이 사라지고, 음식을 들고 방문하는 사람들의 발걸음이 끊기고, 친구들의 전화가 멈추고, 우리는 여전히 고통과 상실을 안고 사는 데도 세상은 잘 돌아가는 듯 보일 때 비로소 우리는 슬픔의 전체 무게를 느끼게 된다.

욥은 그 불행에 대처하는 것이 쉽지 않았다. 욥도 우리처럼 하나님을 경배하는 데 기복이 있었다. 19장에 이르면 욥의 경배하는 어조가 훨씬 약해지기 시작한다.

"내가 폭행을 당한다고 부르짖으나 응답이 없고 도움을 간구하였으나 정의가 없구나 그(하나님)가 내 길을 막아 지나지 못하게 하시고, 내 앞길에 어둠을 두셨으며 나의 영광을 거두어가시며, 나의 관모를 머리에서 벗기시고, 사면으로 나를 헐으시니 나는 죽었구나 내 희망을 나무 뽑듯 뽑으시고"(욥 19:7-10).

그러나 욥은 경배를 멈추지 않는다. 오히려 경배하는 욥의 모습이 바뀌기 시작한다. 이제 욥은 정직하게 그의 고통과 혼동을 주님 앞에 가져감으로써 주님에 대한 신뢰를 드러낸다. 하나님에 대해 불평하는 것은 잘못이지만, 우리는 겸손하게 그분께 나아가서 "왜?"라고 묻고 갈등을 느낄 수 있다. 하나님은 우리가 고통 중에 그저 빙긋이 웃으면서 침묵하기를 원하지 않으신다. 우리가 모든 의문과 두려움과 상처와 혼동을 들고 그분께 정직하게 나아가길 기대하신다. 바로 슬픔이 넘치는 불안정한 곳에서 우리는 우리를 향한 하나님의 사랑과 선하심의 깊이를 놓고 씨름하며 비로소 이해하기 시작할 수 있다.

슬픔과 경배는 공존할 수 있고 신뢰와 의문 역시 그럴 수 있다. 욥은 하나님이 무엇을 하고 계시는지 질문하면서 자기가 하나님에 대해 알고 있는 것을 스스로에게 상기시킨다.

"내가 알기에는 나의 대속자가 살아 계시니 마침내 그가 땅 위에 서실 것이라 내 가죽이 벗김을 당한 뒤에도 내가 육체 밖에서 하나님을 보리라 내가 그를 보리니 내 눈으로 그를 보기를 낯선 사람처럼 하지 않을 것이라 내 마음이 초조하구나"(욥 19:25-27).

새로운 슬픔의 파도가 밀려오면 우리는 눈물을 흘리고 고통 중에 주님을 향해 정직하게 부르짖으며… 스스로 복음의 소망을 다시 기억한다. 우리의 슬픔은 세상이 바람직한 상태가 아님을 인식하게 하고, 복음에 담긴 우리의 소망은 우리의 슬픔이 더는 온전한 이야기를 들려주지 않는다는 사실을 상기시킨다. 우리에게는 우리 죗값을 대신 지불하셨으며 언젠가 죄 자체로부터 우리를 해방하실 구속자가 계시다. 그분이 돌아오셔서 잃었던 것을 되찾으시고 깨어졌던 것을 회복하실 것이다. 마침내 (우리의 시련을 통과하는 가운데 너무 이르지 않은 그 순간에) 그분이 이 땅에 서실 것이며, 우리도 상실과 슬픔, 고통과 사망을 넘어서 그분과 함께 설 것이다.

슬픔 중에 배우자와 함께 걷는 길

얼마 전, 우리 가족을 수년간 괴롭히던 시련 때문에 슬픔의 파도를 또다시 경험하면서, 나 자신이 남편 제프로부터 멀어지는 것을 느꼈다. 나는 외로웠고 억울한 마음이 들었다. 나는 번민과 씨름하고 있는데, 그는 당시에 일어나는 일로부터 전혀 영향을 받지 않는 듯 보였다. 이 환경이 내게는 너무도 지독한데 그는 아랑곳하지 않고 또 무관심하다는 거짓을 믿은 어느 날, 그동안 쌓아 두었던 원망이 터져 나오며 나의 느낌을 그에게 일방적으로 쏟아붓고 말았다.

감사하게도 남편의 반응은 나의 폭발보다 훨씬 차분했다. 그는 자기 나름대로 어떻게 씨름하고 있는지 설명했다. 우리 둘 다 슬퍼하지만 슬픔의 표현이 다를 수 있음을 깨닫는 순간이었다. 나는 그날의 대화를 되돌아보면서 내가 기억할 필요가 있는 세 가지 사항을 정리하게 되었다.

1. 사람들은 서로 다른 방식으로 슬퍼한다

남편과 내가 그렇듯이 부부는 각자 다른 방식으로 슬퍼한다. 어떤 사람은 눈물을 흘리며 말로 슬픔을 하소연하는데, 다른 사람은 감정을 전혀 표현하지 않고 생각을 다른 데로 돌린다. 어떤 사람은 감정을 억제하다가 몇 달이나 몇 년 후에 느닷없이 슬픔이 표면에 올라오는 것을 경험한다. 그러니 이런 다른 점을 인식하고 서로 참아주며 의사소통을 하라. 우리의 적이 부부관계를 공격하는 강력한 방법 한 가지는 마땅히 해야 할 말을 못 하게 막는 것이다. 남편과 아내가 슬픔을 소통하지 않고 상대방을 적절한 때에 하나님과 하는 이 씨름에 동참시키지 않는다면 '한 몸'이 마치 둘로 쪼개지는 느낌을 받을 것이다.

2. 당신의 배우자는 그리스도가 아니다

당신의 슬픔을 가장 먼저 그리스도께 가져가라. 오직 그리스도만이 당신의 소망과 힘의 근원이시기 때문이다. 만일 배우자가 당신에게 필요한 모든 위로를 제공하거나 당신을 완전히 이해하고 당신에게 딱 맞는 지혜와 격려를 줄 거라 기대한다면, 당신은 실망하게 될 것이고 부부가 서로를 원망하게 될 것이다.

3. 당신의 배우자는 배우자일 뿐이다

그렇다, 당신의 배우자는 구원자가 아니다. 하지만 그는 당신의 기쁨과 고통을 타인은 불가능한 방식으로 공유할 수 있다. 만일 우리가 각각 독자적으로 생각하고, 배우자가 나를 이해하지 못하거나 이상한 말을 할 것을 우려해서 자신의 번민을 공유하길 꺼린다면, 적의 공격에 약한 상태로 노출될 수밖에 없다. 부부의 침묵은 결국 서로 나란히 걸으며 함께 성장할 기회와 특권을 앗아가고, 고난을 통해 함께 그리스도를 더욱 알아가며 서로에 대한 사랑이 더욱 커지는 기회도 빼앗기게 된다.

(제프) 남편으로서, 나의 고통을 오직 주님께만 가져가고 아내에게는 비밀로 하고픈 유혹이 늘 있다. 그러나 그렇게 하면 우리 사이의 신뢰와 친밀함이 희생된다. 때로는 아내에게 더 부담을 주고 싶지 않아서 그러기도 하고, 때로는 나의 연약함을 보여주기 싫어서 그러기도 한다. 나는 우리가 슬퍼하는 방식이 다를지라도 **함께** 슬퍼할 필요가 있다는 것을 꼭 기억해야 한다. 하나님은 내 마음이 아내의 마음과 엮이기를 원하시고, 우리가 자애로운 구원자를 더욱 의지하고 기뻐함으로써 우리의 믿음이 더욱 강해지기를 바라신다. 그런 일이 일어나려면 나 자신을 아내에게 열어놓을 필요가 있다.

가장 소중한 것은 아직 잃지 않았다

욥은 어떻게 하나님을 경배하는 반응을 보일 수 있었을까? 그가 참담한 상실을 슬퍼하지 않았기 때문이 아니라, 그는 자신에게 가장 소중한 것은 잃지 않았으며 또 절대로 잃을 수 없음을 알았기 때문이다. 만일 당신이 예수님을 안다면, 당신도 여러 소중한 것들을 잃고도 여전히 하나님을 경배할 수 있다. 슬픔을 계기로 우리는 그리스도의 가치와 그분 안에 있는 안전 보장을 발견할 수 있다. 그러기에 슬픔과 기쁨이 공존할 수 있고 심지어 함께 성장할 수 있는 것이다. 배우자와 나란히 이를 경험하는 일은, 우리가 기꺼이 슬픔을 함께 공유하며 배우자가 슬픔의 파도에 요동칠 때 은혜의 손길을 내밀 때에만 알게 되는 하나의 선물이다.

친구여, 슬퍼하는 것은 괜찮다. 그러나 홀로 슬퍼하지는 말라. 그리스도를 슬픔 속으로 불러오고, 그분이 당신을 위해 마련한 기쁨을 알라. 그리고 당신의 배우자를 그 슬픔 속으로 불러오고, 그로 인해 생기는 친밀한 관계를 경험하라. 기쁨과 슬픔이 만나는 길을 부부가 나란히 걷다 보면 예상치 못한 축복을 발견하게 될 것이다.

성찰 질문

1. 당신은 어떻게 슬픔에 반응하는가? 당신의 배우자는 당신과 비슷한가, 아니면 다른가?

2. 슬픔은 믿음 없음의 징표라는 거짓말을 믿어왔는가? 만일 당신이 욥처럼 슬픔 중에도 주님을 경배할 수 있음을 안다면, 그래서 당신 자신이 충분히 슬퍼하도록 허락한다면, 어떤 변화가 생길 것 같은가?

3. (가능하면 부부가 함께 풀라.) 상실이나 고통을 경험하고 슬퍼할 때 배우자가

어떻게 당신을 격려할 수 있을지 이야기해보라. 부부로서 슬픔에 대처하는 일과 관련해 무엇이 도움이 되었고 무엇이 상처가 되었는지 서로 이야기해보라.

기도

하늘에 계신 아버지, 주님께서 우리의 삶에 허용하신 시련을 놓고 함께 슬퍼하도록 허락해주셔서 감사합니다. 욥처럼, 저도 저의 번민을 정직하게 주님께 말씀드리도록, 그리고 주님께서 저의 고통과 의문과 흔들리는 감정을 다루실 수 있다고 믿도록 도와주소서. 그러나 거기에 머무르는 것이 아니라 희망을 품은 채 슬퍼하고 주님께 경배의 제사를 드리도록 힘과 믿음을 주소서. 주님이 언젠가는 우리가 상실한 모든 것을 완전히 구속하시고 회복시키실 것을 믿게 해주소서. 우리가 서로 나란히 슬퍼하는 법을 배울 때 우리의 결혼생활을 보호해주시고, 슬픔 중에 주님을 바라볼 때 함께 성장하도록 도와주소서. 아멘.

더 묵상할 본문 : 시 13, 88; 살전 4:13

나의 묵상 노트

4장.

모든 것을
붙잡은
손을 펴다

_ 제프

"주신 이도 여호와시요 거두신 이도 여호와시오니 여호와의 이름이 찬송을 받으실지니이다"(욥 1:21b).

우리는 4년 전 가족의 꿈이 담긴 집에서 작은 셋집으로 이사했는데, 최근에 그 옛집을 처음으로 지나쳤다. 그 순간 우리 자녀들은 그 집의 무엇이 그리운지 늘어놓으면서 온갖 추억을 되살리기 시작했고, 우리는 다시금 그 모든 것을 포기해야 했던 이유를 찾느라 고심하지 않을 수 없었다. 나는 당시 금전적인 안정과 좋아했던 집을 대가로 지불하더라도 하나님의 인도를 따르는 것이 옳은 일이었다고 설명하려 애썼다. 그러나 내 마음 깊숙한 곳에서는 나름의 향수와 의문이 피할 수 없는 싸움을 벌이고 있었다. 아니, 어째서 우리는 그 모든 것을 포기해야 했던가?

6년 전으로 돌아가자….

계획이 바뀔 때

우리는 장래 계획을 신중하게 세웠고, 늘어나는 수입의 선한 청지기가 되려고 자문을 구하면서 비교적 검소하게 살고 있었다. 그때 나는 의료기기 이식 수술을 집도할 때 지원하는 외상외과 전문의였다. 금전적으로 넉넉했고 만사가 대체로 계획대로 잘 진행되었다. 여기서 계획은 '우리의' 계획을 말한다.

바로 그때 하나님은 낯선 주권을 행사하셔서 우리에게 통제력이 얼마나 없는지 가르치려고 작정하셨다.

큰아들의 신경학적 문제가 점점 더 심각해졌고, 그로 인해 우리는 소진되기 시작했다. 다른 압력들도 커졌다. 아내의 건강이 계속 나빠졌다. 다른 아이들도 건강 문제가 나타났다. 내 직업은 언제든 전화가 오면 달려나가야 했기에 아내가 모든 일을 떠맡고는 했다. 그러니까 아내가 종종 혼자 부모 역할을 한 셈이다. 부부관계에 긴장이 커지고 있었다. 의료비도 증가했다.

삶이 무척 고달팠다. 만사가 계획대로 되지 않았다. 우리 가족이 위기에 처했다는 것을 나는 알았다.

하나님은 우리가 할 수 있는 일이 그동안 저축하고 계획하고 목표로 삼았던 모든 것을 내려놓는 일뿐임을 깨닫게 하셨다. 나는 집에 좀 더 자주 머무는 새로운 직업을 찾았지만 봉급이 예전의 절반밖에 되지 않았다. 우리는 꿈의 집을 팔고 장인, 장모님과 함께 이사를 갔다. 우리는 급격한 소득 감소에 마지못해 적응하기 시작했다.

어디에서 문제가 발생했는가?

어딘가에 있을지도 모르고 아예 없을지도 모른다.

그 어려운 시절에 나는 욥을 종종 생각하면서 평생에 걸친 업적이 한 순간에 사라졌을 때 그가 느꼈을 고뇌를 약간이나마 공감했다. 내가 공감하기 어려운 부분은 그의 반응이었다. "주신 이도 여호와시요 거두신 이도 여호와시오니 여호와의 이름이 찬송을 받으실지니이다"(욥 1:21b).

욥은 이렇게 말하는 것이다. '우리가 무엇을 누리든 그것은 주님에게서 왔고, 우리는 그 때문에 그분을 찬송한다. 그리고 우리가 무엇을 잃든 그것 또한 주님으로부터 왔고, 따라서 우리는 그 때문에도 그분을 찬송하는 법을 배워야 한다.'

그런데 그것을 어떻게 배우는가? 우리 가족이 옛집을 지나치며 더 이상 그 집을 갖고 있지 않음에 하나님을 찬송할 수 있을까? 당신은 잃은 것을 헤아리면서 "주님의 이름이 찬송을 받을지어다!"라고 말할 수 있겠는가? 이는 너무나 직관을 거스르는 일이며 부자연스럽다! 아니, 어쩌면 이 때문에 하나님이 우리 삶에 이런 상실을 허락하시는지 모른다. 복에 대한 우리의 단기적인 안목에 도전하고 우리의 눈을 열어 오직 그리스도만 줄 수 있는 더 깊고 영구적인 복을 보게 하기 위해서.

자연스럽게 우리는 우리를 덮는 하나님의 기쁨을 우리가 받는 지상의 복들과 동일시하고 싶어진다. 우리가 몸담은 세상은 우리의 재정 상태에 의해 안락함과 즐거움이 좌우되는 곳이다. 그러나 성경은 하나님 나라의 가치 체계는 세상의 가치 체계와 매우 다르다고 분명히 말한다. 우리는 하나님 나라의 가치 체계를 배워야 하며, 가능하면 부부가 함께 그래야 한다. 그래서 우리가 옛집을 지나칠 때, 또는 예전에 소유했다가 지금은 잃어버린 것을 기억할 때, 우리는 서로에게 '주님은 주실 때에도 선하시고 거두실 때에도 선하시다'는 사실을 상기시킬 수 있다.

이 고통스러운 세월을 보내는 동안 하나님은 우리 부부에게 세 가지 질문을 계속 던지며 우리의 마음을 살펴보도록 가르치셨다.

1. 나는 안락한 생활을 잃는 것을 두려워하는가?

"여호와를 경외하는 것은 사람으로 생명에 이르게 하는 것이라 경외하는 자는 족하게 지내고 재앙을 당하지 아니하느니라"(잠 19:23).

우리가 만일 하나님을 열망하기보다 세상적인 안락함을 더 열망하고 그것을 잃는 것을 두려워한다면, 우리는 하나님이 아닌 우리 삶을 가장 안락하게 해주리라고 생각되는 것에 따라 의사결정을 하고 계획을 세울 것이다. 이제야 나는 우리가 세웠던 계획들(심지어 좋고 지혜로운 계획들도)을 뒤집어놓은 주님의 혹독한 자비가 보인다. 그분은 이 세상에서 안락함과 안전을 보장하는 우리의 모든 수단을 제거하셨다. 그것은 무척 고통스러웠으나 자유로워지는 경험이기도 했다.

우리가 갈수록 더 주님을 경외하는 일에 초점을 맞추고 그분의 약속을 신뢰한다면 우리의 계획에 속박되기보다 하나님의 계획을 믿고 따르는 자유를 누릴 것이다.

2. 나는 무엇을 세우고 있는가?

우리가 무엇에 자신의 시간과 에너지와 돈을 쏟아붓는지 정기적으로 돌아보는 일은 가치가 있다. 혹시 금전적으로 안정되고 안락함을 누리는 가정을 세우려고 너무 열심히 일하는 바람에 가족과 함께하는 시간을 희생시키지 않는가? 아내에게 돈으로 살 수 있는 모든 것을 주면서 영원히 지속되는 것은 하나도 주지 못하지 않는가? 교회에 주일 출석은 하지만 돈을 버느라 너무 바빠서 다른 것은 하나도 주지 못하지 않는가?

아내와 나는 우리가 내린 어려운 결정들을 돌아보았다. 그 결정은 과연 그만한 대가를 치를 만한 것이었는가? 내가 만일 직업을 바꾸지 않았다면, 우리는 여전히 그 집에 살면서 한때 소유했던 사치품들과 함께 늙어갔을 것이다. 또한 부부관계가 손상되고, 나는 집에 있는 시간이 별로 없었을 것이다. 우리는 유산으로 재산을 남기되 사랑은 남기지 못할 것이다. 자, 그만한 대가를 치를 만했던가? 그렇다, 의심할 여지가 없다. 그런데 만일 주님이 우리에게 강요하지 않으셨다면 우리가 과연 그것을 선택했을까? 글쎄, 의심스럽다.

친구여, 당신의 재정 상태가 어떻든 당신의 생활방식은 혹시 이 땅이 본향인 듯 사는 당신의 모습을 보여주지 않는가? 당신의 의사결정들은, 당신의 부부관계와 가족에게 가장 필요한 것이 현세의 재산과 안락이라고 말하고 있지 않은가?

3. 예수님으로 충분한가?

"어떠한 형편에든지 나는 자족하기를 배웠노니 나는 비천에 처할 줄도 알고 풍부에 처할 줄도 알아 모든 일 곧 배부름과 배고픔과 풍부와 궁핍에도 처할 줄 아는 일체의 비결을 배웠노라 내게 능력 주시는 자 안에서 내가 모든 것을 할 수 있느니라"(빌 4:11-13).

2년에 걸쳐 우리는 여러 사항을 놓고 논쟁을 벌였다. 부엌을 어떻게 리모델링할지, 여섯 식구가 어떻게 마트 할인 쿠폰에 의존해서 살지, 아무리 돈이 없어도 절대 지체하면 안 되는 치료는 무엇인지 등을 결정했다.

나로서는 너무나 어려운 일이었다. 내가 가족의 부양자인데, 이제는 종종 "우리가 지금은 그 일을 할 돈이 없어"라고 말해야 했다. 나는 이 구덩이에서 가족을 끌어올릴 책임과 무게를 느꼈다. 하지만 또한 그리스도로 충분하다는 진리도 점점 알아갔다. 그분은 우리에게 꼭 필요한 것을 공급하셨지, 우리가 원하거나 필요하다고 생각한 것을 공급하지 않으셨다. 그리고 무엇보다도 그분은 우리를 이미 구원하셨고 우리를 영적으로 지탱하고 계셨다. 우리는 이미 낮아진 상태였는데, 나는 거기서 환경과 무관하게 자족하는 법을 배웠다. 배우기 어려운 교훈이지만 정말로 좋은 교훈이다.

그래도 쉽지 않았다. 주님의 인도가 더 큰 필요와 고난으로 이끄는 것 같아서 그분을 신뢰하기 어려웠다. 우리는 주변 사람들의 삶이 안락해 보일 때 질투하기 쉽다. 우리는 하나님을 영화롭게 하려고 애쓰고 있는데 어째서 그분은 우리의 모든 것을 잃도록 허용하실까? 하나님은 왜 우리 가족의 만성 질병을 치료하는 데 필요한 치료법과 의사들까지 다 거둬 가실까? 도무지 이해하기 어려웠다. 그럼에도 그분은 은혜를 베푸셔서 스스로 신실하신 분임을 계속 보여주셨다. 그분의 방법으로 그분의 때에 필요한 것을 공급하셨고 그동안 우리 마음도 바꾸셨다. 그리고 우리는 그 점을 쉽게 잊기 때문에 때때로 서로 그것을 상기시킬 필요가 있었다.

참으로 어려운 길이었던 만큼 하나님께서 우리에게 풍부함과 부족함을 모두 맛보게 해주셔서 감사하다. 그분이 양극단을 이용해서 우리에게 보여주신 것이 있다. 우리가 기쁨과 소망을 이 땅의 안락함이나 장기적인 계획에 둔다면 그것을 확보할 수 없다. 그러나 오직 하나님이 주시는 선물을 즐거워하고 그로 인해 그분을 찬송한다면, 또 거두시는 것도 그분에게서 온 선물임을 받아들이고 그분을 찬송한다면 기쁨과 희망이 찾아올 것이다. 우리는 어떤 환경에 처하든지 그분이 오늘 우리에게 공급하신 것에 만족함으로써 그분을 영화롭게 할 수 있다. 물론 우리는 현명한 계획을 세우고, 장래를 대비해 저축하고, 우리의 재정을 청지기답게 운용할 수 있다. 그러나 그 모든 것이 내일 바뀔 수 있으며, 우리는 굳이 두려워할 필요가 없다. 그리스도 한 분만으로 과거에도 현재에도 미래에도 충분하다는 교훈을 배웠다면 말이다. 그리스도께서는 영원토록 충분하신 분이기에 오늘도 충분하시다.

더 험한 길이 더 낫다

"그들의 날을 행복하게 지내다가 잠깐 사이에 스올에 내려가느니라 그러할지라도 그들은 하나님께 말하기를 우리를 떠나소서 우리가 주의 도리 알기를 바라지 아니하나이다"(욥 21:13-14).

우리가 택할 수 있는 더 쉬운 길이 있다. 번영의 길이요 종종 평탄한 길로 걷는 평화로운 발걸음이지만 결국 죽음과 불행에 이르는 내리막길이다. 그러나 하나님은 그의 자녀들을 너무나 사랑하시기에, 그 길이 그분 앞에서의 영원한 즐거움을 잃게 한다면, 우리에게 그 길을 허용하지 않으신다. 아내와 내가 우리의 재정적 안정을 잃는 대신 그리스도 안에 있는 기쁨과 만족을 얻은 것을 돌아볼 때, 우리는 하나님의 선하심으로 인해 그분께 감사하지 않을 수 없다. 따라서 비록 험하고 어려운 길이라도 그리스도께 이르는 오르막길을 걷는 편이 더 낫다. 이 길에는 어려운 결정들이 놓여있고, 하나님은 때때로(종종) 우리가 좋아해도 우리를 짓누를 만한 것들을 거두어 가셔서 우리의 짐을 덜어주실 것이다. 그 길은 그리스도와 함께하는 길이고, 그 길의 끝에서 얼굴을 맞대고 그리스도를 볼 것이다. 그리고 그분이 주신 것과 거두신 것으로 인해 그분을 찬송하게 될 것이다. 그러니 부부가 이 길을 함께 걸으며 발을 헛디딜 때는 앞을 보도록 서로를 격려하고, 또 옛집을 지나칠 때는 자녀들에게 이 길을 걷는 것이 복되다고 일러주자. 그 편이 더 낫다.

성찰 질문

1. 이번 장에 나온 세 가지 질문 중에 어느 것이 당신에게 가장 큰 도전이 되었는가? 혹시 하나님께서 당신에게 자유와 평안을 주기 원하신다고 느낀 영역이 있는가?

2. 하나님을 따르면 그분이 금전적 성공을 주실 것이라고 생각한 적이 있는가? 이런 사고방식은 예수님과 복음에 대한 당신의 관점을 어떻게 왜곡시키는가?

3. (가능하면 부부가 함께 풀라.) 어떤 질문(들)이 가장 큰 도전을 주었는지 서로 나누라. 혹시 돈이 부부관계에 긴장을 유발하는가? 두 사람이 생각하고 이야기하고 의사결정을 하는 방식에 어떤 변화가 필요할까?

기도

주님, 저는 재정의 영역에서도 주님을 영화롭게 하고 싶습니다. 그러나 솔직히 말씀드리면, 우리에게 필요한 것을 생각할 때 걱정스럽고 우리가 잃을 수 있다고 생각하면 두려워집니다. 주님께서 우리에게 위탁하신 것을 즐거워하고 또 지혜롭고 관대하게 사용하되 세상 재물에 우리의 희망을 두지 않게 도와주소서. 우리가 직면하는 재정적 어려움을 서로 투명하고 은혜롭게 소통할 수 있도록 인도하소서. 제 마음을 살피셔서 제가 소망을 주님이 아닌 다른 곳에 두고 있지 않은지 보여주시고 오직 주님께만 두도록 도와주소서. 주님, 성령의 능력으로 우리의 마음을 계속 변화시키셔서 오직 주님만 완전히 신뢰하도록 인도하소서. 아멘.

더 묵상할 본문 : 마 6:20; 마 25:14-30; 고후 4:18; 벧전 4:10

나의 묵상노트

5장.

만성 질병에 시달리는 배우자를 사랑하다

_ 사라

"[욥이] 이르되 내가 모태에서 알몸으로 나왔사온즉 또한 알몸이 그리로 돌아가올지라 주신 이도 여호와시요 거두신 이도 여호와시오니 여호와의 이름이 찬송을 받으실지니이다 하고"(욥 1:21).

"주님, 저의 아내에게 신체적 기적을 베풀어주시길 기도합니다. 그러나 만일 그렇게 하지 않기로 하셨다면 제 속에 영적인 기적을 일으키셔서 제가 아내를 끝까지 잘 사랑할 수 있게 해주소서." 로버트 맥퀼킨(Robert McQuilkin) 박사가 아내가 알츠하이머에 걸렸다는 통보를 받은 직후 드린 기도이다.

그의 반응은 내 마음을 찔렀다. 마치 누군가 내 영혼 속에 들어와서 감춰진 두려움과 불안을 폭로한 것 같았다. '우리 삶은 나의 만성 질병과 장애의 고통스러운 영향에서 결코 자유로울 수 없다. 그런데 남편은 끝까지 나를 잘 사랑할 수 있을까? 그가 감당할 수 없는 순간이 오지 않을까? 설사 그렇게 되더라도 내가 그를 비난할 수 있을까?'

우리가 결혼 서약을 한 지 오래지 않아 만성적인 고통과 질병이 우리 삶을 지배하기 시작했다. 이런저런 시련이 연달아 닥치고 기나긴 고통의 무게에 짓눌리자 우리는 모두 두 손을 들고 말았다. 우리의 부부관계는 나의 생각보다 더 많은 시험을 받게 되었다.

물론 우리만 그런 고통을 당하는 게 아니라는 슬픈 사실을 나는 알고 있다. 통계에 따르면, "만성 질병, 곧 지난 1년 이상 지속적으로 의료적인 돌봄을 요구하거나 일상생활에 제약을 주는 질병들(미국보건복지부, 2010)은 미국 국민의 40퍼센트가 넘는 약 1억 3천 3백만 명에게 영향을 미치고 있다고 한다. 영국도 비슷한 비율이다. 이는 수많은 기혼자들이 지속적인 통증, 곧 남에게는 안 보이는 통증에 시달리고 있다는 뜻이다. 그토록 많은 부부가 고통 받고 있는데도 우리는 이 문제에 관해 많이 이야기하지 않는 실정이다(공공장소에 있거나 교회에 있을 때 우리는 숨길 수만 있다면 아예 거론하지 않는다). 그러나 우리는 이 문제를 거론할 필요가 있다. 왜냐하면 그 고통은 우리의 몸과 자아의식뿐만 아니라 우리의 부부관계와 믿음에도 파괴적인 영향을 미칠 수 있기 때문이다. 사탄은 이 점을 알았다.

> "사람이 그의 모든 소유물로 자기의 생명을 바꾸올지라 이제 주의 손을 펴서 그의 뼈와 살을 치소서 그리하시면 틀림없이 주를 향하여 욕하지 않겠나이까"(욥 2:4-5).

불가피한 신체적 고통은 그 고통에서 벗어나고픈 절박한 심정을 끊임없이 불러일으키고, 배우자와 하나님을 포함해 모든 것과 모든 사람에 대한 그의 관점에 나쁜 영향을 미칠 수 있다. 따라서 사탄이 이런 고통을 충분히 이용하여 우리와 우리의 부부관계, 그리고 우리와 그리스도의 관계를 공격한다는 것은 놀랄 일이 아니다.

그러나 하나님은 적의 책략을 이용해 그분의 선한 목적을 전진시키는 분이다. 이런 시련을 직면해도 우리의 부부관계는 살아남을 수 있고 심지어 탄탄해질 수도 있다. 그러니 하나님을 찬양하라! 만일 당신이나 배우자가 이런 고난을 겪고 있고, 그로 인한 독특한 도전을 극복하여 결혼생활을 잘 영위하려고 애쓰고 있다면, 나는 진정으로 당신을 격려하고 싶다. 당신의 고통과 가슴앓이는 피할 수 없어도 당신은 이 길을 홀로 걸을 필요가 없다. 만일 그리스도께서 아직까지 신체적 치유를 허락하지 않으셨다면, 그분은 두 사람에게 맡겨진 십자가를 지는 데 필요한 은혜와 힘을 주겠다고 약속하신다.

고통의 경감을 위해 기도하고 은혜 주실 것을 믿으라

만성 질병에 시달리는 배우자는 고통을 탈피하고 싶은 마음과 하나님을 신뢰하길 배우고 안식하고픈 마음 사이에서 긴장을 느끼기 마련이다. 상대 배우자가 느끼는 짐은 그와 다르면서도 무겁다. 이들은 무거운 책임을 짊어지고, 예전의 삶을 상실한 것을 슬퍼하고, 무엇보다도 사랑하는 사람의 고통을 덜어줄 수 없어서 무력감과 좌절감을 느낀다. 우리는 각각 만성 질병이 빼앗아간 것을 슬퍼하면서도 (자신의 또는 사랑하는 사람의) 고통에 대해 경건하기는커녕 합리적인 반응도 보이지 못할 때가 있다. 나의 경우 고통과 싸우며 가족을 돌볼 때는 쉽게 짜증을 내고, 매우 사소한 일에도 금방 남편이나 아이들에게 화를 낸다. 다른 한편, 내가 아파서 누워있을 때 남편은 무거운 짐에 지쳐서 분노와 성급함과 욕구불만에 빠지기도 한다. 남편은 내 고통이 나의 잘못이 아니란 것을 알며, 또한 내가 그 와중에도 그가 나를 잘 사랑하기 원한다는 것을 안다. 어쨌든 우리는 서로에게 등을 돌리지 않으려고 무척 고심한다.

바로 여기서 부부관계가 시험을 받는다. 우리의 환경이 변하리라는 보장이 없을 때, 우리는 양자택일의 기로에 서게 된다. 즉, 서로에게 원망과 분노를 표출하고 마음을 닫을 것인가, 아니면 하나님의 은혜를 힘입어 실망과 고통 중에도 그분께 나아가고 그리스도의 은혜와 힘으로 배우자를 사랑할 것인가. 이 선택은 당신의 몫이다.

욥과 그의 아내도 그런 상황을 직면했다. 욥은 하나님께 등을 돌릴 만한 온갖 이유가 있었지만 하나님의 주권을 믿고 겸허한 순복의 길을 선택했다.

"주신 이도 여호와시요 거두신 이도 여호와시오니 여호와의 이름이 찬송을 받으실지니이다… 우리가 하나님께 복을 받았은즉 화도 받지 아니하겠느냐"(욥 1:21, 2:10).

반면에 욥의 아내는 남편처럼 반응하기 어려워 몸부림을 치다 결국 "하나님을 욕하고 죽으라"(욥 2:9)고 그에게 말하고 말았다. 여러 면에서 나는 그녀를 공감할 수 있다. 그녀 역시 방금 자녀들과 재산과 안전 보장을 잃었고, 이제는 한때 든든하고 강하고 존경받던 남편이 재를 뒤집어쓰고 고통 가운데 신음하는 모습을 무력하게 쳐다보고 있었다. 어쩌면 당신도 그녀의 두려움과 무력함을 느낄 수 있을 것이다. 어쩌면 당신도, 이제는 원망하고 도피할 수밖에 없는 그녀의 감정을 공감할 수 있을 것이다.

욥의 반응이 가혹하고 거칠어 보인다. 그러나 "그대의 말이 한 어리석은 여자의 말 같도다 우리가 하나님께 복을 받았은즉 화도 받지 아니하겠느냐"(2:10)는 말은 상당히 은혜로운 표현이라고 생각한다. 욥은 아내를 어리석은 여자라고 부르지 않고 어리석은 여자처럼 말하는 사람으로 묘사한다. 그는 아내의 그릇된 생각을 수용하기보다 도전하되, 그녀의 성품을 공격하지는 않는다. '그대는 내가 아는 그대처럼 행동하고 있지 않소'라고 그는 말한다.

이런 순간에 우리가 말하는 내용과 그것을 말하는 방식은 큰 영향을 미친다. 고통은 반드시 우리의 죄와 우리 배우자의 죄를 표면에 떠올릴 것이다. 그때 우리는 그것을 슬그머니 감춤으로써 무시해서도 안 되고 우리 배우자가 몸부림친다고 그를 공격해서도 안 된다. 우리는 배우자의 고통을 공감하며 이해하려고 애쓰는 한편, 온유하고 은혜로운 태도로 배우자에게 사랑 안에서 진리를 말해야 한다. 어려운 일이다.

그리고 우리는 기꺼이 진리(성경에서 발견하는 진리와 배우자의 입술에서 나오는 진리)를 경청해야 한다. 자신이 고통 중에 있거나 배우자가 고통에 시달리는 모습을 볼 때는 그렇게 하기가 어렵다. 그러나 이것 역시 당신의 선택이다. 우리는 욥의 아내가 그렇게 반응하게 된 경위를 모른다. 우리는 욥이 그의 고난의 이유를 결코 이해하지 못했으나 그 때문에 변화된 것은 알지만, 욥의 아내가 그런 반응을 보인 후에 어떻게 되었는지는 모른다. 욥의 신앙이 그녀를 설득해 더 깊은 신앙으로 인도했기를 바랄 뿐이다.

어려운 날이라고 희망이 없는 것은 아니다

당신이 욥의 경우처럼 고통 받는 당사자이든 맥퀼킨 박사의 경우처럼 배우자와 나란히 고통 받는 사람이든지 간에, 당신은 결혼생활에서 만성 질병이란 어려운 길을 걷는 동안 서로의 경건한 반응을 통해 지혜를 배울 수 있다. 단지 생존하기 위해서 뿐만 아니라 그 과정에서 주님과 서로에 대한 더 깊은 사랑을 경험하기 위해서다.

우리는 치유와 고통 경감을 위해 기도하고 또 노력해야 하는가? 물론이다. 마치 아무것도 변할 수 없다거나 변하지 않을 것처럼 생각하면서 우리 자신을 그저 환경에 내어맡기고 절망해서는 안 된다. 아울러 치유를 위해 기도할 뿐만 아니라 기다리는 동안 버틸 수 있는 영적인 힘을 위해서도 기도해야 한다. 우리는 예수님께 다음 세 가지를 간구할 필요가 있다. 한결같게 또 기쁘게 걸을 수 있는 은혜, 우리가 걷는 동안 서로를 잘 사랑할 수 있는 힘, 그리고 기대감을 품고 고통 없는 삶을 내다보는 믿음을 달라고.

만성 질병이 우리 부부관계에 크나큰 손실과 아픈 시련을 초래했지만, 하나님의 은혜 덕분에 그것이 최종 결론은 아니었다. 그 대신, 우리가 그리스도께 의지하고 그분의 과분한 사랑을 경험하면서 그 위기는 하나님 덕분에 우리가 서로를 더 사랑하는 계기가 되었다. 우리는 풍성한 결혼생활을 경험하게 되었는데, 아마 그런 고통을 겪지 않았다면 맛볼 수 없었을 것이다. 하나님께서 우리에게 무엇이 필요한지를 아시고 그것을 주기 위해 그런 고통을 허락하셨다고 믿기에 우리는 그분을 찬송한다. 우리가 매우 어려운 시기를 맞이할 수 있지만 우리는 결코 희망을 잃으면 안 되고 그때를 무의미한 시간으로 생각해서도 안 된다.

언젠가 내 몸은 고통에서 해방될 것이고, 나를 사랑하려고 애썼던 남편의 몸부림도 끝날 것이며, 우리 둘 다 우리를 끝까지 지탱해주신 예수님의 선하심과 신실하심에 놀라게 될 것이다.

"그러므로 우리가 낙심하지 아니하노니 우리의 겉사람은 낡아지나 우리의 속사람은 날로 새로워지도다. 우리가 잠시 받는 환난의 경한 것이 지극히 크고 영원한 영광의 중한 것을 우리에게 이루게 함이니 우리가 주목하는 것은 보이는 것이 아니요 보이지 않는 것이니 보이는 것은 잠깐이요 보이지 않는 것은 영원함이라"(고후 4:16-18).

우리가 "지극히 크고 영원한 영광의 중한 것"에 이르기까지 이 땅에서 남은 생을 사는 동안 어느 정도의 고통은 안고 살 것이다. 그래서 나는 이렇게 기도하는 법을 배울 필요가 있다.

"주님, 당신의 뜻이라면 제발 저를 치료해주세요. 그러나 그것이 주님의 뜻이 아니라면 제가 주님의 목적을 신뢰하게 도와주시고 주님이 저를 사랑하신 것처럼 제가 남편을 사랑하게 도와주세요. 제가 이 짐에 대해 느끼는 치명적인 죄책감에서 저를 해방시켜주세요. 남편이 저와 함께 이 길을 걷는 데 필요한 힘과 인내를 주님이 주실 거라고 믿도록 도와주세요." 어쩌면 당신도 이런 기도가 필요한지 모르겠다.

이는 남편 역시 우리 결혼생활의 남은 날 동안 날마다 고통에 시달리는 아내를 사랑하고 또 섬겨야 한다는 뜻이다. 그리고 나는 남편이 맥퀼킨 박사의 기도를 자신의 기도로 삼게 해달라고 기도하고 있다.

"주님, 저의 아내에게 신체적 기적을 베풀어주시길 기도합니다. 그러나 만일 그렇게 하지 않기로 하셨다면 제 속에 영적인 기적을 일으키셔서 제가 아내를 끝까지 잘 사랑할 수 있게 해주소서." 어쩌면 당신도 이렇게 기도할 필요가 있을지 모르겠다.

성찰 질문

1. 만성 질병이나 고통에 시달리고 있는가? 이는 당신과 하나님의 관계에 어떤 (긍정적 또는 부정적) 영향을 미치는가? 당신은 날마다 그리스도께 나아가서 치유를 위해 기도할 뿐만 아니라 그분의 임재와 힘과 평안을 위해 기도할 의향이 있는가?

2. 당신의 배우자가 만성 질병이나 고통에 시달리고 있다면, 그 고통이 당신의 삶과 부부관계에 미치는 영향 때문에 배우자에게 분노를 느끼는가? 하나님께서 두 사람이 더욱 그리스도를 닮아가도록 성장시키고 또 변화시키는 수단으로 그 질병을 사용하실 수도 있다고 생각한 적 있는가? 당신은 참으로 배우자를 사랑한다는 것을 어떻게 실제적으로 보여줄 수 있는가? 당신은 배우자를 하나의 짐이 아니라 하나님이 주신 선물로 보고 있는가?

3. (가능하면 부부가 함께 풀라.) 당신이 직면하고 있는 독특한 어려움을 의논하고, 두 사람이 함께 만성 질병을 헤쳐 나갈 때 도움이 되었던 것과 도움이 되지 않았던 것을 이야기하라. 두 사람이 의사소통을 발전시키고 서로 멀어지지 않기 위해 바꿔야 할 것이 있다면 무엇인가?

4. 하나님께서 과거에 보여주신 신실하심을 이야기해보라. 그분이 두 사람을 어떻게 인도하고 변화시키셨는지, 어려운 시기에 두 사람이 인내하도록 그분이 어떻게 도우셨는지 등.

기도

당신이 장기 질병으로 고생하고 있다면 앞에 소개한 나의 기도를 사용해도 좋다.
"주님, 당신의 뜻이라면 제발 저를 치료해주세요. 그러나 그것이 주님의 뜻이 아니라면 제가 당신의 목적을 신뢰하게 도와주시고 주님이 저를 사랑하신 것처럼 제가 배우자를 사랑하게 도와주세요. 제가 이 짐에 대해 느끼는 치명적인 죄책감에서 저를 해방시켜주세요. 저의 배우자가 저와 함께 이 길을 걷는 데 필요한 힘과 인내를 주님이 주실 거라고 믿게 도와주세요. 아멘."

만일 당신이 만성 질병에 시달리는 배우자를 사랑하고 또 섬기고 있다면 맥퀄킨 박사처럼 기도하길 바란다.
"주님, 저의 배우자에게 신체적 기적을 베풀어주시길 기도합니다. 그러나 만일 그렇게 하지 않기로 하셨다면 제 속에 영적인 기적을 일으키셔서 제가 배우자를 끝까지 잘 사랑할 수 있게 해주소서. 아멘."

더 묵상할 본문 : 시 23; 욜 2:25-27; 고전 13:4-7; 엡 3:16-19

나의 묵상 노트

6장.

리더하는 법을 배우다

(남편을 위한 글)

_ 제프

"네가 내 종 욥을 주의하여 보았느냐 그와 같이 온전하고 정직하여 하나님을 경외하며 악에서 떠난 자는 세상에 없느니라"(욥 1:8b).

"주님, 제가 이토록 연약한데 어떻게 가족을 이끌겠습니까? 저는 많은 짐에 눌려 가라앉고 있어서 숨조차 쉬기 어렵습니다. 저는 끝이 안 보이는 엄청난 환경에 압도되어 무력감을 느낍니다. 제가 주님의 무한한 지혜와 지식을 신뢰하게 도와주시고, 저와 우리 가정을 인도하시는 주님의 손길에 순종하게 해주소서. 주님이 제게 맡기신 시간과 자원을 이용하여 제가 우리 가족을 잘 인도하도록 도와주소서. 저의 지혜와 힘으로는 이 위기를 극복하기 어렵습니다. 우리 부부 사이에 장애물이 있지만, 제가 아내를 사랑하고 또 자녀들에게 좋은 아빠가 되도록 도와주소서."

"주님, 무슨 일이 있더라도 저는 주님을 기뻐하고 주님께 의존하겠습니다. 저는 연약해도 주님은 강하십니다. 이 모든 깨어짐과 고통을 통해서도 주님의 이름에 영광을 돌립니다."

몇 년 전 우리 가족이 큰 시련을 겪는 동안 내가 쓴 기도문이다. 나는 외상 수술 전문의로 일하느라 언제나 비상대기 상태였고, 종종 일터에서의 책임과 내가 아내에게 가장 필요한 순간에 그녀와 함께 있을지를 놓고 하나를 선택하지 않으면 안 되었다. 아내와 자녀들이 힘들어하는 모습을 보면서도 직장으로 떠나야 할 때는 그 짐이 너무 무겁게 느껴졌다. 나는 우리가(또 내가) 얼마나 더 견딜 수 있을지 생각했다. 우리 아들의 질병이 더 심각해졌고, 우리 가족이 라임병과 싸우고 있었고, 우리의 은행 계좌는 의료비 때문에 고갈되었고, 나는 우리 집에 스트레스만 안겨주는 직업에 갇혀 있다고 느꼈다. 우리의 부부관계도 흔들리면서 서로 거리가 멀어지고 분노가 쌓여갔다.

나는 가정의 리더로서 나의 역할을 인식했지만 나 자신조차 지탱하기 힘들었다. 그런데 어떻게 내가 누구를 지도할 수 있을까?

나는 가라앉는 중이었고 또 기도하고 있었다. 그리고 하나님은 은혜를 베풀어 응답하셨고 지금도 계속 응답하고 계신다.

나는 리더라고 해서 항상 완벽하거나 통제권을 쥐어야 하는 것은 아님을 배웠다. 그보다 하나님은 자기가 부르는 자들을 구비시키신다는 것, 우리가 날마다 그분의 말씀을 읽고 기도할 때 우리를 세우신다는 것, 그리고 우리가 겸손하게 그분을 바라보며 우리의 책임을 이기적으로 회피하지 않고 남을 통제하려고 남용하지 않을 때 우리를 돌보신다는 것을 기억해야 했다.

우리는 이런 남편과 아버지를 욥에게서 보게 된다. 그는 온전하고 정직한 삶을 누리고 하나님을 경외하며 악에서 떠나는 행실로 그의 가족을 이끌었다. 그렇다면 그는 완벽했는가? 그렇지 않다. 그의 삶의 특징은 가정의 안과 밖에서 경건을 추구하는 데 있었다. 그는 자녀들이 장성한 후에도 그들을 위해 계속 기도했고 그의 믿음은 가족을 돌보는 쪽으로 넘쳐흘렀다.

당신은 욥과는 거리가 멀어도 아주 먼 사람이라고 느낄지 모르겠다. 그가 받은 고난도 그렇거니와 고난에 대한 그의 반응과 가족을 돌보는 그의 방법과 그의 믿음을 붙잡는 모습이 더욱 그렇다. 그렇게 느끼는 사람은 당신만이 아니다. 그리고 그렇게 느끼는 것은 한편으로 좋다. 우리의 연약함과 무능력을 그리스도께 시인하는 일은 가장 좋은 출발점이기 때문이다. 우리는 하나님의 은혜와 도움을 힘입어 우리 가족이 바라고 또 필요로 하는 그런 사람이 점차 되어갈 수 있다.

우월함이 아니라 희생이 필요하다

우선, 우리는 남편으로서 받은 높은 소명을 이해해야 한다. 그러려면 우리 자신의 결혼이 아니라 그리스도와 그의 택한 백성인 교회와의 결혼을 바라봐야 한다. 우리의 결혼은 바로 그 본을 반영하게끔 되어 있기 때문이다. 신학자이자 역사학자인 제프리 브로마일(Geoffrey Bromiley)은 이렇게 묘사했다. "하나님이 자신의 형상을 따라 사람을 만드셨듯이 그분과 그 백성 간의 영원한 결혼의 형상을 따라 지상의 결혼을 만드셨다"(God and Marriage, p. 43).

그러므로 "남편이 아내의 머리 됨은 그리스도께서 교회의 머리 됨과 같다"(엡 5:23). 당신의 부부관계는 예수님과 그의 백성이 갖는 관계의 본질을 반영하고 또 가리키게끔 되어 있다.

그래서 남편에게 주어진 '머리 됨'은 우월함이 아닌 희생을 가리킨다.

"남편들아 아내 사랑하기를 그리스도께서 교회를 사랑하시고 그 교회를 위하여 자신을 주심 같이 하라 이는 곧 물로 씻어 말씀으로 깨끗하게 하사 거룩하게 하시고 자기 앞에 영광스러운 교회로 세우사 티나 주름 잡힌 것이나 이런 것들이 없이 거룩하고 흠이 없게 하려 하심이라"(엡 5:25-27).

그리스도의 삶은 우리의 부부관계를 위한 청사진을 제공한다. 우리는 사랑을 베풂으로써 이끈다. 곧 "그리스도께서 교회를 사랑하시고 그 교회를 위하여 자신을 주심 같이" 사랑해야 한다(엡 5:25).

"이와 같이 남편들도 자기 아내 사랑하기를 자기 자신과 같이 할지니 자기 아내를 사랑하는 자는 자기를 사랑하는 것이라 누구든지 언제나 자기 육체를 미워하지 않고 오직 양육하여 보호하기를 그리스도께서 교회에게 함과 같이 하나니 우리는 그 몸의 지체임이라"(엡 5:28-30).

그리스도께서는 이 땅에 오셔서 개인의 이익을 위해 자기 능력을 남용하거나, 추종자들을 모욕하거나, 강요해서 자기를 따르게 하지 않으셨다. 물론 그분은 힘과 진리와 권위로 그들을 지도하셨다. 그러나 그분의 성품은 또한 온유함과 연민과 희생적 사랑으로 잘 알려져 있다. 우리는 남편으로서 그리스도의 본보기를 따르도록 부름을 받았다. 그러니 섬김으로써 지도하고, 돌봄으로써 사랑하며, 우리의 신부가 보호를 받는다고 느끼게끔 하고, 우리의 가정이 그리스도를 닮았다는 칭찬을 받게 하라.

신학자 조엘 비키(Joel R. Beeke)는 이렇게 묘사한다.

"그녀(아내)를 위해 희생하라. 그녀를 부양하고, 자신의 몸을 사랑하듯이 그녀를 소중히 여기라. 그녀에게 당신의 생각, 당신의 시간, 당신의 이야기, 당신의 부드러움, 그리고 당신의 손길을 주되 그녀의 몸을 만지기 전에 그녀의 마음을 반드시 만지도록 하라. 그녀가 최근에 당신에게 행한 일에 따라 당신의 사랑을 작은 숟가락으로 재는 일을 그만두라. 그리스도께서 당신에게 베푸신 풍성한 사랑에 따라 당신의 사랑을 양동이로 퍼붓기 시작하라… 당신이 아내에게 줄 수 있는 가장 중요한 선물은 돈이나 집, 자동차나 보석, 또는 심지어 당신 자신도 아니다. 당신이 그녀에게 줄 수 있는 최고의 선물은 그녀를 하나님께 인도하여 그녀가 그분을 영화롭게 하고 그분을 영원히 즐거워하게 하는 것이다. 그런즉 그녀에게 하나님의 말씀을 이야기하라. 그녀의 영혼을 위해 기도하라."(How Should Men Lead Their Families? p. 14)

형제들이여, 우리는 리더십의 이런 측면을 너무 빨리 지나치면 안 된다. 부부관계에 대한 충고를 들어보면 남자들에게 가정에서 리더십을 쥐라고 권면하는 것으로 끝나는 경우가 너무 많다. 달리 말하면, 우리가 어떻게 아내를 부양하고 소중히 여기고 흠모해야 하는지를 구체적으로 말해주지 않는다는 뜻이다.

- 아내를 부양한다(nourish)는 것은 당신이 그녀의 부양자라는 뜻이다. 당신은 그녀의 물질적 필요뿐만 아니라 그녀의 신체적, 정서적, 영적 양식까지 공급하는 사람이다. 아내에게 가장 필요한 것은 월급을

가져다주고, 자녀들과 놀아주고, 그녀를 신체적으로 챙겨주는 것이라고 생각한다면, 그릇된 사고방식이다. 아내를 부양하려면 부부관계에 주목하고 투자하는 일이 필요하다. 당신의 아내를 격려하고 그녀의 관심사, 두려움, 불안정, 목표, 강점, 약점 등 그녀의 마음을 알려고 노력하라. 부부관계를 부양하는 목표는 그 관계가 성장하고 발전하고 성숙하여 그리스도가 교회와 결혼한 모습이 점점 더 분명히 드러나는 것이다. 그러므로 우리는 기꺼이 배우자에게 자신을 전심으로 투자하려고 노력해야 한다.

- 당신이 아내를 소중히 여긴다(cherish)는 것은 그녀를 하늘 아버지의 딸로 본다는 뜻이다. 그녀는 오용되거나 무시나 이용을 당해서는 안 되는 귀한 선물이다. 당신은 그녀를 그리스도 안에서 세워주고 부드러운 손길로 돌보고 보호해야 한다. 아담이 하와를 보았듯이 당신의 아내를 보라. 그녀를 이 땅에서 당신을 위한 유일한 여성으로 보라는 뜻이다. 다른 여성이 당신의 마음을 당신의 아내처럼 사로잡아서는 안 된다. 만일 당신이 현재 아내를 그렇게 보기 힘들다면 하나님께 그분이 그녀를 보듯 보게 해달라고 기도하라. 당신이 아내를 소중히 여긴다면 자신의 기쁨과 즐거움보다 아내의 기쁨과 즐거움에서 더 큰 만족감을 맛볼 것이다.

- 끝으로, 아내를 흠모한다(adore)는 것은 그녀를 안팎으로 모두 아름다운 인물로 본다는 뜻이다. 이는 그녀의 최선의 모습에 대해 깊이 생각하고, 그녀가 그리스도를 닮은 면을 기뻐하고, 그녀가 점점 더 그

리스도처럼 되도록 격려하는 것이다. 그리고 그리스도께서 그녀를 보듯이 그녀를 보고, 또한 그녀도 자기 자신을 그런 눈으로 보도록 이끌어주는 것이다.

이런 일은 자연스럽게 일어나지 않는다. 특히 부부관계에 긴장이나 불신이나 상처가 이미 뿌리박고 있을 때 혹은 시련이 몰려올 때는 더욱 그렇다. 당신은 그런 높은 소명을 이루기에는 너무 역부족이라 느낄 수 있고, 현재 그렇게 하고픈 열망이 없을 수도 있다. 또는 당신이 신체적이거나 정신적인 연약함과 싸우고 있을지도 모른다. 그러나 우리에게는 자기 자신의 자원과 힘만 있는 것이 아니다. 성령의 열매가 남편의 마음속에서 자라날 때 바로 이런 머리 됨으로 드러나게 된다. 그러므로 그것은 성령의 사역이다. 우리는 그것을 위해 기도하고 그것을 추구하고 또 성령님이 우리를 성장시키실 것을 신뢰해야 한다. 우리는 예수님의 영을 통해 그분께 우리 배우자를 향한 그분의 사랑을 달라고, 또 하나님이 주신 역할을 잘 감당할 힘을 달라고 간구할 수 있다. 아울러 우리의 눈을 열어 죄와 연약함, 그리고 우리의 리더십을 방해하는 문제들을 보게 해달라고 기도할 수 있다.

형제여, 당신과 내가 그리스도께서 원하시는 그런 남편이 되지 못하도록 막는 것은 두 가지밖에 없다. 바로 당신의 죄와 아내의 죄이다. 남편의 죄는 그로 하여금 두려움이나 게으름 때문에 리더십을 발휘하지 못하게 할 수 있고, 교만이나 이기심 때문에 가혹한 리더십을 발휘하게 할 수도 있다. 그리고 우리의 아내들도 죄인이다. 구원받은 아름다운 사람이라도 여전히 죄인이다. 아내의 죄로 인해 자애로운 머리 됨을 발휘하기가 어려워질 수 있다. 특히 이제까지 둘의 관계가 그런 리더십에 익숙하지 않을 때는 더욱 그렇다. 그래도 우리는 그런 리더십을 행사하도록 부름 받은 만큼 비록 불완전하지만 의도적으로 또 기도하면서 그것을 실천해야 마땅하다.

그분의 힘으로 한 단계 올라서다

아내들이여, 만일 이 글을 읽고 있다면 여러분의 격려와 지지가 생각보다 더 귀중하다는 것을 알라. 우리와 같은 남편들은 집안의 머리로서 종종 말로 표현하는 것보다 더 큰 무게와 책임을 느끼고 있다. 우리가 경건한 남편이 되려고 애쓸 때, 그러나 종종 우리가 원하는 그런 남자와 남편이 못 될 때는 아내가 주는 시간과 공간, 격려와 은혜가 너무나 필요하다. 무엇보다도, 우리가 그리스도를 닮아가도록 기도해주고, 조금이라도 진전이 있으면 인정하고 기뻐해주면 좋겠다.

남자들이여, 우리는 십자가를 짊어지신 그 리더를 좇는 리더들로서 우리 자신의 생활과 안락함보다 우리 아내의 안녕과 마음에 더 관심을 품어야 마땅하다. 그리스도께서는 그 앞에 있는 기쁨을 위하여 그의 목숨을 내어놓으셨다(히 12:2). 따라서 우리도 아내들을 이끌고 사랑하고 부양하고 소중히 여기고 흠모하되 그들이 우리를 따르기 쉽도록 그렇게 한다면, 우리 역시 분명히 기쁨과 만족을 경험하게 될 것이다.

아마 당신은 자주 이로부터 거리가 멀다고 느낄 것이다. 완벽한 부부관계는 없다. 아내를 이끄는 것도 결코 쉽지 않다. 만일 당신이 그런 상태에 있다면, 지금 당장 그리스도께 나아가서 다음 단계를 밟을 힘을 달라고 기도하라. 하늘의 이편에서는 완벽함에 도달할 수 없다. 그러나 괜찮다. 우리가 도무지 달성할 수 없는 것에만 주목한다면 스스로 마비상태에 빠지겠지만, 주님은 우리가 예수님을 의지할 때 우리에게 능력을 주겠다고 약속하셨다. 그러니 결코 예수님처럼 될 수 없다고 포기하지 말고, 어제보다 오늘 더 그리스도를 닮은 남편이 되려고 노력하라.

하나님께서 한동안 당신에게 맡기신 그 여자를 위해 당신의 목숨을 내어놓으면 놀라운 기쁨이 따를 것이다. 당신이 왕의 딸을 사랑하고 돌볼 책임을 맡았으니 이 얼마나 큰 특권인가! 아내를 부양하라. 그녀를 소중히 여기라. 그녀를 흠모하라. 당신이 무슨 대가를 치르더라도 아내를 위해 싸울 거라고 그녀에게 보여주라. 그리스도를 더 많이 사랑함으로써 그녀를 잘 사랑하라.

성찰 질문

1. 그리스도께서 자신을 희생하기까지 교회를 사랑하신 것처럼 당신이 아내를 사랑하고 또 이끌어야 한다는 말을 들으면 어떤 느낌이 드는가?

2. 성경이 남편들에게 요구하는 것을 알면 당신은 압도될 수 있다. 당신의 부부관계에서 하나님의 도움을 받아 좀 더 개선할 영역은 무엇인가? 그 영역에서 당신의 머리 됨이 잘 발휘된다면 어떤 변화가 일어날 것 같은가?

3. 당신이 아내를 어떻게 부양하고 소중히 여기고 흠모하는가? 스스로를 평가해보라. 어떤 면에서 특히 성장하고 싶은가?

4. (가능하면 부부가 함께 풀라.) 당신이 아내를 희생적으로 사랑할 수 있는 세 가지 방법을 아내에게 물어보라. 그리고 당신이 기도하며 노력할 필요가 있는 두 가지 영역도 알려달라고 요청하라.

5. 아내들에게: 당신이 남편의 리더십에 있어 감사하는 부분이 무엇인지 말해주고 격려하라. 그리고 당신이 어떻게 부양받고 소중히 여겨지고 사랑받고 싶은지 구체적으로 일러주라. 당신이 어떻게 그의 리더십을 지지하고 또 기도로 밀어줄 수 있을지 물어보라.

기도

하늘에 계신 아버지, 희생적 리더십이 어떤 모습인지 아들의 완벽한 본보기를 통해 보여주셔서 감사합니다. 주님의 은혜로 저를 낮추시고 저를 주님의 창조계획에 따라 경건한 남자와 남편으로 빚어주십시오. 주님, 제가 아내를 세워줌으로써 그녀를 사랑하는 법을 알려주시고 이로써 주님께 영광을 돌리게 하소서. 우리의 부부관계가 그리스도를 더 밝히 드러내도록 도와주소서. 주님은 제가 아내를 희생적으로 사랑하는 것을 힘겨워한다는 사실을 아십니다. 제가 아직 알아채지 못하는 저의 결점들이 있다면 그것들을 보여주십시오. 제가 주님의 딸을 잘 사랑하고 이끌지 못할 때가 있음을 고백하오니 저를 용서해주소서. 저와 아내를 향한 주님의 자비가 날마다 새로우니 참으로 감사드립니다. 제 마음이 주님께 초점을 맞추어서 어제보다 오늘 주님을 더 잘 드러낼 수 있게 하소서. 저는 주님을 신뢰하겠사오니 우리의 부부관계가 주님의 목적을 위해 크게 쓰임 받게 해주시길 기도합니다. 아멘.

더 묵상할 본문 : 고전 11:1-3; 고전 16:13-14; 엡 5:25-33

나의 묵상 노트

7장.
따르는 법을 배우다
(아내를 위한 글)

_ 사라

"그의 아내가 그에게 이르되 당신이 그래도 자기의 온전함을 굳게 지키느냐 하나님을 욕하고 죽으라"(욥기 2:9).

내가 순종에 대한 글을 쓰고 있다는 사실이 우습기도 하고 소중하기도 하다. 나는 누구의 지시를 받는 것을 즐거워한 적이 없다. 당신이 나에게 오른쪽으로 가라고 하면 나는 왼쪽으로 갈 것이다. 나에게 조용히 하라고 하면 나는 갑자기 할 말이 많아진다. 비록 하나님께서 나의 강한 의지를 그분의 선한 목적을 위해 사용해오셨지만, 이런 완고한 정신은 또한 나를 아픈 길로 몇 차례 몰아넣었다. 순종이란 개념에 대한 나의 저항은 특히 내가 연약했던 시절에 받은 상처를 통해 더욱 강해졌다. 순종은 나에게 결코 자연스러운 것이 아니다.

순종을 구출하다

'순종'이란 단어의 문제는 우리가 그 단어를 듣는 즉시 '제자도'를 생각해야 하는데 자연스럽게 "결혼"을 생각하게 된다는 것이다. 우리는 순종이란 단어를 들을 때 아내에 관해 생각하기보다는 크리스천에 관해 생각해야 한다. 순종은 크리스천의 기본적인 자세이며, 우리는 궁극적으로 완전하신 주 예수께 순종하는 것인 만큼 순종은 선하고 기쁘고 긍정적인 덕목이다. 그분은 우리에게 이렇게 약속하신다.

"수고하고 무거운 짐 진 자들아 다 내게로 오라 내가 너희를 쉬게 하리라 나는 마음이 온유하고 겸손하니 나의 멍에를 메고 내게 배우라 그리하면 너희 마음이 쉼을 얻으리니 이는 내 멍에는 쉽고 내 짐은 가벼움이라 하시니라"(마 11:28).

우리가 그리스도께 순종하고 그분의 지도를 신뢰하면 그의 멍에(그의 가르침, 성품, 인도하심)를 받고 우리 영혼의 안식을 찾게 된다. 주님이신 그리스도께 순종하는 것은 하나의 명령일 뿐 아니라 자유와 안식에 이르는 길이다. 그러므로 태초부터 사탄이 이것을 왜곡하고 무너뜨리려고 힘쓴 것은 놀랄 일이 아니다. 윌슨(P. B. Wilson)은 이렇게 썼다. "사탄이 왜곡하려고 시도하지 않은 삶의 영역은 거의 없다. 하지만 권위에 대한 순종은 항상 그의 우선순위 위쪽에 있다"(Liberated Through Submission, p. 102).

부부관계에서의 순종이 그리스도에 대한 더 큰 순종을 반영하게 되어 있음을 이해하지 못한다면, 우리는 아내가 남편에게 순종한다는 개념을 결코 이해하거나 받아들이지 못할 것이다.

"아내들이여 자기 남편에게 복종하기를 주께 하듯 하라 이는 남편이 아내의 머리 됨이 그리스도께서 교회의 머리 됨과 같으니 그가 바로 몸의 구주시니라 그러므로 교회가 그리스도에게 하듯 아내들도 범사에 자기 남편에게 복종할지니라"(엡 5:22-24).

당신은 이미 성경적인 순종의 훌륭한 모범을 목격했을 것이다. 복종(순종)이란 단어의 부정적 인상에도 불구하고, 당신은 하나님의 설계대로 살아가는 삶의 축복을 본 셈이다. 그러니 이를 큰 선물로 받아들이라!

그런데 우리는 순종의 행위를 통해 어떻게 복이 올 수 있는지 의문을 던진다. 순종이란 개념 자체가 시대에 뒤떨어진 것으로 들릴 수 있다. 혹시 잘못된 리더십이 아랫사람을 학대하거나 군림하면서 죄악된 행동을 변명하려고 성경의 명령을 왜곡하는 모습을 보았다면, 순종이란 단어는 당신의 머리카락을 곤두서게 하거나 피를 끓게 할 수 있다. 아마 당신의 경험은 순종이란 열등한 자로 취급받고, 사랑받지 못한다고 느끼고, 목소리가 묵살되고 이용당하는 것을 의미한다고 일러줄 것이다.

만일 당신이 그렇다면, 나는 참으로 유감스럽다. 당신이 경험한 사악한 왜곡, 특히 악이 간과되거나 변명되는 그런 현상을 생각하면 내 마음이 아프다. 제발 내 말을 들어주기 바란다. 이런 유형의 '리더십'은 비성경적이고 하나님의 마음을 거스르는 것이다. 그리고 하나님은 언젠가 모든 행위에 책임을 묻겠다고 약속하셨다. 그러니 당신이 비성경적인 학대로 깊은 상처를 받았다고 해서 성경적 순종에서 달아나지는 말라.

그러면 아내가 남편에게 순종한다는 것은 도대체 무엇인가? 우리는 순종하라는 하나님의 명령들은 하나같이 주님에 대한 우리의 순종(남편과 아내 둘 다에게 주신 명령)에 뿌리박고 닻을 내리고, 또 복음을 반영하는 것이라고 이해할 필요가 있다.

하나님 아버지, 성자 예수님, 성령님이 동등한 하나님이시지만 서로 구별되고 고유한 역할을 수행하시듯이, 남자와 여자도 하나님의 형상으로 동등하게 창조되었고 동등한 가치가 있지만(창 1:26~28) 각각 창조주의 서로 다른 면모를 독특하게 나타내도록 창조되었다. 남편이 아내보다 더 위대하다(더 가치가 있다)고 말하는 것은 마치 성부 하나님이 성자 예수님보다 더 위대하다고 말하는 것과 같고, 이는 성경의 모든 가르침을 거스르는 것이다(예컨대, 요 5:21~23). 바로 이런 맥락에서 우리는 에베소서 5장에 나오는, 남편과 아내에게 주신 하나님의 말씀을 읽어야 한다.

이런 진리는 우리 문화의 왜곡된 렌즈를 통해 보는 이들에게는 억압적인 소리로 들리지만, 남편과 아내의 역할을 성경적으로 수행하면 그것은 결혼생활에 생명을 줄 뿐 아니라 복음을 아름답게 반영하는 거울이 된다. 나에게 크리스티나 폭스(Christina Fox)의 묘사가 큰 도움이 되었다.

> "결혼생활에서 남자와 여자가 수행하는 독특한 역할은 복음의 살아있는 메시지로 나타난다. 남편은 교회를 위해 자기 목숨을 내주신 예수님의 사랑을 본받는다. 아내는 교회가 자기 신랑에게 순종하는 모습(교회의 신뢰와 존경)을 본받는다… 이 세상에서 교회는 자신의 은사를 사용해 자기 머리이신 예수님을 따르며 예수님의 사명을 수행한다. 이와 마찬가지로, 아내는 자기의 은사를 사용해 남편의 리더십을 존경하고 또 순종하며 결혼과 가정을 향한 주님의 선한 목적을 성취한다."(Designed for Joy, p. 69~70)

여자가 순종하도록 부름 받은 것은 현관 매트 같은 취급을 받는 것과 아주 거리가 멀다. 오히려 이는 강하고 지혜롭고 담대한 믿음의 여인, 조용한 확신으로 치장된 그런 여인이 되라는 부르심이다. 아내는 남편을 지배하는 것이 아니라 오히려 남편이 그리스도를 반영하는 방식으로 리더십이란 높은 소명을 이루도록 그를 존경하고 돕는 역할을 해야 한다. 이는 동등함이나 노예 상태를 강요하는 것이 아니라 서로 다른 것을 기뻐하는 것이다. 순종은 여자의 가치를 낮추지 않는다. 실은 하나님의 눈에 우리가 얼마나 귀중한지를 보여준다. 이는 마치 하나님께서 우리 남편에게 이렇게 말하는 것과 같다. "아들아, 내가 너를 위해 그랬던 것처럼 너도 너의 목숨을 내 딸을 위해 내어놓음으로써 그녀를 사랑해라. 아내를 보호하고 섬기고 돌보고 이끌어주되 그녀가 나를 더 잘 반영할 수 있도록 그렇게 해라. 아내는 나에게 그만큼 귀중한 존재란다." 그리고 하나님은 아내들에게 이렇게 말씀하신다. "딸아, 너의 은사와 힘을 사용해서 너의 남편을 지지하고 격려하고 존경하되 그가 너를 잘 이끌고 사랑하는 그의 무거운 책임을 잘 감당하도록 그렇게 해라."

결혼생활에 문제가 많을 때

결혼에 대한 하나님의 목적은 남편의 자애로운 머리 됨과 아내의 기꺼운 순종을 통해 복음을 드러내고 그분께 영광을 돌리는 것이다. 그러나 많은 결혼이 하나님의 설계에 훨씬 못 미치고 있음을 인정하는 것이 중요하다.

만일 당신의 결혼생활이 학대나 포르노 중독 같은 문제로 고통당하고 있다면 꼭 목사나 경건한 지도자에게 상담을 받기를 바란다. 만일 당신의 가정생활이 안전하지 않다면 거기서 당신의 몸(자녀를 포함해서)을 피하고 도움을 받으라. 하나님은 절망적인 듯한 관계도 구속하고 치유하실 수 있지만 우리에게 학대받거나 위험한 상황에 굴복하거나 그 길을 홀로 걷도록 절대로 요구하지 않으신다. 만일 남편이 당신에게 죄를 지으라고 하거나, 당신에게 해로운 짓을 하거나, 또는 공포를 유발하며 범죄를 '주도한다면', 이를 거절하고 죄를 정상적이거나 용인할 만한 것으로 취급하기를 거부하라. 그 편이 남편과 주님을 사랑하는 것이다.

격려하며 따라가는 아내

대다수 아내들이 남편의 리더십을 따라가기가 어려운 이유는 남편의 죄 때문이 아니라 우리 자신의 통제 욕구 때문이다. 이런 갈등은 외부의 압력과 시련이 몰려오기 시작하면 더 커진다.

우리는 욥기 2장 9절에서 욥의 아내가 그들 인생의 중요한 (그리고 심히 고통스러운) 순간에 욥의 경건한 리더십을 따르기 힘들어하며 보인 불신의 반응에서 이를 알 수 있다. 아내는 욥에게 이렇게 도전한다.

"그의 아내가 그에게 이르되 당신이 그래도 자기의 온전함을 굳게 지키느냐 하나님을 욕하고 죽으라".

여기 하나님께서 허락하신 참혹한 상황 가운데 허우적거리며 하나님께 순종하는 데 실패한 한 여인이 있다. 주님을 신뢰하지 못하고 그분께 순종하지 못한 그녀는 이제 남편으로 하여금 전능자를 저주하도록 유도한다.

물론 당신이 남편에게 하나님을 저주하도록 부추길 가능성은 별로 없다. 하지만 우리의 삶이 어렵거나 남편이 자기 본분을 수행하지 않을 때는 우리가 주도권을 잡으려 하고 순종을 거부하기가 무척 쉽다. 우리의 삶이 거꾸러질 때(치명적인 질병에 걸리거나, 불임으로 고민하거나, 남편이 실직하거나, 그 밖의 여러 문제로) 우리가 보이는 반응과 통제 욕구는 우리의 마음과 부부관계에 내재된 몸부림을 밝히 드러낸다. 막연한 미래에 대한 두려움, 상실에 따른 슬픔, 그리고 불신앙은 우리로 불신으로 반응하게 할 뿐 아니라 남편의 리더십(또는 리더십의 부족)을 무시하고 우리 마음대로 통제권을 행사하게 한다.

바로 이런 순간에 기억해야 할 것이 몇 가지 있다. 순종은 우리 제자도의 일부이며, 우리가 남편을 따를 때 하나님이 기뻐하신다는 것, 그리고 우리가 남편의 결정에 동의할 때만 순종한다면 그것은 순종이 아니라는 것, 우리가 남편을 따르기 위해(남편이 죄를 짓거나 해로운 짓을 하도록 유도하지 않는다면) 자신의 욕망을 희생할 때마다 우리는 부부관계를 탄탄하게 만들고 있다는 것 등이다.

하지만 이와 동시에, 우리는 인생의 중요한 결정들을 내릴 때 하나님께 받은 지혜와 분별력을 사용해 남편 곁에서 그를 격려하고 그와 함께 일해야 한다. 그리고 주님을 욕되게 하는 것이 있다면 무엇이든 용감하고 공손한 자세로 저항해야 한다. 에릭 슈마허(Eric Schumacher)와 엘리스 피츠패트릭(Elise Fitzpatrick)은 사무엘상 25장에 나오는 아비가일(그녀는 의를 위해 남편의 허락 없이, 남편도 모르게 행동을 취했다)의 용감한 이야기에 근거해 이렇게 지적한다.

"비록 크리스천 아내들은 경건한 남편들에게 순종하도록 부름 받았지만, 그들의 남편이 미련하게도 그 자신과 타인에게 파멸을 초래하는데도 그냥 가만히 서서 아무것도 하지 말라는 뜻은 아니다."(Worthy, p. 131)

남편의 경건한(불완전하나마) 리더십에 순종하고 남편을 격려하는 것은 선하고 옳다. 그리고 그리스도를 영화롭게 하기 위해 불경건한 것에 용감히 맞서는 것도 똑같이 선하고 옳은 일이다.

순종한다는 것은 어떤 모습일까?

사람마다 조금씩 다르게 표현되겠지만, 남편에 대한 존경은 우리의 생각, 언어, 행동에 반영되어야 하고 베드로의 첫 편지에 나오듯이 그 동기가 '온유하고 정숙한 마음'이어야 한다.

"썩지 않는 온유하고 정숙한 마음으로 속 사람을 단장하도록 하십시오. 그것이 하나님께서 보시기에 값진 것입니다"(벧전 3:4, 새번역).

온유한 마음은 약함이나 열등함이 아니라 온순함과 겸손함을 나타낸다. 온유한 마음은 우리 마음가짐에서 시작해 우리가 남편을 향해 말하고 행동하는 방식에 담긴 차분한 힘과 평화로운 태도를 통해 드러난다. 조종하거나 강하게 요구하거나 두려움에 쫓기는 모습과는 정반대다.

이와 비슷하게, 정숙한 마음은 작게 말하거나 적게 말하는 것을 가리키지 않는다. 우리는 관계의 모든 영역에서 서로 동등한 파트너가 되어야 하기 때문이다. 정숙한 마음은 차분하고 한결같으며 비판이나 거친 말을 더디 하는 것이다. 이렇게 살아간다면, 우리는 개인적으로 평화와 자유의 복을 누릴 뿐 아니라, 남편과의 관계에 생기를 불어넣을 것이다.

우리가 겸손과 조용한 신뢰의 자세로 남편과의 대화, 의견불일치, 부부가 당면한 도전들에 임하면, 남편이 우리의 감정과 의견을 경청하고 한 몸 된 동반자로서 함께 어려움을 극복하는 데 도움이 될 것이다. 그리고 남편이 우리와 다른 의견을 표명할 때 그들을 얕잡아 보지 않을 것이다. 아울러 남편이 이끌고 섬기고 희생적으로 사랑하는 등 그 소명대로 살도록 그들을 존경하고 돕는 동시에 우리의 은사와 강점을 활용하게 될 것이다.

끝으로, 결혼생활을 하며 어떻게 순종해야 하는지 알려주는 실천 매뉴얼은 없다. 그보다 순종은 서로에 대한 헌신과 하나님께서 각자에게 주신 역할을 존중하는 한편, 사랑과 존경을 유지하면서 의사결정을 내릴 때 하나님의 설계에 따라 살려고 노력하며 기도하는 것이다. 당신의 남편은 죄인이라서 항상 옳을 수는 없다. 그에게 완벽함을 요구하지 말고, 그의 실수를 핑계로 삼아 주님께 순종하기를 멈추지 말라. 그 대신 그가 사랑으로 이끌어갈 때는 그를 칭찬하고, 그가 사랑으로 이끌고 싶지 않은 유혹을 받을 때는 그가 분발해서 잘 이끌도록 온유하게 격려하라.

복음을 삶으로 보여주다

만약 욥의 아내가 주님께 순종하며 그녀의 비탄, 슬픔, 고통을 믿음으로 주님께 가져갔더라면, 그리고 자기를 따라 불신의 길로 접어들도록 남편에게 도전하는 대신 몸부림치는 자신을 남편이 이끌도록 격려했더라면, 과연 어떻게 바뀌었을지 무척 궁금하다. 그 비극은 분열을 초래하는 대신 그녀가 욥의 지도를 따름으로써 하나님을 공경하는 기회가 되었어야 한다. 그러면 그들이 슬픔을 통과할 때 함께 굳게 서서 나란히 믿음의 발걸음을 걷는 축복을 경험하는 놀라운 순간이 되었을 것이다.

당신의 결혼생활이 나의 생활과 비슷하다면, 어떤 영역에서는 순종하기가 더 쉽고 또 다른 영역에서는 더 어려울 것이다. 더 어려운 영역에서는 당신이 어떻게 반응할지 선택할 수 있다. 이때 당신이 남편을 대우하는 방식(그가 그런 자격이 있든지 없든지)은 곧 복음을 보여주는 좋은 기회가 될 것이다. 우리의 결혼의 기쁨과 그리스도와 그의 교회를 반영하는 영광스런 목적을 위해, 하나님이 우리를 이끌고 사랑하라고 부르신 우리의 남편들을 우리가 공경하고 존경하고 지지할 수 있도록 하나님께서 우리에게 은혜로 능력 주시기를 바란다.

성찰 질문

1. 이제껏 당신이 생각했던 순종은 이번 장에서 살펴본 하나님 말씀의 가르침과 다른가? 다르다면, 어떤 점이 다른가? 당신은 그동안 '온유하고 정숙한 마음'이 부부관계에서 동등한 목소리나 동등한 가치를 갖고 있지 않다는 뜻으로 배웠는가? 그렇다면, 이번 장이 어떻게 그런 견해에 도전했는가? 그리고 남편과 아내가 다른 역할을 갖고 있지만, 하나님께 받은 은사와 능력과 책임을 동등한 가치와 목소리를 갖고 그리스도를 영화롭게 하고 부부관계를 축복하는 방식으로 어떻게 사용하도록 격려를 받았는가?

2. 어떤 점에서 당신은 하나님이 허락하신 것에 순종하기가 어려운가? 어떤 두려움이나 불신이 당신의 삶을 주관하시는 하나님을 신뢰하지 못하게 방해하는가? 신뢰로 순종하는 모습은 어떤 것일까?

3. 당신이 어떤 영역에서 남편을 공경하고 존경하기(생각, 말, 또는 행동으로) 힘들어하는지 성령님께서 깨닫게 하신 것이 있는가? 남편이 경건한 리더십으로의 부르심을 잘 살아내도록 그를 공경하고 지지하고 도우려는 열망과 능력을 달라고 하나님께 기도 하겠는가?

4. 남편들이여, 혹시 순종에 대한 성경 구절들을 오해했거나 자신의 통제와 이기적 유익을 챙기는 핑계로 잘못 이용한 적이 있는가? 당신은 아내의 생각, 의견, 지혜를 소중히 여기고 또 아내가 그런 것을 표현하도록 격려하면서 함께 살고 있는가?

5. (가능하면 부부가 함께 풀라.) 순종에 대해 생각할 때 어떤 생각과 감정이 생기는가? 그리고 당신의 과거와 성장과정은 성경적인 순종(그리스도의 주 되심에 대한, 그리고 결혼생활에서의)에 대한 당신의 견해에 어떤 부정적 또는 긍정적 영향을 끼쳤는가? 주님께 순종하기 어려웠던 영역에 대해 논의하고, 주님을 신뢰하고 순종하는 면에서 성장하기 원하는 영역을 이야기해보라.

기도

주님, 저는 종종 결혼에 대한 주님의 설계를 포함해 저에 대한 주님의 계획에 순종하기가 힘들다는 것을 고백합니다. 저는 통제권을 포기하기가 어렵습니다. 주님이 저의 삶에 허락하시는 것이 결국 저의 영원한 유익을 위한 것이라고 신뢰하기 어렵습니다. 제가 겸손한 마음과 믿음의 영역에서 자라나서 주님이신 당신께 전심으로 순종하도록, (이렇게 느끼기 어려울 때에도) 저에 대한 주님의 계획이 선하다는 것을 믿도록 도와주소서. 예수님, 세상은 우리에게 독립적이 되고 강해지라고 말합니다. 이 세상에서는 부부관계에서 순종하는 것이 축복임을 보기가 어렵습니다. 제발 경건한 순종에 대한 저의 관점을 고쳐주시고, 제 눈을 열어 (비록 제 속에 저항감을 생기더라도) 남편을 공경하고 순종하는 것이 선하고 아름다운 태도임을 보게 하소서. 그 무엇보다도 저를 주님을 경외하고 공경하고 신뢰하는 여성으로 만드시고, 남편을 공경하고 주님을 영화롭게 하는 온유하고 정숙한 마음이 제 속에서 자라게 해주소서. 아멘.

더 묵상할 본문 : 롬 13:1-7; 약 4:7; 벧전 3:5-6

나의 묵상 노트

8장.

배우자가 당신을 실망시킬 때: 하나님만 마음을 바꿀 수 있다

_ 사라

"아내조차 내가 살아 숨쉬는 것을 싫어하고, 친형제들도 나를 역겨워한다"(욥 19:17, 새번역).

'그 사람은 내가 정말 어떻게 느끼는지 결코 이해하지 못할 거야. 내게 그 사람이 가장 필요할 때 그는 거기에 없었어. 그는 내가 얼마나 깊은 상처를 받았는지 몰라. 그러니 내가 어떻게 그를 신뢰할 수 있겠어!'

며칠 동안 치열한 대화와 눈물, 그리고 해결되지 않은 상처가 표출된 후 나는 과연 우리에게 앞날이 있는지 의심스러웠다. 다른 한편으로는, 우리가 그 모든 시련을 겪고 나서 아직도 함께 있는 것이 기적이었다. 나의 만성 질병, 9년간 비상대기를 해야 했던 남편의 직업, 특수한 필요를 가진 한 아이, 라임병에 걸린 네 아이들, 실직, 재정 손실, 여러 차례의 큰 수술, 부부관계 문제 등. 하지만 다른 한편, 우리는 너무나 오래토록 생존에 급급했기 때문에 둘 다 표면 아래 끓고 있는 것을 직면할 시간이나 에너지가 없었다. 줄곧 우리의 주목을 요구하는 중요한 도전들로 인해 덜 긴급해 보이는 문제들과 상처와 의견불일치 등은 계속 보류되고 말았다.

그러다가 우리가 잠깐 한숨을 돌리는 짧은 기간이 도래하자 그런 '덜 긴급한' 문제들이 주목해달라고 아우성치기 시작했다. 내가 미처 인식하지도 못했던 감정이 내 속에서 끓어오르기 시작했다. 분노, 진노, 상처, 신뢰 등의 이슈들이 마치 감정적 화산이 너무 오랫동안 표면 아래서 부글부글 끓고 있었던 것처럼 분출되기 시작한 것이다.

우리는 결혼생활에서 처음으로 부부가 얼마나 쉽게 한계점에 도달하는지 이해하기 시작했고, 그 지점에 도달하면 피신하는 수밖에 없다는 것을 알았다. 우리는 그때까지 이런 생각을 말로 표현하거나 행동으로 옮긴 적이 없었지만, 그런 생각이 존재했다는 것은 알았다.

나는 내가 날마다 겪었던 아픔과 고통스런 경험이 얼마나 깊은 상처를 남겼는지를 남편과 나누려고 애썼다. 나는 남편이 나의 아픈 마음을 보고 이해하고 배려하기를 얼마나 절박하게 갈망했는지 모른다. 그러나 내가 나의 고통과 속마음을 묘사하고 (그가 이해할 수 있도록) 내 감정을 표현하려고 시도할 때마다 오히려 더욱 실망하고 화난 상태로 나갈 수밖에 없었다. 우리가 전진하려면 남편이 변할 필요가 있다는 것이 나에게는 분명한 듯했다. 그리고 그가 변해야 할 영역을 알도록 내가 도울 수만 있다면, 우리는 치유에 이르는 길로 접어들 것이라고 생각했다.

나는 남편이 내 생각대로 "나를 보도록" 설득하려고 시도하곤 했다. 그런 시도가 헛되다는 것을 깨닫는 데 얼마나 오랜 시간이 걸렸는지 모른다. 그런데 드디어 주님께서 나에게 중요한 사실을 보여주실 때가 되었다. 곧, 치유되고 싶은 나의 열망은 틀리지 않았지만 남편을 유일한 문제로 여겼던 내 생각은 틀렸다는 것이다. 내가 남편의 눈을 열어주려고 애쓰는 동안 주님이 내 눈을 열고 계셨다. 우리가 한동안 단둘이 수많은 대화를 나누고 많은 긴장을 경험한 뒤에 나는 점점 더 주님께 나의 번민과 욕구불만을 내어놓을 수 있었다. 나는 남편에게 호소하는 일을 멈추고 주님께 호소하기 시작했다.

"주님, 저의 시선을 남편과 그로부터 얻고 싶은 것에서 떼고 저의 상처와 두려움과 열망을 주님께 맡기게 도와주세요. 시편 139편의 내용처럼 주님만이 저를 완전히 보고 또 아시는 분이며, 주님만이 저의 속 깊은 갈망을 채워주실 수 있는 분임을 알고 있습니다. 나 자신의 죄를 직시하고 남편의 죄를 나의 죄보다 더 들어 올리지 않도록 도와주세요. 주님이 제게 보여주신 자비와 용서를 더 깊이 이해하게 해주시고, 주님의 힘으로 제가 남편과 우리의 부부관계를 주님께 맡길 수 있도록 도와주세요. 가능하면 남편의 눈을 열어 제가 받은 상처를 보게 해주시고, 저를 겸손케 하셔서 제가 그에게 잘못한 것을 보게 해주십시오. 오직 주님만이 우리의 부부관계를, 우리의 구원자이신 주님에 대한 사랑과 신뢰의 토대 위에 재건하실 수 있습니다. 제발 저의 깨어진 모습을 받으시고 무언가 훌륭하고 영구적인 것을 세우소서. 그러나 주님, 비록 우리가 여기서 더 진전이 없을지라도, 저로 하여금 저를 향한 주님의 넘치는 사랑으로 남편을 사랑하게 도와주세요. 저의 힘만으로는 이것을 할 수 없습니다."

날마다 하나님의 말씀을 읽고 기도하는 일에 더 많은 시간을 쓰기 시작하자 내 어깨에서 짐이 벗겨지기 시작하는 것을 느꼈다. 나는 내 취지를 남편에게 전달할 새로운 방법을 고안하려고 애쓰는 대신에 하나님께서 어떻게 나를 성장시키고 계시는지에 대해 이야기하기 시작했다. 아울러 내가 과거에 남편에게 잘못했는데도 눈이 멀어 보지 못했던 것들도 고백했다. 또한 남편에게 변할 필요가 있음을 설득하려고 애쓰는 대신에 하나님께서 그분의 방식으로 그런 일을 행하실 것으로 그분을 신뢰했다.

우리가 나눠야 할 솔직하고 어려운 대화가 여전히 많았지만 대화는 점점 더 풍성한 열매를 맺기 시작했다. 신기하게도(놀랍지는 않지만), 우리가 서로를 변화시키기를 그만두고, 우리의 마음을 변화시켜달라고 그리스도께 간구했을 때, 하나님은 우리 각자의 내면에서 심오한 일을 시작하시고 우리의 부부관계를 치유하는 사역도 시작하셨다. 우리가 몸부림을 치던 기간이 이제는 하나님의 신실하심을 가리키는 지표가 되었다.

물론 환경은 다양하겠지만 많은 부부관계가 비슷한 문제들로 씨름하고, 극단적인 경우에는 한층 큰 문제로 고통을 당하게 된다. 때로 그런 문제들은 폭풍이 한창 몰아칠 때 발생하지만 어떤 경우에는 폭풍이 지나가고 약간의 잔해만 남았을 때 일어나기도 한다.

우리는 현실적이라야 한다. 한 지붕 아래 죄인 두 명이 살면 서로 상처를 주고 죄를 짓고 오해도 하기 마련이다. 더군다나 우리는 각각 독특한 기질, 서로 다른 과거의 영향, 영적 성숙도의 차이, 남성이나 여성 특유의 시각 등을 가졌기에 이 모두를 합치면 흥미로운 결과가 나올 수밖에 없다. 욥이 "아내조차 내가 살아 숨쉬는 것을 싫어하고, 친형제들도 나를 역겨워한다"(욥 19:17, 새번역)는 말로 표현하려고 했던 바를 우리는 알고 있다. 아마 다른 많은 부부도 알고 있을 것이다. 그들의 고난(그리고 그에 대한 다른 반응들)이 그들 사이를 멀어지게 했다. 그 이유가 무엇이었든지 간에 (욥이 계속 주님을 신뢰하는 것을 그녀가 싫어했든지, 욥의 질병이 그를 혐오스럽게 만들었든지) 그는 그들 사이의 거리를 예민하게 인식하고 있었다.

우리는 사태가 그 지경까지 이르지 않도록 어떻게 예방할 수 있을까? 이미 그 지경까지 이르렀다면, 앞으로 나아가기 위해 무엇이 필요할까?

당신의 배우자가 당신에게 필요한 유일한 사람은 아니다

우리에게는 누군가 자신을 알아주고 누군가에게 무조건적인 사랑을 받고픈 욕구가 있다. 그리고 부부는 이런 욕구 충족과 그에 따른 기쁨을 서로에게서 찾기 쉽다. 그런데 이런 "욕구"가 채워지지 않으면 부부관계에 욕구불만과 실망과 상처가 생기게 된다. 사실 우리는 배우자가 모든 것을 채워주리라 기대하지 않을 때 배우자를 더 즐거워하게 될 것이다. 배우자가 원하는 대로 변하지 않아도 분노하지 않을 때 더 나은 부부관계를 누릴 것이다. 혹시 배우자가 비그리스도인이라면 그런 변화를 기대하기가 더 어렵고, 자신의 마음 상태를 이해받는 일도 더 어려울 것이다.

솔직히, 배우자가 변했으면 하는 부분은 항상 있을 것이고(짜증나는 부분에서 매우 잘못된 선택까지), 배우자도 당신에게 바라는 부분이 항상 있을 것이다. 그러나 그리스도께서 당신의 열망을 채워주시기를 바라면, 두 사람은 서로에게 비현실적인 기대를 덜하게 되고 서로를 더 자유로이 즐거워할 것이다.

변화되어야 할 사람은 당신의 배우자가 아닐 수 있다

이중 잣대에 대한 예수님의 경고를 읽을 때 우리는 흔히 그 경고를 들을 필요가 있는 다른 사람들을 생각하곤 한다. 이는 하나의 아이러니가 아닐 수 없다. 그런데 "어찌하여 형제의 눈 속에 있는 티는 보고 네 눈 속에 있는 들보는 깨닫지 못하느냐?"(마 7:3)라는 예수님의 말씀은 바로 나와 당신에게 하시는 말씀이다. 우리는 모두 자신의 행동과 동기는 가볍게 여기는 한편 타인의 행동을 정죄하고 그들의 동기를 나쁘게 생각하는 경향이 있다. 부부관계에서도 마찬가지다. 우리는 배우자의 단점에 초점을 맞추는 한편 자기 자신의 단점은 변명하거나 보지 못할 때가 많다.

바울은 이렇게 말한다. "너희 각 사람에게 말하노니 마땅히 생각할 그 이상의 생각을 품지 말고 오직 하나님께서 각 사람에게 나누어 주신 믿음의 분량대로 지혜롭게 생각하라"(롬 12:3). 우리가 우리 자신을 제대로 볼 때에만 비로소 "오직 겸손한 마음으로 각각 자기보다 남을 낫게 여기"게 된다(빌 2:3).

크리스천은 스스로를 자비가 필요한 죄인이라고 믿는다. 이 진리를 유념하며 산다면 배우자를 좀 더 빨리 용서하게 되고 설불리 문제가 배우자에게 있다고 단정 짓지 않게 될 것이다. 그리하여 어떤 문제가 발생하면 거울을 들여다보면서 "혹시 내가 문제는 아닐까?" 하는 의문을 제기할 것이다. 물론 당신이 문제가 아닐 수도 있다. 하지만 이 질문을 잘 대답하면 당신의 부부관계가 불화에 봉착하기보다는 성장과 하나 됨을 도모하는 분위기를 즐길 가능성이 많다.

당신이 변화시킬 수 있는 유일한 사람은 바로 당신이다

배우자가 크리스천이든 아니든 그를 변화시키는 것은 당신의 몫이 아니다. 당신에게는 그럴 능력도 없다. 반면에 하나님은 '당신'을 변화시킬 수 있고 또 변화시키실 것이다. 그러므로 당신은 "…두렵고 떨림으로 너희 구원을 이룰" 수 있다. 이는 "너희 안에서 행하시는 이는 하나님이시니 자기의 기쁘신 뜻을 위하여 너희에게 소원을 두고 행하게 하시기" 때문이다(빌 2:12-13). 갈라디아서 5장 25절은 이를 성령의 인도를 따라 살아가는 것이라고 부른다.

하나님은 우리에게 거룩한 길을 걷도록 요구하시고 성령을 통해 그럴 수 있는 힘을 주신다.

당신은 배우자를 변화시킬 수 없다. 그런즉 당신의 부부관계가 변화되거나 성장하길 원한다면 그것은 항상 당신으로부터 시작되어야 한다. 이제는 당신의 시선을 배우자와 그의 결함에서 떼어내고, 당신이 변화될 부분을 보여 달라고 주님께 겸손히 간구하며, 주님이 그분의 영으로 당신 속에서 일하셔서 당신을 변화시켜달라고 기도하라.

당신의 배우자를 변화시킬 수 있는 유일한 분은 하나님이시다

하나님께서 당신을 변화시킬 수 있다면 당신의 배우자도 변화시킬 수 있다! 오직 하나님만이 부부의 마음이 그분의 마음을 더 닮도록 그들을 설득하고 성장시키고 빚어낼 만한 능력과 지혜를 갖고 계시다. 그러므로 하나님께 그런 일을 해달라고 부탁하라. 하나님 보시기에 가장 좋은 방향으로 배우자를 변화시켜달라고 간구하라. 하나님께 기도하는 편이 우리가 배우자에게 도전하고 욕구불만을 느끼고 바가지를 긁는 것보다 훨씬 더 낫다! 그리고 당신이 누군가를 위해 기도하면 그에게 화를 내기가 어렵다. 하나님이 제발 그 속에서 일해주시기를 기도한 대상을 사랑하기가 더 쉽다. 다음에 화가 나서 배우자에게 고함치고 싶을 때는 당장 멈추고 기도하라.

그리고 인내심을 발휘하라. 우리 자신의 마음이나 배우자의 마음을 금방 고칠 수 있는 즉효약은 없다. 하나님의 시간표와 방법은 우리의 것과 같지 않고, 그분이 일하기까지 오랜 기간 기다려야 할 때가 많다. 남편과 나의 경우, 하나님이 갑자기 개입하셔서 불과 몇 달 만에 우리 둘을 바꿔 놓기까지 13년이란 세월이 걸렸다. 그토록 긴 기간을 견디기란 물론 매우 힘들었다. 그러나 그 기간은 하나님께서 우리 각자를 위해 계획하신 일을 수행하기 위해 우리를 준비시킨 세월이었다고 나는 믿는다. 그리고 그 때문에 나는 감사하고 싶다.

당신이 변화를 위해 스스로를 낮추고 기도하고 기다리며 바랐지만 그 날이 오지 않을 것처럼 느껴질 때라도 결코 희망을 잃지 말라. 다른 누구라도 변화시키는 일은 당신의 몫이 아니다. 당신의 과업은 그들을 사랑하는 것이다. 나중에 다루겠지만, 기다리는 세월은 결코 무의미하지 않다. 그동안에는 언제나 우리가 당장 볼 수 있는 것보다 더 많은 일이 진행되기 마련이다. 그리고 그 과정에서 하나님이 당신의 마음을 변화시키실지 누가 알겠는가.

성찰 질문

1. 배우자를 향해 어떤 감정을 품고 있는가? 혹시 부부간의 친밀함(영적, 감정적, 신체적인)에 해를 끼치는 나쁜 감정을 품고 있는데도 침묵하고 있지는 않은가? 당신은 어떤 방식으로 배우자의 잘못과 죄는 들추면서 당신의 잘못은 무시하는가? 당신이 하나님과 배우자로부터 용서를 받아야 할 문제는 없는가?

2. 배우자에게 "바로 당신이 문제이고 당신만 변하면 모든 것이 더 나아질 것"이라고 말한 적이 있는가? 만일 하나님의 도움으로 당신이 변화되고 상대방의 잘못보다 그의 욕구에 초점을 맞춘다면 무엇이 달라지겠는가? 당신이 오늘 배우자를 위해 보답을 바라지 않고 할 수 있는 이타적인 행동이 있다면 단 한 가지만 이야기해보라.

3. 당신은 어떤 식으로 배우자에게 완전히 충족될 수 없는 당신의 욕구를 채워주기를 지나치게 기대하는가?

4. (가능하면 부부가 함께 풀라.) 당신의 부부관계에 있어 하나님을 찬양하고 그분께 감사드리고 싶은, 배우자와 관련된 세 가지를 열거해보라.

기도

"주의 진리로 나를 지도하시고 교훈하소서
주는 내 구원의 하나님이시니 내가 종일 주를 기다리나이다
여호와여 주의 긍휼하심과 인자하심이 영원부터 있었사오니
주여 이것들을 기억하옵소서
여호와여 내 젊은 시절의 죄와 허물을 기억하지 마시고
주의 인자하심을 따라 주께서 나를 기억하시되
주의 선하심으로 하옵소서
여호와는 선하시고 정직하시니
그러므로 그의 도로 죄인들을 교훈하시리로다
온유한 자를 정의로 지도하심이여
온유한 자에게 그의 도를 가르치시리로다"(시 25:5-9).

예수님, 제 시선을 배우자에게서 떼어내고 저의 염려와 두려움과 욕구를 주님께 가져가도록 도와주소서. 제가 종종 배우자가 변해야 할 부분에 초점을 맞춘 채 나 자신의 죄를 무시했던 것을 용서하소서. 저에게 주님의 진리를 보여주시고 성령의 열매가 제 속에서 자라게 해주소서. 저의 배우자를 주님께 맡기고 제가 상대방을 있는 그대로 사랑할 수 있도록 도와주소서. 아멘.

더 묵상할 본문 : 고전 13:4-7; 엡 3:20-4:2; 엡 4:25-31; 벧전 4:8

나의 묵상 노트

9장.

사람들이 위로 대신 쉽게 판단할 때

_ 제프와 사라

"나라면 하나님을 찾겠고 내 일을 하나님께 의탁하리라"(욥 5:8).

우리는 아들과 씨름하느라 완전히 지친 상태로 진료실에 앉아 있었다. 그런데 의사가 "두 분은 아드님을 위해 더 노력하셔야 합니다."라고 말하는 게 아닌가.

그 사람이 내 귀에서 김이 나오고 내 눈에 눈물이 고이는 걸 보았는지 모르겠지만, 그가 우리 집에서 9년 동안 벌어진 혼란을 보고도 그 모든 문제가 우리가 자녀를 위해 충분히 노력하지 못해서 생긴 결과라고 말하다니 나는 도무지 믿을 수 없었다.

그런 소리를 듣는 것도 힘들었지만, 가장 큰 상처를 준 것은 다른 신자들의 입에서 나온 말이었다.

"아이가 그렇게 행동할 때 두 분이 적절히 그를 훈육한다면 아이가 그토록 막무가내가 되진 않을 거예요."(무언의 가정: 당신들은 좋은 부모가 아니다.)

"두 분이 기도하고 예수님의 이름을 믿기만 하면 하나님이 개입해서 아들을 고쳐주실 거예요."(무언의 가정: 당신들은 하나님에 대한 충분한 믿음이 없다.)

"우리 아이도 두 분 아이처럼 막무가내였는데 우리가 식생활을 바꾸고 이 보충제를 주었더니 많이 나아졌어요. 그러니 우리처럼 해보세요."(무언의 가정: 우리는 올바로 대처했지만 당신네는 잘못하고 있다.)

여러 환경에 대한 획일적인 즉효약 처방도 문제지만 우리의 가정생활에 미친 영향을 무시하거나 과소평가하는 말도 문제이다.

상처를 주는 말은 한순간에 내뱉지만 그로부터 회복되는 데는 평생이 걸릴 수도 있다. 그리고 물론 이런 일은 부부관계 내에서도 쉽게 발생한다. 남편이 그의 고민과 상처에 관해 솔직히 이야기했는데, 내가 성급하게 반응하면서 그가 실수한 부분이나 잘못 생각하는 면을 지적하고 마치 남편이 문제인 듯 해결책을 제시한 적이 얼마나 많았던가! 그 반대 상황에도 마찬가지였다.

달리 말하면, 우리는 위로하는 대신에 판단하지 않으려고 애쓰고 있다는 뜻이다.

왜 그럴까? 우리는 고난 중에 있는 다른 사람과 있을 때 자신의 "지혜"를 밀어붙이지 않기가, 그 사람의 어리석어 보이는 일을 지적하지 않기가 어렵다. 우리는 무언가를 해주고 싶다. 우리는 사태가 더 나아지길 바란다. 그래서 우리도 모르는 사이에 결국 판단하는 말을 해버린다. 좀 더 이기적인 측면도 있다. 우리는 우리가 통제하지 못하는 현실과 직면하기를 좋아하지 않는다. 그래서 종종 손쉬운 대답과 헛된 위로를 재빨리 주는 것이다. 우리의 경험을 제시하되, 그에게 유익하지 않으면 무시할 수 있는 겸손한 방식이 아닌, 당신이 어떻게 느끼는지 다 안다는(결코 그럴 수 없는데도) 주제넘은 방식으로 또는 만사가 잘될 것이라는 확신과 함께(이를 보장할 수 없는데도) 그렇게 한다.

우리는 이런 모습을 욥과 그의 친구들 사이의 대화, 곧 욥기에서 서른세 장이나 차지하는 그 대화에서 분명히 보게 된다. 처음에 그 친구들은 현명하게 침묵을 통해 욥에게 위로를 전했다. 그러나 시간이 흐르면서 그들은 욥의 잘못을 지적하고 그의 고난에 대한 해결책을 제시하는 일을 하지 않을 수 없었다.

욥기 5장 8절에서 엘리바스는 고난의 이유를 몰라 씨름하는 욥에게 이렇게 말한다. "나 같으면 하나님을 찾아서, 내 사정을 하나님께 털어놓겠다"(새번역). 이 말을 달리 표현하자면, '나라면 하나님께 가서 회개하겠다'는 뜻이다.

그리고 욥기 8장 5-7절에서는 빌닷이 이렇게 추정한다. "네가 만일 하나님을 찾으며 전능하신 이에게 간구하고 또 청결하고 정직하면 반드시 너를 돌보시고 네 의로운 처소를 평안하게 하실 것이라 네 시작은 미약하였으나 네 나중은 심히 창대하리라."

달리 말하면, '이것은 당신 잘못이오, 욥. 당신이 아무튼 불순종했음에 틀림없소. 하나님과의 관계를 바로잡으시오. 그러면 하나님이 크나큰 번영으로 당신에게 복을 주실 것이오'라는 뜻이다.

빌닷은 오늘날 우리가 사방에서 듣는 바로 그 번영 복음을 설파하고 있었다. 사실 우리 대다수는 우리의 사고방식에 번영 복음을 어느 정도 품고 있다. '만일 당신이 올바른 일을 행하면 만사가 잘 풀릴 것이다. 지금 천국을 즐길 수 있기 때문이다. 그러므로, 당신이 고난을 받는 것은 틀림없이 무언가 잘못된 일을 저질렀든지 해야 할 일을 하지 않았기 때문이다. 그리고/또는 당신의 고난을 해결할 방법이 분명히 존재한다.'

이것으로 충분하지 않으면, 항상 하나님이 되고 싶은 욕망을 지닌 우리는 그 이유와 해답을 알고 또 통제권을 쥐고 싶어서 위로하는 대신에 욥의 친구들처럼 판단하고 비성경적이고 무익한 충고를 하고 만다.

친구여, 당신 역시 시련을 겪을 때 친구들이 좋은 의도로 위로의 말을 건넸지만 그것이 실은 영혼의 고약이기보다 상처에 부은 소금처럼 느꼈던 적이 분명히 있을 것이다. 그리고 이런 반응을 얻게 되면 당신은 금방 교회와 친구들과 심지어 배우자로부터도 물러날 수 있다. 무익한 말을 무익한 고립 상태와 바꾸는 것이다. 이것도 좋지 않다.

그러므로 자신을 더 많은 상처에 노출시키지 않으면서 사람들로부터 완전히 차단하지 않는 방법, 즉 어려운 물결을 항해하는 네 가지 방법을 소개할까 한다.

1. 진리에 뿌리를 박고 거짓된 것을 분별하라

상처를 주는 비성경적인 말로부터 당신을 보호하는 최선의 길은 자신을 계속 성경의 진리와 약속으로 가득 채우는 것이다. 하나님이 약속하시는 것과 그렇지 않은 것을 잘 분별하라. 만일 당신의 죄가 십자가에서 처벌을 받았다면 하나님이 절대로 당신을 처벌하지 않는다는 사실을 기억하라(골 2:13-14). 그리스도를 따르는 자들은 고난을 받을 것임을 알라. 그분도 고난을 받으셨다. 믿음은 우리를 시련에서 차단시켜주는 것이 아니라 오히려 정반대이다(벧전 2:21). 우리는 개인적으로 또 배우자와 함께 하나님의 말씀에 뿌리를 박아야 한다.

2. 자신을 고립시키지 않으려고, 또는 당신의 필요만 채우려고 공동체를 찾지 않도록 조심하라

우리는 나쁜 사람들의 말을 듣는 데 시간을 보내지 않도록 조심하는 한편, 모든 사람의 말에 귀를 맡는 일이 없도록 조심해야 한다.

가정생활은 우리를 신체적으로 탈진시키고, 정신적으로 또 정서적으로 고갈시키기 쉽다. 우리 부부도 너무 지친 나머지 젖 먹던 힘을 다해 교회 예배에 참석해 어쩔 수 없이 사람들의 안부 인사를 받은 적이 여러 번 있었다. 그럴 때는 우리에게 꼭 필요한 지지자들로부터 멀어지고 싶은 마음이 들기도 한다.

이런 일이 최근에 나에게 일어났다. 며칠 동안 절망에 깊이 빠지고 나를 배려하는 이들로부터 물러선 후에, 성령께서 나에게 몇몇 친구들을 만나 나의 취약한 영역을 노출하는 위험을 무릅쓸 힘을 준 적이 있다. 그런 시도가 어렵긴 했지만 내가 느끼던 어둠을 일부 몰아내어 주었고, 내가 혼자가 아님을 상기시켜주고, 친구들에게 나와 나란히 내 짐을 짊어줄 기회와 복을 제공했다(갈 6:2).

그리스도의 몸과 함께하는 것은, 그 공동체가 비록 불완전하고 흠이 있더라도, 하나님이 우리에게 주신 선물임을 기억해야 한다. 우리가 만일 "아무도 내가 겪는 일을 이해하지 못한다. 예전에 받은 상처가 있어서 교회와 인간관계를 피하는 게 좋겠다."라는 착각을 믿게 되면, 우리는 자칫 자신을 남들에게서 고립시키려는 적의 거짓말을 믿기 쉽다. 잠언 18장 1절은 우리에게 이렇게 경고한다. "다른 사람과 어울리지 못하는 사람은 자기 욕심만 채우려 하고, 건전한 판단력을 가진 사람을 적대시한다"(새번역). 물론 친구들과 배우자들도 흠이 있지만 하나님은 이런 형제들과 자매들을 사용해서 우리에게 부드럽게 진리를 말씀하실 수 있고 또 실제로 그렇게 하신다. 우리가 때로는 듣고 싶지 않아도 들을 필요가 있는 그런 진리를 말이다. 그렇다, 우리는 우리의 말을 경청할 친구들(과 배우자)이 필요하지만 그들로부터 진리를 듣는 일도 필요하다. 특히 우리의 감정이나 환경으로 인해 하나님이 우리를 사랑하지 않는다든가 그분이 우리에게 이보다 더 나은 대우를 해야 한다는 거짓말을 믿고 싶을 때는 더욱 그렇다.

우리는 또한 모든 인간관계를 이기적인 눈으로 바라보는 것, 즉 "내가 이 사람으로부터 무엇을 얻을 수 있을까? 그들이 나를 도울 능력이 있을까?"라는 생각을 품고 바라보는 것을 경계해야 한다. 우리는 타인이 우리의 짐을 지도록 허락할 뿐 아니라 우리도 타인의 짐을 지도록 부름 받은 것이다. 하나님은 그분이 우리에게 행하시는 일(매우 힘든 고난을 포함해)을 이용해 타인을 축복하고 격려하실 수 있고 그 과정에서 우리의 마음도 격려하시곤 한다.

3. 밀어낼 때와 경청할 때를 잘 분별하라

이는 모든 관계에 적용되지만 특히 부부관계와 관련해 기억하면 도움이 된다. 배우자가 본인이 씨름하는 문제와 여러 의문에 대해 정직하게 이야기할 때, 급하게 그런 문제를 바로잡거나 해결하려고 서두르지 말라. 욥은 친구들에게 이렇게 말한다. "너희가 남의 말을 꾸짖을 생각을 하나 실망한 자의 말은 바람에 날아가느니라"(욥 6:26). 달리 말하면, 우리가 시련과 그에 대한 감정을 이해하려고 노력할 때 우리는 성경적으로 틀렸다는 것을 알면서도 그런 말을 할 수 있다. 왜냐하면 우리의 감정이 지금은 그 진리와 상충되기 때문이다. 비록 우리의 감정이 진리를 가리키는 것은 아니지만, 욥을 통해 알 수 있듯이 하나님은 우리가 혼동을 말로 표현하도록 허용하시며, 또 하나님이 참이라고 말씀하신 것과 우리 생각에 참인 듯 여겨지는 것이 다를 때 우리가 이런 의문과 정직하게 맞서 씨름하기를 허용하신다. 존 파이퍼(John Piper)는 이렇게 잘 설명한다.

"사람들이 슬픔과 고통과 절망에 빠질 때는 평소에는 하지 않을 말을 자주 한다. 내일 해가 떠오르면 밝게 그릴 현실도 더 어둡게 표현한다. 그들은 단조로 노래를 부르고, 마치 그것이 유일한 음악인 듯이 이야기한다. 그들은 구름만 보고, 마치 하늘이 없는 것처럼 말한다. 우리는 이런 말에 대해 어떻게 할 것인가? 욥은 우리가 그런 말을 꾸짖을 필요가 없다고 말한다. 이런 말은 한 줄기 바람이다. 아니, 문자 그대로 '날려보내기 위한' 말이다. 그런 말은 금방 날아갈 것이다. 장차 환경이 바뀌는 날이 올 테고, 실망하는 사람은 그 어두운 밤에서 깨어나 성급한 말을 한 것을 후회할 것이다."(Words for the Wind, www.desiringgod.org)

판단하는 친구나 배우자가 되지 말고 단순히 그들의 고민을 잘 들어주라. 그들은 신학적인 신앙고백을 하는 게 아니라 그냥 슬퍼서 말하는 것이다. 당신이 복음의 진리를 제시할 때라도 그들이 말하는 내용에서 오류를 꼬치꼬치 지적할 필요가 없다. 바람이 이미 그런 말을 날려버렸을 가능성이 많기 때문이다.

4. 재빨리 은혜를 베풀라

아이러니하게도, 몸부림치고 있을 때는 우리 역시 우리를 판단하는 사람을 판단하기 쉽다는 것이다. 그러나 약을 받은 대신 전갈에 쏘였다고 느낄 때에도 우리는 판단하려는 성향과 싸우기로 결심하며 은혜로 반응할 수 있다.

우리는 모두 그리스도를 좀 더 닮아가는 과정에 있는 흠이 많은 죄인임을 기억하자. 말로 상처를 주는 사람들 대부분이 좋은 의도를 갖고 있다. 비록 그들이 자신도 모르게 불안감과 두려움, 또는 오만한 마음으로 말할 때에도 말이다. 그들이 상처를 줄 때는 우리 역시 의도치 않게 남에게 상처를 준 적이 있음을 기억하고, 재빨리 서로에게 은혜와 용서를 베풀어야 한다. 우리가 남의 말과 판단으로 상처를 받을 때는 그들의 말을 하나님의 말씀이 전하는 진리로 걸러낼 필요가 있다. 그리고 무엇이 옳은지, 우리가 어떻게 들어야 할지를 분별하도록 그리스도께 도움을 요청하라. 하나님이 궁극적으로 우리의 방어자와 우리의 위로자가 되심을 믿으라. 우리가 그분의 영에 의해 그분의 위로를 경험하게 되면, 폭풍을 지나는 사람들에게 판단이 아닌 위로의 말을 전하게 될 것이다.

"찬송하리로다 그는 우리 주 예수 그리스도의 하나님이시요 자비의 아버지시요 모든 위로의 하나님이시며 우리의 모든 환난 중에서 우리를 위로하사 우리로 하여금 하나님께 받는 위로로써 모든 환난 중에 있는 자들을 능히 위로하게 하시는 이시로다"(고후 1:3-4).

성찰 질문

1. 스스로 고립되고 싶은 유혹을 느끼는가? 만일 스스로를 고립시켰다면, 무엇이 당신을 물러서게 했다고 생각하는가(혹시 과거에 경험했던 상처, 두려움, 피로, 불신 때문인가)? 그 고립 때문에 어려움과 몸부림이 늘지는 않았는가?

2. 만일 상처를 받았다면, 주 예수님이 당신의 상한 마음을 알고 계시다고 믿는가? 만일 믿는다면, 당신의 반응이 어떻게 달라지겠는가? 당신은 예수님께 믿음의 발걸음을 내딛고, 당신의 정체성을 그분 안에서 확보하고, 다른 이들이 당신의 고난 중에 당신과 함께 걷게 해달라고 간구하겠는가? 오늘 당신은 어떤 실제적인 발걸음을 내디딜 수 있는가?

3. (가능하면 부부가 함께 풀라.) 당신은 시간을 어떻게 보내고 있는가? 이 어려운 시기에 당신은 어느 영역에서 시간을 줄여서 가장 중요한 일(성경을 읽는 시간, 부부가 함께하는 시간, 교회에서 보내는 시간, 남들과 교제하는 시간 등)에 시간을 투입할 필요가 있을까? 이런 변화를 실행하려면 구체적으로 어떤 단계를 밟아야 하는가?

기도

하늘에 계신 아버지, 시련이 저를 압도할 뿐만 아니라 남들이 내뱉는 아프고 무지한 말(또는 때때로 그들의 침묵)을 견디기가 매우 힘듭니다. 저는 자신을 보호하기 원하고 남들에게 제 고통을 노출하기를 꺼립니다. 하지만 저는 주님이 저를 창조하시되 공동체에 속해 서로의 짐을 짊어지도록 창조하셨다는 것을 압니다. 이런 시기에 혹시 제가 저의 제한된 시간과 에너지를 지혜롭게 사용할 수 있는 방법이 있다면 그것을 보여주소서. 남들을 받아들이고 스스로 고립되지 않으려면 주님의 힘과 지혜가 필요합니다. 저는 자존심 때문에 도움을 요청하기가 어렵고, 두려움 때문에 남들이 저를 어떻게 생각하고 말할지 우려하게 됩니다. 저의 고난이 주님의 불쾌함의 징표가 아님을 기억하게 도와주시고, 오히려 언제나 저의 유익을 위한 것이며, 저의 죄를 노출시킬지라도 저를 주님께 더 가까이 인도하려는 것임을 유념하게 해주소서. 무엇보다도, 주님이 제게 홀로 고난을 겪도록 요구하지 않으시니 감사드립니다. 주님이 항상 저와 함께 계셔서 감사합니다. 아멘.

더 묵상할 본문 : 욥 42:7-11; 룻 1-4; 롬 12:15

나의 묵상 노트

10장.

하나님이 침묵하실 때 기다리다

_ 제프

"내가 무슨 기력이 있기에 기다리겠느냐? 내 마지막이 어떠하겠기에 그저 참겠느냐"(욥 6:11)

"사라, 나는 방금 실직자가 되었소."

방금 일어난 일이 점점 실감되면서 나는 겨우 이 말을 입에 담았다. 회사가 구조조정을 하느라 거의 모든 영업 직원을 해고하는 바람에 나도 직장을 잃고 말았다. 어린 자녀가 넷이나 있었지만 실직자 신세가 된 것이다. 그 직장을 주신 하나님께 감사드린 지 2년도 채 안 되었다. 이전에 9년 동안 외상 전문의로 일할 때는 일주일에 몇 차례 24시간 비상대기를 하며 낮이든 밤이든 수술실에 불려갔고, 근무시간도 점점 늘어나 항상 생활이 불확실했던 바람에 우리의 부부관계와 가정생활에 막대한 지장이 있었다. 그래서 우리는 믿음의 발걸음을 내디뎠고, 나는 재정적 희생이 우리 가족을 위해 치를 만한 대가라고 믿으며 고소득 직업을 떠났다.

그런데 이제 나는 실직자 신세로 전락해 왜 하나님이 이를 허락하셨는지 고심하면서, 의료비는 늘어나는데 유일한 소득마저 잃은 현실을 마주하게 되었다.

그리고 이와 더불어 기다림의 계절이 시작되었다.

아내와 나는 예전에도 기다려본 적이 있었다. 집을 팔 때, 큰아이의 발작과 다른 아이들의 건강 문제에 대한 해답을 찾을 때, 나빠지는 아내의 발목이 치유되길 고대할 때 등. 그러나 이번은 다르게 느껴졌다. 이 사태는 나의 정체성의 중심을 뒤흔들었다. 나는 자신을 더 이상 가족의 부양자로 느낄 수 없었고, 소득의 상실이 곧 가족에게 엄청난 결과를 낳을 것이란 현실을 회피할 수 없었다.

나는 새로운 직업을 찾는 일에 몰두하면서 하나님이 제발 개입해주시기를 기도했다. 아니, 간절히 호소했다.

그런데 하나님은 지체하셨다. 나는 한 달 두 달 기다릴 수밖에 없었고 끝이 보이지 않는 듯했다. 여러 달에 걸쳐 많은 면접을 보았으나 전망이 좋은 직장들이 모두 뜻밖의 일로 문이 닫히고 말았다.

기다리는 일은 참으로 힘들었다. 우리가 그토록 절박한 상황에 처해 있을 때 하나님의 "아니오"는 정말 헷갈렸다. 그러나 지난날을 뒤돌아보니, 나는 이제야 그로 인해 내가 발걸음을 디딜 때마다 그리스도께 더 의존하게 되었고, 우리 가족의 필요를 채워주시는 그분을 더욱 신뢰하게 된 것을 알 수 있다. 이윽고 그분은 새로운 직업을 제공하셨는데 그때에 이르자 나는 매우 다른 사람이 되어 있었다.

욥의 기다림

욥 역시 그 나름의 기다림을 지분으로 받았다. 어느 의미에서 욥기는 한 번의 기나긴 기다림이라 할 수 있다. 치유를 위한, 깨달음을 위한, 하나님의 응답을 듣기 위한, 회복을 위한 기다림이라고. 그리고 그 기다림은 나와 마찬가지로 그를 다른 사람으로 만들었다.

혹시 당신도 기다림의 자리에 있는가? 그래서 당신의 인내심과 힘과 어쩌면 믿음까지 약해지고 있지는 않은가? 당신도 욥기 6장 11절에 나오는 욥의 의문을 똑같이 품고 있지는 않은가?

"내가 무슨 기력이 있기에 기다리겠느냐 내 마지막이 어떠하겠기에 그저 참겠느냐"

욥의 고난은 너무나 깊고 심오해서 그는 계속 숨이라도 쉴 수 있을지 모르겠다고 한다. 또 숨을 쉴 수 있다고 해도 그게 무슨 의미가 있겠는가? 욥은 자기가 어떻게 또 왜 애써야 하는지 도무지 알 수 없었고 점점 인내심을 잃었다. 불행이 그를 휩쓸었고 장래가 암담해 보였다. 욥은 기다릴 만한 힘이 없고, 기다리면 의미를 찾을 수 있겠다는 희망마저 잃고 말았다.

이 두 개 질문은 우리가 기다림 가운데 부딪히는 몸부림의 핵심을 보여준다. 우리가 만일 행복한 결말은 불가능하다고 느낀다면 과연 고군분투할 이유가 무엇일까? 설사 행복한 결말이 가능하다 해도 우리가 어떻게 그때를 향해 걸을 힘을 낼 수 있을까? 그러나 욥과는 달리, 우리에게는 이런 질문에 답을 주는 하나님의 말씀을 모두 갖고 있다는 특권이 있다. 성경의 다음 이야기는 하나님이 왜 지체하시는지, 그리고 우리가 왜 그분을 신뢰할 수 있는지 깊은 통찰을 제공해준다. 바로 나사로의 이야기다.

"어떤 병자가 있으니 이는 마리아와 그 자매 마르다의 마을 베다니에 사는 나사로라 이 마리아는 향유를 주께 붓고 머리털로 주의 발을 닦던 자요 병든 나사로는 그의 오라버니더라 이에 그 누이들이 예수께 사람을 보내어 이르되 주여 보시옵소서 사랑하시는 자가 병들었나이다 하니 예수께서 들으시고 이르시되 이 병은 죽을 병이 아니라 하나님의 영광을 위함이요 하나님의 아들이 이로 말미암아 영광을 받게 하려 함이라 하시더라 예수께서 본래 마르다와 그 동생과 나사로를 사랑하시더니 나사로가 병들었다 함을 들으시고 그 계시던 곳에 이틀을 더 유하시고"(요 11:1-6).

나는 이 대목을 처음 읽었을 때 예수님의 행동이 사랑으로 보이지 않았다. 그러나 이 이야기는 욥의 질문들(과 우리의 질문들)에 대한 해답을 준다. 이 성경 이야기는 우리의 기다림에 대한 세 가지 유익한 진리를 제공한다.

1. 예수님은 기다림을 통해 스스로를 영화롭게 하신다

하나님이 우리를 사랑하신다고 해서 항상 우리가 필요하다고 생각하는 것을 주시거나 우리의 고통과 가슴앓이를 없애주시는 것은 아니다. 그분은 우리에게 그분이 허용해야 할 일을 허용하심으로써 우리를 사랑하시는데, 이는 우리가 궁극적으로 그분 안에서 만족하고 또 그런 환경을 통해 그분께 영광을 돌리게 하기 위해서다.

"예수께서 본래 마르다와 그 동생과 나사로를 사랑하시더니, 나사로가 병들었다 함을 들으시고 그 계시던 곳에 이틀을 더 유하시고"(5-6절).

예수님은 그들을 무척 사랑해서 지체하기로 하셨다. 아니, 뭐라고?! 예수님은 나사로의 질병을 없애는 것보다 죽음에서 생명을 끌어냄으로써 하나님이 더 영광을 받으실 줄 알았다. 좀 더 설명해보겠다. 예수님은 거기서 지체하시면 자기가 사랑하는 이들에게 고통을 안겨줄 것을 알고 계셨다. 하지만 그분은 자기 친구들에게 즉각적인 위로를 선사하기를 억제하셨는데, 곧 그분만이 할 수 있는 일을 행하셔서 그들로 하여금 그분을 더욱 의존하게 하고 그분의 영광을 그들에게 드러내기 위해서였다. 그래서 예수님은 "내 말이 네가 믿으면 하나님의 영광을 보리라 하지 아니하였느냐?"(40절)라고 말씀하신 것이다. 그리고 실제로 그렇게 되었다.

나는 여전히 큰아이와 우리 가족의 안녕과 치유를 갈망했고 가족을 부양하기 위해 직업이 꼭 필요했지만, 기다리면 기다릴수록 지상의 위안을 대가로 치르더라도 그리스도와 그분의 영광을 갈망하겠다는 마음이 더 커졌다. 예수님이 만일 우리 아들이 걸음마를 할 때 그를 고쳐주셨거나 내가 취직을 위해 처음 기도했을 때 응답하셨더라면 그런 일은 결코 일어나지 않았을 것이다. 그분은 행동을 지체할 만큼 나를 사랑하신다. 그리고 그분은 내가 그분 안에서 더 큰 삶을 찾고 그분께 영광을 드리게 할 목적으로 내 속의 많은 것(나의 힘, 안락함, 성공 욕심, 자신감)이 죽도록 허용하실 만큼 나를 사랑하신다.

나는 다음과 같은 확신을 품은 사람들을 많이 보았다. 말하자면, 우리가 만일 예수님의 권능을 우리의 것으로 삼기만 하면, 우리 가족이 치유되고, 우리의 재산이 회복되고, 우리의 고통이 제거되리라는 확신이다. 그러나 예수님의 삶 자체가 그런 확신이 틀렸음을 보여주는 가장 큰 증거다. 고인이 된 신학자 스프로울(R. C. Sproul)은 이렇게 지적했다.

"누가 과연 예수님께 믿음으로 기도하지 못했다는 혐의를 씌우겠는가? 그는 '이 잔을 내게서 지나가게 하옵소서 그러나 나의 원대로 마시옵고 아버지의 원대로 하옵소서'라고 기도했다. 하나님은 거절하셨다. 고난이 길이 아버지의 계획이었던 것이다."(Surprised by Suffering, p. 17)

예수님은 누구보다도 더 큰 믿음으로 기도하셨지만 하나님은 거절하셨다. 때로는 우리가 기다리는 편이 우리의 유익과 하나님의 영광에 이르는 길이다. 그렇다고 기다림이 쉬운 것은 아니다. 하지만 기다림을 가능하게 만들어준다.

2. 그리스도께서는 기다리는 중에도 일하고 계신다

마리아와 마르다는 예수님께 치유의 능력이 있다고 믿었고, 그분이 그들을 사랑하신다는 것도 알았다. 그러나 예수님이 지체하다가 그들의 오빠가 죽은 후에 도착하셨으니 그들이 얼마나 헷갈렸을지 상상해보라.

당신도 그렇게 느낀 적이 있는가? 배우자와의 관계에서 치유나 성장을 갈망하지만 기다리면 기다릴수록 더욱 불가능해 보이는가? 하나님의 응답과 그분의 임재의 확신을 위해 기도했으나 침묵만 느낀 적이 있는가? 예수님이 당신의 상황을 바꿀 능력이 있다고 믿지만 왜 그렇게 하지 않으시는지 의아해하는가? 당신만이 그런 것이 아니다. 마리아도 바로 그런 의문을 품고 있었다.

"마리아가 예수 계신 곳에 가서 뵈옵고 그 발 앞에 엎드리어 이르되 주께서 여기 계셨더라면 내 오라버니가 죽지 아니하였겠나이다 하더라 예수께서 그가 우는 것과 또 함께 온 유대인들이 우는 것을 보시고 심령에 비통히 여기시고 불쌍히 여기사 이르시되 그를 어디 두었느냐 이르되 주여 와서 보옵소서 하니 예수께서 눈물을 흘리시더라"(요 11:32-35).

우리가 놓치지 말아야 할 점이 있다. 예수님은 나사로를 죽게 내버려두셨지만 자매들 곁에 오셔서 그들과 함께 슬퍼하고 그들과 함께 울고 그들과 이야기를 나누셨다. 그분은 그들의 영원한 유익을 위해 무엇이 최선인지를 미리 알고 계셨음에도 불구하고 나사로의 죽음이 몰고 온 고통을 느꼈고 또 슬퍼하셨다.

친구여, 예수님은 당신이 홀로 기다리도록 내버려두시지 않는다. 그분은 기다리는 중에도 당신과 함께 슬퍼하시고 그 기다림을 주관하는 주권자이시다. 욥은 "내가 무슨 기력이 있기에 기다리겠느냐"(욥 6:11)고 물었다. 우리는 "우리 주님이자 구원자이신 예수 그리스도가 나의 힘"이라고 대답할 수 있다.

3. 기다림은 능동적인 행위이다

우리가 하나님의 인도나 응답을 기다리는 동안 하나님은 우리에게 게으르게 앉아 있으라고 말씀하지 않으신다. 그분 역시 게으르지 않으시며 그 기다림을 통해 우리 안에서 또 우리 주변에서 그분의 목적을 이루신다. 우리가 기다리는 동안 능동적으로 할 수 있는 세 가지 활동이 있다.

1) 하나님의 말씀 안에서 그분을 추구하라. 우리가 기다리면서 그분의 임재를 구하면 그분이 우리의 갈망을 채워주시고 우리는 우리가 구하는 응답보다 그분 안에서 더 많은 기쁨을 찾게 될 것이다.

2) 기도로 하나님을 추구하라. 도와달라는 우리의 부르짖음, 응답을 구하는 우리의 호소, 지혜와 힘을 찾는 우리의 절박한 갈망은 결코 우리의 구원자에게 무시당하지 않을 것이다. 우리는 겸손하게 기도해야 하지만 또한 담대하게 기도할 수 있다. 아마도 기다림의 시기가 이런 기도를 배우기에 가장 좋은 계절일 것이다. "그러므로 우리는 긍휼하심을 받고 때를 따라 돕는 은혜를 얻기 위하여 은혜의 보좌 앞에 담대히 나아갈 것이니라"(히 4:16).

3) 다음 발걸음을 내디디라. 선교사로 순교한 짐 엘리옷의 아내인 엘리자베스 엘리옷(Elisabeth Elliot)은 시를 인용하길 좋아했다.

"많은 의문, 많은 두려움,
많은 의심, 여기서 잠잠해지네.
매 순간, 하늘에서 내려오네,
시간과 기회, 인도의 손길이 주어지네.
내일을 두려워하지 말라, 왕의 자녀야,
내일은 예수님께 맡기고, 다음 일을 해라."

진정한 의미에서 크리스천의 삶은 기다림, 곧 영광을 바라보며 기다리는 것이다. 우리는 영광의 날이 오고 있으며, 그날은 하나님의 때에 도래할 것을 알기에 열심히 또 인내하며 기다릴 수 있다(롬8:23-25). 이생에서 겪는 고통스러운 기다림의 계절은 즉각적인 만족을 추구하는 시대에 우리에게 잘 기다리는 법을 가르쳐준다. 즉, 우리는 영광의 날을 기다리면서 이생이 다가도록 믿음으로 걷고 그리스도를 붙드는 법을 배운다.

욥은 "내 마지막이 어떠하겠기에 그저 참겠느냐?"(욥 6:11)라고 물었다. 우리는 "하나님의 영광과 영원히 그분의 존전에 있는 기쁨이 약속되어 있다."라고 대답할 수 있다.

그리고 그날이 오기까지 우리는 기다린다.

성찰 질문

1. 당신은 현재 무엇을 기다리는가? 당신이 기다림의 계절을 지나고 있다면, 나사로의 이야기나 욥의 이야기를 통해 하나님은 당신에게 무엇을 보여주셨는가?(희망이나 격려 등)

2. 혹시 현재 상태에서 꼼짝할 수 없고, 하나님의 인도나 응답을 받지 못해 의아해하고 있는가? 그런 상황에서도 다음 걸음을 위해 오늘 실제적으로 취할 수 있는 발걸음이 있다면 그것은 무엇인가?

3. (가능하면 부부가 함께 풀라.) 기다림의 계절 동안 당신에게 가장 힘겨웠던 삶의 한 영역은 무엇이었는가? 그리고 당신과 하나님의 관계는 어떠했는지 배우자와 이야기하라. 당신이 기다림의 시기를 통해 배운 것, 그리고/또는 이번 장에서 배운 것을 서로 나눠보라.

기도

하늘에 계신 아버지, 기다림은 어렵고 낙담스럽고 무의미하게 느껴질 때가 많습니다. 때로는 주님이 저의 절박한 호소를 듣고 계시는지 모르겠고, 만일 듣고 계신다면 왜 침묵만 지키고 계시는지 의아합니다. 저는 연약해서 저의 제한된 힘과 이해력으로는 계속 나아갈 수 없습니다. 만일 주님이 이 몸부림을 없애지 않으실 것이라면, 이를 헤쳐 나갈 수 있는 주님의 힘과 주님을 믿는 신앙이 제게 필요합니다. 예수님의 삶을 보면 그분조차 기다리고 고난을 받으셨다는 사실을 기억하게 되고, 하나님의 때에 하나님의 방법으로 그분의 삶을 통해 주님의 완전한 뜻이 이루어진 것을 알게 됩니다. 오늘 저로 하여금 주님이 제 목소리를 들으시고 또 저에게 필요한 힘을 주심을, 그리고 주님이 저의 고통을 보시고 저와 함께 슬퍼하신다는 것을 믿게 도와주소서. 주님이 저의 유익과 (이 일을 통해 나타날) 주님의 영광을 위해 한순간의 오차도 없는 완벽한 때에 일하실 것을 믿도록 도와주소서. 저의 기다림을 이용하셔서 제 마음이 주님을 더 크게 의존하게 되고 제 심령이 주님의 존전에 영원토록 있을 그날을 더욱 갈망하게 해주소서.

더 묵상할 본문 : 시 61:1-2, 시 147:10-11; 애 3:18-26; 합 2:2-4; 엡 5:5-6

나의 묵상 노트

11장.

이상한 은사, 탄식하기

_ 제프

"내 생명이 한낱 바람 같음을 생각하옵소서. 나의 눈이 다시는 행복을 보지 못하리이다… 그런즉 내가 내 입을 금하지 아니하고 내 영혼의 아픔 때문에 말하며 내 마음의 괴로움 때문에 불평하리이다"(욥 7:7, 11).

탄식은 두 세계를 함께 묶어준다. 두 세계란 고통 및 혼동과 정직하게 씨름하는 것, 그리고 하나님의 약속을 점점 더 믿고 새로운 소망을 품는 것을 말한다. 탄식을 통해 우리는 우리의 마음과 말이 의문과 불평으로부터 희망찬 예배로 움직이도록 유도할 수 있다. 탄식은, 우리의 환경이 바뀌지 않았을 때에도 우리가 하나님의 성품과 약속을 현실적으로 신뢰하도록 이끌어준다.

　안타깝게도, 크리스천들은 탄식하는 일을 잃고 말았다. 나도 최근에야 탄식의 본질과 가치를 비로소 이해하기 시작했다.

　오늘날 크리스천들은 '강하고 독립적이 되라', '고난은 연약함의 징표이다', '적극적으로 생각하라'와 같은 메시지들이 가득한 문화에 몸담고 있기 때문에 탄식이 자연스럽게 다가오지 않을 수 있다. 우리 사회는(그리고 종종 우리 교회도) 고난을 불편하게 여기므로 우리의 고통에 대해 가벼운 답을 주면서 우리가 신속히 거기서 벗어나길 기대하는 경우가 너무나 많다. 특히 남자들은 탄식하기가 더 어려운데, 우리는 가정의 강하고 유능한 리더가 되는 데서 우리의 정체성을 찾도록 배웠기 때문이다. 자신의 상황이 괜찮지 않다고 시인한다는 것은 자신의 연약함과 통제 불능을 시인하는 것이다. 탄식은 정말 어려운 일이며 반(反)문화적인 태도이다.

문화적으로, 우리가 아픔을 느낄 때 무엇을 해야 하는지 가르쳐주는 틀이 거의 없다. 교회에서도 우리는 경배와 찬양의 노래들로(이는 옳고 좋은 것이다) 건너뛸 때가 많고, 우리의 슬픔과 고통을 인정함으로써 예배하는 탄식의 노래를 부르는 경우가 드물다. 그러나 크리스천 음악가이자 저자인 마이클 카드(Michael Card)는 만일 탄식할 수 없다면, 우리는 "고난(그 고통)이 유발하는 버림받은 느낌을 놓치고 하나님과의 친밀함에 대한 대체물을 찾을 것"이라고 말하며, 우리는 "외로움을 떨쳐버리기를 고집스럽게 거절하고, 계속 고통스러우나 점점 깊어지는 전례 없는 하나님과의 친밀함에 이르는 길을 걷는" 법을 배우지 못할 것이라고 한다(A Sacred Sorrow, p. 65).

감사하게도, 욥기는 경건한 탄식이 어떤 것인지를 잘 보여준다. 하나님은 우리가 깨어진 상태에서 그분께 나아가서 우리의 고통과 혼동을 그분께, 즉 우리의 짐을 대신 짊어질 수 있는 그분께 쏟아놓기를 갈망하신다. 탄식은 우리의 더듬는 말과 원색적인 고통을 성령을 의지하며 하나님 앞에 정직하게 가져가서 하나님 말씀의 진리와 약속을 우리의 것으로 주장하는 수레와 같다.

탄식은, 불신자들이(그리고 우리 모두 때때로) 흔히 그러듯이, 그저 우리 삶에 닥친 고통에 대해 불평하는 것이 아니다. 탄식은 고통스러워서 부르짖는 소리를 우리 아버지께 가져가라는 하나의 열린 초대장이다. 크리스천의 탄식은 무언가 다르다. 왜냐하면 우리는 슬픔을 쏟아놓을 때에도 슬픔이 최종 결론이 아니라는 것을 알고 있기 때문이다. 불신자들도 슬퍼할 수는 있지만, 그리스도가 없으면 그들의 슬픔은 그저 고통을 토로하는 것에 불과하다. 세상적인 탄식은 희망이 없기 때문에 그 자체 너머를 볼 수 없다. 그러나 하나님의 말씀은 더 나은 길이 있다고 한다. 우리는 소망 없는 다른 이들과 같이 슬퍼하지 않는다(살전 4:13). 우리가 알고 있는 하나님에 관한 진리를 되풀이하고 우리의 탄식을 통해 그분의 성품을 그분께 도로 선언하기로 한다면, 우리는 불평과 혼동의 순환에서 벗어나는 출구를 얻고 우리의 시선을 환경이 아닌 하늘로 향하게 함으로써 더 깊은 믿음과 더 큰 희망에 이르는 길로 접어들 것이다. 목사인 마크 브로갑(Mark Vroegop)이 묘사하듯이, 탄식은 "신뢰로 이끄는 고통 중의 기도이고… 힘든 삶과 하나님의 주권에 대한 믿음이란 두 기둥 사이에서 살기 위한 언어이다. 탄식이 없으면 우리는 고통을 처리하는 법을 모를 것이다"(Dark Clouds, Deep Mercy, p. 21).

그러면 우리는 탄식을 어떻게 실천할 수 있을까? 나는 탄식이 어떤 것인지 묘사함으로써 성경적 탄식이 우리에게 주어진 선물임을 이야기하려 한다.

욥기 전체에는(예레미야애가와 탄식의 시편들과 더불어) 우리 자신의 삶에서도 본받을 수 있는 기도의 세 단계가 나온다.

1. 당신의 생각을 직접 하나님께 아뢰라

욥이 처음으로 고난을 접하고 상실을 경험했을 때 그는 고난의 목적과 씨름하면서 친구들에게 그의 번민과 혼동을 가져간다. 그는 "어찌하여 내가 태에서 죽어 나오지 아니하였던가? 어찌하여 내 어머니가 해산할 때에 내가 숨지지 아니하였던가"(욥 3:11)라고 탄식한다. 이어서 그는 말하는 대상을 친구들로부터 하나님께 돌리면서 그의 괴로움을 이렇게 토로한다.

"그런즉 내가 내 입을 금하지 아니하고 내 영혼의 아픔 때문에 말하며 내 마음의 괴로움 때문에 불평하리이다… 내가 생명을 싫어하고 영원히 살기를 원하지 아니하오니 나를 놓으소서 내 날은 헛 것이니이다… 주께서 내게서 눈을 돌이키지 아니하시며 내가 침을 삼킬 동안도 나를 놓지 아니하시기를 어느 때까지 하시리이까"(욥 7:11, 16, 19)

욥은 그 모든 불평을 늘어놓았지만 하나님의 배척을 받지 않았다. 그의 영적인 토로와 의문은 하나님의 귀에 들렸고, 하나님은 적절한 때에 응답하신다. 그리고 어느 시점에 이르면 욥이 하나님에 관해 이야기하는 것을 멈추고 하나님께 이야기하기 시작한다. 그의 탄식은 약한 믿음이나 하나님을 향한 반역의 징표가 아니라 하늘 아버지의 자비로운 귀를 담대하게 믿는 마음의 징표였다.

여기서 우리가 주의할 것이 있다. 우리가 하나님께 나아가는 것은 그분께 분노의 주먹을 흔들며 그분이 틀렸다고 외치고 불신의 태도로 떠나기 위해서가 아니라, 우리에게는 우리의 슬픔과 의문을 하늘 아버지께 직접 가져갈 자유와 특권이 있기 때문임을 알아야 한다. 우리는 "어째서?"라고 물을 수 있고, 우리는 "얼마나 오랫동안?"이라 물을 수 있고, 우리는 "아버지, 당신은 어디에 계십니까?"라고 물을 수 있다.

형제 또는 자매여, 오늘 당신이 정직하게 하나님께 가져가야 하는 것은 무엇인가? 만일 무슨 말을 해야 할지 모르겠다면 시편으로 기도하기 시작해보라. 그러면 탄식을 토로할 말을 찾게 되리라. 출발점으로 삼을 만한 시편을 몇 편 소개하자면 시편 4편, 10편, 13편, 22편, 39편, 42-43편, 102편 등이다. 이 시편들을 갖고 하나님께 기도하는 것으로 시작하라. 그리고 당신의 배우자도 원하면 함께 이 시편들을 갖고 기도하는 시간을 가져라. 우리의 몸부림을 말로 옮기는 것은 종종 어렵지만 우리 크리스천에게는 우리를 돕는 하나님의 영이 계시다. "이와 같이 성령도 우리의 연약함을 도우시나니 우리는 마땅히 기도할 바를 알지 못하나 오직 성령이 말할 수 없는 탄식으로 우리를 위하여 친히 간구하시느니라"(롬 8:26).

2. 진리를 마음에 담아두라

고통에서 신뢰로 가는 간격을 메우라. 욥기처럼 예레미야애가 3장에도 큰 괴로움을 당하는 신자가 나온다. 그는 큰 소리로 이렇게 탄식한다.

"[하나님이] 나를 둘러싸서 나가지 못하게 하시고
내 사슬을 무겁게 하셨으며
내가 부르짖어 도움을 구하나
내 기도를 물리치시며
다듬은 돌을 쌓아 내 길들을 막으사
내 길들을 굽게 하셨도다"(애 3:7-9)

그는 하나님의 주권이 허락하신 일에 대한 자신의 번민과 혼동을 충실하게 묘사한다. 그러나 모든 경건한 탄식이 그렇듯이, 그는 자신의 고통에서 눈을 돌려 그가 진리로 알고 있는 것에서 희망을 찾으려고 분투한다. "내 마음이 그것을 기억하고 내가 낙심이 되오나 **이것을 내가 내 마음에 담아 두었더니** 그것이 오히려 나의 소망이 되었사옴은…"(20-21절, 강조는 저자 추가). '마음에 담아두는 것'은 의식적인 선택이다. 이는 우리의 시선을 잿더미로부터 들어올려 그 너머에 있는 하나님의 보좌의 영광을 바라보려는 투지이다. 이는 하나님의 한결같은 사랑, 선하심, 신실하심에 관해 생각하고 또 신뢰하기로 선택하는 일이다. 이는 "주께서 인생으로 고생하게 하시며 근심하게 하심은 본심이 아니시기"(33절) 때문에, 비록 우리가 영광에 이르는 길을 제대로 이해하지 못해도, 우리의 고통 너머에 희망이 있다고 믿기로 선택하는 일이다. 우리가 볼 수 있는 것은 밤의 흑암밖에 없을 때에도, 우리는 여전히 "여호와의 인자와 긍휼이 무궁하시므로 우리가 진멸되지 아니함이니이다 이것들이 아침마다 새로우니 주의 성실하심이 크시도소이다"(22-23절)라고 믿음을 고백할 수 있다.

우리는 스스로에게 하나님의 약속과 성품을 상기시키면서 주님을 기다리는 가운데 언젠가 그분이 심판하실 날, 그분이 구속하실 날, 그분이 만물을 새롭게 하실 날이 올 것을 믿어야 한다. 우리가 슬퍼하는 것은 우리의 고통이 실재하기 때문이지만 우리가 희망을 품는 것은 예수님이 우리의 고통과 슬픔보다 더 크신 분이기 때문이다.

3. 주님의 힘과 기쁨을 받으라

우리가 한편에 있는 우리의 고통과 다른 편에 있는 그리스도 안의 소망과 위로 사이에 있을 때 우리 고난의 토양은 우리의 이해를 초월하는 기쁨과 새로운 힘과 평안의 씨앗을 발육시킨다. 물론 이것은 하룻밤에 일어나는 일이 아니다. 그러나 시간이 흐르면서 탄식의 과정을 거치면, 불평과 슬픔에서 벗어나 다시금 하나님의 약속에서 기쁨과 안식을 찾는 일로 좀 더 빨리 움직이게 될 것이다. 이런 힘은 환경이 바뀌거나 우리의 어려움이 존재하지 않는 듯 가장하는 데서 오지 않는다. 그보다는 주님이 우리와 함께하시고 모든 것을 구속하며 회복하실 것이라는 그분의 약속 안에서 찾게 된다. 이 기쁨을 찾으면 우리는 불평과 의심을 멈추고 예수 그리스도를 알고 그분 안에서 안식할 때만 발견할 수 있는 축복을 맛보게 된다. 우리는 우리의 슬픔을 그분께 넘겨주고, 주님은 그분의 힘과 기쁨을 우리에게 선사하신다.

하나님에 관해 말하기보다 하나님께 말씀드리라

욥기 어디를 보아도 욥의 친구들이 기도로 하나님께 직접 말씀드리는 장면은 나오지 않는다. 그 대신 그들은 하나님을 대신해 말하려고 한다. 그들은 모든 해답을 갖고 있다고 생각하기 때문에 결코 멈추고 도움을 요청하지 않는다. 그들이 지혜로 인식했던 것은 사실상 어리석음이었다. 왜냐하면 그 지혜가 친구를 위로하기 위해 하나님께 겸손히 의존하기보다는 그들 나름의 이해에 기초해 있었기 때문이다. 만일 그들이 욥의 곁에서 탄식하고 그를 위해 기도하기로 했더라면, 그들은 주님께 더 가까이 나아가고 불행에 빠진 그 친구를 참으로 위로하는 특권을 가졌을 것이다.

물론 우리의 몸부림과 우리의 생각을 배우자와 주변 사람들과 나누는 것은 잘못이 아니다. 그러나 우리가 우리의 슬픔을 그리스도께 가져갈 때에만 탄식의 능력과 복을 경험하게 될 것이다. 오직 그분만이 우리의 짐을 짊어질 만큼 넓은 어깨와 우리의 마음을 치유할 만한 권능과 지혜를 갖고 있고 우리에게 희망을 줄 수 있기 때문이다.

욥의 친구들은 하나님에 관해 욥에게 이야기한 반면, 욥은 욥에 관해 하나님께 말씀드렸다. 우리도 우리 자신에 관해 하나님께 말씀드려야 한다. 당신은 배우자와 함께 기도함으로써 배우자도 그렇게 하도록 격려할 수 있다. 이는 시작하기가 어렵고 장애물이 있을지도 모르지만, 이를 계속 노력하고 또 이런 면에서 성장하는 일은 매우 중요하다. 당신이 만일 입이 굳어서 기도할 수 없다고 느끼거나 말로 표현하기가 어렵다면, 기도문을 작성하거나 성경을 이용해 기도를 드리는 것도 괜찮다. 당신의 느낌을 말로 표현할 수 없다고 해서 좌절하지는 말라. 당신이 할 수 없는 일을 성령께서 행하실 것이다. 그리고 당신의 남편이나 아내가 적절한 말을 찾지 못하면 그를 위해 기도해주라. 매일 함께 기도할 시간을 정하라. 두 사람이 단 5분밖에 시간을 내지 못하더라도, 이는 큰 변화를 가져올 것이다.

진정한 희망은 여기에

크리스천이여, 우리가 행할 수 있는 최악의 행동은 하나님께 단지 침묵하는 것이다. 하나님이 이미 당신의 마음 상태를 아신다고 믿고 그분께 정직하게 나아가라. 당신의 영혼 속에서 소용돌이치는 혼동과 고통과 의문을 그분께 털어놓아라. 성경에 나오는 그분의 약속들을 되풀이하고 자신에게 그분의 선하심과 신실하심과 사랑을 상기시키라. 당신이 믿음의 발걸음을 내디딜 수 있게 도와달라고 주님께 부탁하고, 당신의 이해를 넘어 그분이 진정 누구신지를 신뢰하라. 이것이 바로 탄식이다. 탄식은 당신이 오늘 직면하는 현실을 인정하면서도 당신의 영원한 미래를 내다보며 희망을 품는 것이다. 하나님의 은혜와 성경의 도우심을 힘입어 우리가 어둠 속에서도 그분을 찬양하고 침묵 중에도 그분을 신뢰함으로써 그분께 영광을 돌릴 수 있길 바란다.

성찰 질문

1. 이제까지 살아오는 동안 기도해도 소용없는 것처럼 느껴져서 기도를 포기한 적이 있는가? 만일 계속 침묵을 지키고 싶고, 환경에 몸을 맡기고, 굳이 인내하며 기도할 마음이 없다면, 혹시 하나님과 그분의 약속에 대해 오해하는 것은 아닌가?

2. 이번 장에서 다룬 탄식의 개념이 당신을 불편하게 하지는 않았는가? 만일 그렇다면, 왜 그런가? 성경적인 탄식은 어떤 면에서 당신이 몸부림치는 동안 그리스도를 꼭 붙들도록 도와줄 수 있을까?

3. (가능하면 부부가 함께 풀라.) 무엇이 두 사람이 함께 기도하는 것을 방해하는가? 두 사람이 부부로서 함께 기도하거나 탄식하려면 어떤 실제적인 단

계들을 밟아야 할까? 이 영역에서 당신이 느끼는 불안정함이 있다면 배우자와 나누고, 두 사람을 성장시켜달라고 하나님께 함께 기도하는 시간을 가지라. (배우자가 꺼린다면, 예수님이 당신을 보고 계시며 당신에게 필요한 것을 공급하실 줄을 믿고 감사하는 시간을 갖고, 주님이 배우자의 마음을 그분께로 이끌어 주시도록 기도하라.)

기도

"나를 둘러싸서 나가지 못하게 하시고 내 사슬을 무겁게 하셨으며

내가 부르짖어 도움을 구하나 내 기도를 물리치시며…

주께서 내 심령이 평강에서 멀리 떠나게 하시니

내가 복을 내어버렸음이여

스스로 이르기를 나의 힘과 여호와께 대한 내 소망이

끊어졌다 하였도다

내 고초와 재난 곧 쑥과 담즙을 기억하소서

내 마음이 그것을 기억하고 내가 낙심이 되오나

이것을 내가 내 마음에 담아 두었더니

그것이 오히려 나의 소망이 되었사옴은

여호와의 인자와 긍휼이 무궁하시므로

우리가 진멸되지 아니함이니이다

이것들이 아침마다 새로우니 주의 성실하심이 크시도소이다

내 심령에 이르기를 여호와는 나의 기업이시니

그러므로 내가 그를 바라리라 하도다

기다리는 자들에게나 구하는 영혼들에게 여호와는 선하시도다

사람이 여호와의 구원을 바라고 잠잠히 기다림이 좋도다"(애 3:7, 8, 17-26).

더 묵상할 본문 : 시 10, 28, 55; 애 3; 막 14:32-42; 골 4:2

나의 묵상 노트

12장.

서로 손잡고 절망의 골짜기를 걷다

_ 사라

"내가 생명을 싫어하고 영원히 살기를 원하지 아니하오니 나를 놓으소서 내 날은 헛 것이니이다… 나의 기운이 쇠하였으며 나의 날이 다하였고 무덤이 나를 위하여 준비되었구나"(욥 7:16, 17:1).

"더는 이렇게 살 수 없어요! 그만 죽고 싶어요!" 나는 흐느끼면서 부르짖었다. 나는 침대에 앉아서 내 속에 무슨 일이 일어나는 건지 이해하려고 애쓰고 있었다. 남편도 그것을 이해하려고 애쓰는 것 같았다.

나는 만성 통증, 자주 걸리는 질병, 아이들의 문제를 다루는 일에 지쳐 있었지만, 정작 나를 무너뜨린 것은 내 생각의 감옥에 갇힌 죄수가 되었다는 느낌이었다. 어둠에 빠져 도무지 헤어 나오지 못하는 상태였다. 내 속에는 내 숨이 그냥 멈추기를 바라는 마음도 일부 있었다.

내가 우울증에 시달리는 고통스러운 현실을 남편에게 표현하려 애쓰면서 나의 내적 전쟁을 설명하기 위해 『스펄전의 슬픔』(Spurgeon's Sorrows)에 나오는 잭 에스와인(Zack Eswine)의 말을 읽어줬다.

"고통스러운 상황이나 우리 속의 우울한 기질은 진흙투성이 장화를 신고 아주 무겁게 우리의 피곤한 가슴을 짓누른다. 마치 불안이 우리의 숨결을 밧

줄로 꽁꽁 묶는 것 같다. 우리는 의자에 묶인 채 불 꺼진 방에서 공포에 빠져 어두운 공기를 들이마시며 앉아 있다.

이런 종류의 상황과 몸의 화학작용은 하나님의 사랑이라는 선물도 훔친다. 마치 모든 하나님의 사랑 편지들과 사진 앨범들이 바로 문 앞에 있는 불, 우리가 도무지 멈출 수 없는 불에 타고 있는 것 같다. 우리에게 소중한 모든 것을 영원히 잃어버린 것만 같다. 그러는 한편, 우리는 하나님의 부재라는 어둠 속에 무력한 상태로, 이 의자에 묶인 채, 재와 헐떡임만 있는 거기에 그냥 앉아 있다. 우리는 심지어 우리가 이 모든 것을 자초했는지 의아해한다. 그건 우리 탓이다. 하나님이 우리를 대적하신다. 우리가 하나님의 도우심을 상실하고 말았다."(p. 18)

절망의 골짜기는 정말로 실재한다. 강한 크리스천도 그로부터 면제받지 못했다. 어떤 사람들의 경우에는 질병이 그들 마음을 황폐하게 만들어서 신체적 질병만큼이나 실재하는 임상적 우울증을 불러오기도 한다. 다른 경우에는 격심한 슬픔, 감당하기 어려운 상황, 회개로 이끄는 하나님께 저항하는 것, 그리고 다양한 계기들이 절망의 계절로 이끌 수 있다 [이런 문제들의 차이점을 보다 깊이 알고 싶다면 데이비드 머리(David Murray)의 책 『크리스천도 우울증에 걸린다』(Christians Get Depressed too)를 추천한다]. 이 두 가지는 구별하기 어려울 수 있으며, 어느 정도 다른 접근이 필요하다. 하지만 공통점은 둘 다 정서적으로 또 영적으로 치열한 몸부림이 존재한다는 점이다.

때때로 절망은 주변 상황과 연계되어 있는데, 때로는 그렇지 않다. 이를 스펄전(C. H. Spurgeon)은 이렇게 묘사했다.

"정말로 원치 않는데도, 정신적인 불행, 영적인 우울, 마음의 슬픔이 당신에게 닥칠 것이다. 당신은 슬퍼할 만한 실제적인 이유가 없을지 모르지만, 한동안 당신의 몸이 당신의 영혼을 정복했기 때문에 당신은 사람들 중에 가장 불행한 사람이 될 수 있다."(The Saddest Cry from the Cross, p. 656)

만일 당신이나 당신의 배우자가 이런 경험을 했다면 당신에게 공감할 만한 사람이 있다. 바로 욥이다. 그는 상실 직후에 먼저 흔들리지 않는 믿음으로 반응했으나, 그의 고통이 계속되자 하나님이 누구신지 혼란스러워하며 차라리 무덤을 열망하고 갑자기 절망의 골짜기를 걷는 자신을 발견한다.

"혹시 내가 말하기를 내 잠자리가 나를 위로하고 내 침상이 내 수심을 풀리라 할 때에 주께서 꿈으로 나를 놀라게 하시고 환상으로 나를 두렵게 하시나이다 이러므로 내 마음이 뼈를 깎는 고통을 겪으니 차라리 숨이 막히는 것과 죽는 것을 택하리이다 내가 생명을 싫어하고 영원히 살기를 원하지 아니하오니 나를 놓으소서 내 날은 헛 것이니이다"(욥 7:13-16, 17:1).

욥의 생애에서 가장 어두운 날들을 우리가 볼 수 있게 하신 하나님께 감사하자. 이는 우리만이 절망과 싸우는 자들이 아님을 확신시켜주고, 우리가 우리의 가장 어두운 날에 하나님의 임재를 느끼기 어려울 때에도 올바른 관점을 갖도록 도와준다. 우리가 우울증과 싸우고 있든지, 우울증과 싸우는 배우자를 격려하려고 애쓰고 있든지 간에 우리는 이런 진리들을 꼭 붙들려고 투쟁할 필요가 있다.

우리의 감정이 진리를 규정짓지 않는다

신체적으로나 정신적으로 절망(종종 현실에 대한 왜곡된 관점과 함께)을 느낄 때는 하나님이 당신에게 화가 나셨다는 증거라고 믿기 쉽다. 물론 때로는 우리를 회개하게 할 목적으로 하나님의 손이 우리를 무겁게 누르시는 거라고 느낄 때도 있다(시 32), 하지만 우울할 때 우리는 거짓말을 믿기 쉽고, 우리의 감정이 바로 우리와 그리스도 및 타인과의 관계를 보여주는 정확한 그림이라고 믿고 싶은 유혹을 느낀다. 우리가 사랑스럽지 못하다고 느낀다면, 우리는 사랑받지 않는 것이 분명하다. 우리가 절망스럽게 느낀다면, 우리는 희망이 없음이 틀림없다. 우리가 외로움을 느낀다면, 우리는 버림받은 것이 틀림없다. 우리가 수치를 느낀다면, 우리는 용서받지 못한 것이 틀림없다.

그러나 욥기의 독자인 우리는, 하나님이 자신을 대적하신다는 욥의 관점이 옳지 않다는 것을 알고 있다. 그가 느낀 것이 진실이 아니었다. 그리고 주님은 그가 절망의 골짜기를 걷는 동안에 모든 희망을 잃지 않도록 그를 지켜주셨다. "비록 하나님이 나를 죽이실지라도 나는 그를 신뢰할 것이다"(욥 13:15, 현대인의 성경). 하나님은 사실 그를 '죽이지' 않으셨다. 그 작업은 사탄이 한 짓이었다(욥 2:7). 그리고 결정적으로 욥의 문장은 거기서 끝나지 않았다. 욥은 어쨌든 주님은 신뢰할 만한 분이라고, 따라서 그에게 아직 희망이 있다고 여전히 믿었다.

나는 그분을 신뢰할 것이다. 형제 또는 자매여, 우리가 하나님에 대해 어떻게 느끼든지 간에, 우리 역시 우리 내면에서 퍼붓는 포격에 대항하기 위해 구원의 진리를 항상 눈앞에 두어야 한다. 우리가 어떻게 느끼든지 또는 사태가 어떻게 보이든지 간에, 우리가 그리스도 예수 안에 있는 새로운 피조물이라면, 우리는 사랑받고 용납받고 용서받은 사람들이다. 내 앞에 늘 두고 큰 도움을 얻은 성경 구절은 시편 3편 3절, 23편, 40편 1-3절, 이사야 61장 3절, 요한복음 16장 33절, 고린도전서 12장 9절, 요한계시록 21장 4절 등이다.

우울증은 하나님이 부재(不在)하신다는 징표가 아니다

우울증은 우리가 상상하기 어려운 외로움을 느끼게 할 수 있다. 내가 없어도 세상은 잘 돌아가는 것 같고, 심지어 내가 누구였는지 잃어버린 듯 자신이 생소하게 느껴지기도 한다. 그리고 하나님 역시 멀리 계시는 듯하다. "내가 앞으로 가도 그가 아니 계시고 뒤로 가도 보이지 아니하며"(욥 23:8).

우울함과 절망은 우리의 고통과 감정이 하나님이 부재하시는 증거라고 말하지만, 욥의 경우처럼 하나님은 멀리 계시지 않다. 욥이 전혀 짐작하지 못했던 것은, 그의 고난이 하나님의 진노 때문에 임한 것처럼 보였지만 실상은 자기 자녀를 자랑하는 아버지처럼 하나님이 욥의 경건함을 자랑한 결과로 임했다는 사실이다. 그리고 곧 우주의 하나님이 그의 자녀에게 직접 말씀하실 것이다. 하나님은 부재하지 않으셨다.

우리의 감정이 하나님의 부재를 주장할 때는 진리로 반론해야 한다.

"여호와여 주께서 나를 살펴보셨으므로 나를 아시나이다 주께서 내가 앉고 일어섬을 아시고 멀리서도 나의 생각을 밝히 아시오며 나의 모든 길과 내가 눕는 것을 살펴보셨으므로 나의 모든 행위를 익히 아시오니 여호와여 내 혀의 말을 알지 못하시는 것이 하나도 없으시니이다"(시 139:1-4).

예수님이 하늘로부터 내려와서 자기를 배척한 세상을 위해 고난 받고 죽으시고, 그분을 믿는 모든 사람을 위해 사망을 무찌르신 것은 우리를 어려운 삶 가운데 버리시기 위해서가 아니다. 그분은 우리를 그분과 화해시키고 우리를 위해 거룩하신 하나님과 관계를 맺는 길을 열어놓고자 그 자신을 희생하셨다. 바로 이것이, 우리 감정은 달리 말할지라도, 우리의 희망과 함께하는 확신이다. 잭 이스와인(Zack Eswine)은 이렇게 말한다.

"비록 우리 육체의 어두움이 그분의 부드러운 손길을 느끼지 못하게 할지라도, 그분은 여전히 우리를 붙들고 계신다. 그분에 대한 우리의 감정이 우리를 구원하지 않는다. 그분이 우리를 구원하신다. 그러므로 우리의 소망은 우리의 좋은 기분을 지키는 우리 능력에 달려있지 않고 우리를 지탱하시는 그분의 능력에 달려있다. 예수님은 결코 낙담에 빠진 우리를 버리지 않으실 것이다."(Spurgeon's Sorrows, p. 38-39)

우울증이 우리를 쓸모없게 만들지 않는다

슬픔에 빠지면 희망, 기쁨, 목적을 보고 느끼는 우리의 선천적 능력을 낙담에 빼앗기고 만다. 그럴 때 우리는 모든 것이 자신의 쓸모없음을 확증하고 있다고 여기는 경향이 있다. 만일 자녀가 이상한 행동을 한다면, 우리가 부모로서 실패했다는 확증이다. 만일 배우자나 친구가 부드럽게 우리의 약점이나 죄를 지적한다면, 우리는 "그것 봐, 나는 제대로 할 수 있는 게 하나도 없어!"라고 생각한다. 때로는 실수 하나, 좌절 한 번에도 모든 것이 자신을 대항하고 있으며 더 이상 노력해도 소용없다고 결론을 내린다. 우리는 베풀 것이 없다. 그러나 이때 우리는 자신의 가치를 세상이나 자기 기준이 아닌 하나님의 말씀에서 찾는 것이 중요하다. 나는 내가 쓸모없다는 느낌과 싸울 때 시편 147편 10-11절을 자주 묵상한다.

"여호와는 말의 힘이 세다 하여 기뻐하지 아니하시며, 사람의 다리가 억세다 하여 기뻐하지 아니하시고 여호와는 자기를 경외하는 자들과 그의 인자하심을 바라는 자들을 기뻐하시는도다."

하나님이 사랑하지 않는, 기뻐하지 않는, 사용할 수 없는 크리스천은 전혀 없다. 사실, 우리가 부족하다고 절감하는 계절은 우리의 가치를 찾고 그분을 섬긴다는 확신을 갖기 위해 예수님을 바라보는 기회가 될 수 있다. 욥은 무덤을 갈망했지만, 그가 절망의 골짜기를 직면한 지 수천 년이 지난 후에도 그는 여전히 수백만 명(당신과 나를 포함한)에게 소망을 준다. 하나님은 욥이 볼 수 있었던 것보다 훨씬 더 많은 일을 행하고 계셨다. 그분은 오늘도 당신의 인생에서 그 일을 하고 계신다.

함께 골짜기를 통과하다

만일 당신이 우울증과 싸우는 배우자를 사랑하는 길을 찾는 중이라면, 나는 당신에게 정말로 감사하고 싶다. 당신에게 당신 자신의 자원만 있는 것이 아니라는 사실을 알기를 바란다. 그리스도께서는 당신을 배우자의 동반자로 선택해서 그 골짜기를 나란히 통과하도록 부르셨다. 상대방을 고치기 위함이 아니라 그를 위해 싸우고 섬기고 사랑하며, 그에게 그리스도를 가리키도록 부르신 것이다. 이는 쉬운 소명이 아니다. 이 소명을 이루려면, 도전적인 여정을 가는 데 필요한 지혜, 은혜, 인내, 사랑을 선사하시는 주님의 은혜와 능력이 요구된다.

첫째, 배우자는 당신의 행동이나 생각을 당신처럼 분명히 볼 수 없음을 기억하라. 나는 나의 내면의 투쟁을 남편에게 이렇게 나누곤 했다.

> "당신과 나는 같은 방에 앉아 있을 수 있다. 그리고 당신이 편안하게 티셔츠를 입고 앉은 동안 나는 당신 옆에 세 겹 옷을 입고도 추위를 느낄 수 있다. 당신의 몸은 체온을 조절할 수 있지만, 나의 몸은 체온을 조절하기 위해 끊임없이 분투해야 한다. 당신은 이 방의 온도가 충분히 따뜻하다면서 온도계를 보여주며 나를 설득하려고 애쓸 수 있지만, 내가 추위를 느낀다는 사실은 변하지 않는다."

개인적으로, 우울증과 싸우는 계절에는 현실은 내가 보고 느끼는 것과 다르다고 남편이 아무리 설득하려고 노력해도 별로 도움이 안 된다. 그렇다고 해서 남편이 나와 나의 절망적인 생각을 동정해야만 한다는 뜻은 아니다. 또 적당한 때에 나에게 진실을 가리키지 말아야 한다는 의미도 아니다. 반면에 그가 먼저 경청하고 연민과 공감으로 반응하고, 질문을 던지고, 나의 어두운 생각을 빛 가운데로 불러내어 줄 때는 항상 도움을 얻었다. 그가 할 일은 나를 변화시키는 것이 아니다. 그가 내 상태를 완전히 이해할 수 없다는 사실을 깨닫는다면, 그는 그 이슈를 그가 고쳐야 할 문제로 보지 않을 것이다. 오히려 그는 내가 혼동과 고통을 처리할 안전한 장소가 되어 주고, 또 내가 그 짐을 혼자 지는 것이 아니라 함께 지도록 도와줄 것이다(갈 6:2). 그러나 그가 나를 돕는 유일한 방법은 그 자신이 한결같이 하나님 말씀 안에 거하고 그 자신의 힘과 지혜와 위로를 얻기 위해 그리스도를 바라보는 것이다. 그는 (홀로 또는 나와 함께) 나를 위해 기도할 수 있고, 내가 아픈 마음을 그리스도께 가져가며 그분의 말씀을 계속 읽도록 나를 격려할 수 있다.

둘째, 최선을 희망해도 좋지만 긴 여정을 걸을 준비를 하라. 우울증이나 절망을 느끼는 배우자를 사랑할 때 직면하는 문제 하나는 기한을 정하고 싶은 마음이다. 우리는 한동안 인내할 수 있지만 우리가 스스로 정한 기한이 지나도(겨울철이 지났고… 주변 환경이 좋아졌고… 일 년이 넘었고… 자녀들도 나이가 들었고…) 분투가 계속되면, 우리의 인내심은 바닥나기 시작한다. 당신은 장기간의 여정에 등록해야 한다. 당신의 배우자는 당신이 그 길을 함께 갈 것임을 알 필요가 있다. 당신은 그 계절이 끝나게 해달라고 하나님께 기도해야 하지만, 또한 하나님의 사랑이 이 계절 내내 당신 안으로 또 당신을 통해 흐르게 해달라고 기도해야 한다.

마지막으로, (목사나 상담사에게, 때로는 의사에게) 도움을 구하는 것이 결코 패배가 아님을 기억하라. 이 선택은 주님이 어떤 길을 허락하시든 그 길을 걸음으로써 배우자를 사랑하고 싶다는 하나의 표시이다. 이것이 당신의 결혼생활을 정의하지 않는다. 그리고 당신은 결혼 서약을 할 때는 전혀 상상도 못했던 이 계절에 접어들어 당신의 배우자와 나란히 걷는 그 길에서 하나님을 경배할 수 있다.

나는 소망을 잃지 않으리라

고통을 겪고 있는 형제와 자매여, 당신의 무거운 마음을 고양시키라. 장기간의 우울증과 만성 통증의 무게를 너무도 잘 알고 있었던 스펄전은 이렇게 말했다.

"우리는 고통 아래에서 인내하고 영적인 우울증 아래에서 소망할 필요가 있다… 우리 하나님은… 짐을 가볍게 하시거나 등을 강하게 하실 것이다. 그분은 필요를 줄여주시든지 공급을 늘려주실 것이다."(Sword and Trowel, p. 15)

나는 아직도 그분에게 소망을 두겠다.

성찰 질문

1. 만일 당신이 이런저런 우울증과 싸우고 있다면, 당신은 이번 장의 진술들을 믿을 수 있는가? 당신은 무엇에 관해 기도할 필요가 있는가? 당신이 날마다 상기해야 할 약속들을 적어보라. 당신에게 필요한 도움과 지원(정서적, 영적, 의료적 등)을 받으려면 어떤 실제적인 단계를 밟을 수 있겠는가?

2. 배우자가 우울증과 싸우고 있다면, 당신이 가장 어려운 때는 언제인가? 당신에게 필요한 지원을 어떻게 얻을 수 있을까? 오늘 당신은 어떤 구

체적인 방법으로 배우자를 사랑할 수 있는가?

3. (가능하면 부부가 함께 풀라.) 우울증과의 싸움을 둘러싼 당신의 질문, 몸부림, 혼동에 대해 의논해 보라. 첫 번째 질문에 언급된 영역들에서 당신에게 필요한 도움과 지원을 찾으려면 어떤 실제적인 단계를 함께 밟을 수 있을지 의논해보라.

기도

만일 당신이 우울증과 싸우거나 절망을 느끼고 있다면:

주님, 때로는 이 어둠을 감당하기가 너무 버겁다고 느낍니다. 저는 무엇이 옳은지 알지만, 내면의 소음과 소란이 자주 그 목소리를 묵살시키곤 합니다. 저는 주님이 저를 사랑하신다고 믿지만 그것을 마음으로 느끼기가 힘듭니다. 저는 주님이 선하시다고 믿지만 안개를 뚫고 주님의 선하심을 보기가 힘듭니다. 저는 주님이 저를 이 고뇌로부터 해방시킬 수 있다고 믿지만, 주님은 그렇게 하지 않기로 정하셨습니다. 예수님, 이것이 당신의 뜻이라면, 이 어두운 구름을 걷어주시고 저에게 비치는 주님의 선하심과 사랑의 빛을 보게 도와주소서. 그러나 주님이 그러지 않으신다면, 제가 그 선하심과 사랑을 느낄 수 없어도 믿을 수 있도록 도와주소서. 저의 깨어진 마음과 몸은 달리 말할지라도 제가 주님의 약속들을 믿게 도와주시고, 저의 사랑을 초월하는 사랑으로 배우자를 사랑하고 돌볼 수 있도록 제게 힘을 주옵소서. 아멘.

만일 당신의 배우자가 우울증과 싸우거나 절망을 느끼고 있다면:

주님, 배우자를 잘 사랑하기 원하지만 때때로 어떻게 할지 몰라서 어렵습니다. 저의 격려와 말이 배우자의 어두운 인생관을 침투할 수 없는 듯 보이고, 제가 배우자의 내적인 고통을 이해하고 공감하기 어려울 때는 쉽게 조급해집니다. 주님이 저를 부르신 그 길에서 상대방의 말을 잘 경청하고 배우자의 짐을 질 수 있도록 도와주소서. 제가 교만과 이기심에 이끌려 반응할 때는 저를 용서하시고, 이런 몸부림이 주님을 닮아가는 과정이 되게 해주소서. 주님의 연민과 인내를 제게 주시고, 제가 배우자를 돌보고 섬기고 사랑하는 것을 통해 주님에게 영광을 돌리도록 도와주소서. 아멘.

더 묵상할 본문 : 시 30:1-5, 시 40:1-3 시 42:11; 사 41:10; 롬 8:38-39

나의 묵상 노트

13장.

과거가 현재의 발목을 잡을 때

_ 제프

"주께서 나를 대적하사 괴로운 일들을 기록하시며 내가 젊었을 때에 지은 죄를 내가 받게 하시오며"(욥 13:26).

지난주에 아내와 부엌에 있는데 식탁에 웬 노트들이 보였다. 아내의 옛날 일기장이었다. 그중 한 문장에 시선이 머물렀는데, 나는 아내가 과거 어두었던 시절 만난 몇몇 남자들에게 들은 충격적인 말들을 보고, 또 그녀가 그에 대해 남긴 생각들을 보고 마음이 무척 무거웠다. 나는 단숨에 그 내용들을 읽고는 역겨움을 느껴 왜 이런 것을 보관했는지 물었다. 내가 짜증을 내자 아내의 말투도 나의 분노만큼 높아지더니 "그게 바로 당신의 문제야. 당신과는 이런 것에 대해 이야기조차 할 수 없잖아."라고 말했다.

나는 '어째서 내가 문제지? 내가 도대체 무슨 잘못을 했기에?'라고 생각했다. 아내의 과거에 대한 나의 반응이 치열한 대화를 불러일으킨 것은 이번이 처음이 아니었다. 우리는 끝없는 순환에 갇혀버린 것 같았다.

한동안 냉정을 되찾은 후 나는 아내에게 그녀의 반응이 무슨 뜻인지 분명히 해달라고 요청했다. 우리는 (상당히) 차분하게 그 문제를 의논해보

13장. 과거가 현재의 발목을 잡을 때

앉는데, 그 남자들을 향한 나의 분노가 마치 그녀를 겨냥한 듯이 그녀에게 퍼부어졌고 결국 그녀가 다시 죄책감과 수치심을 느끼게 되었다는 생각이 들었다. 내가 입 밖으로 꺼낸 말과 무언의 말을 통해 아내는 욥이 그의 친구들에게 느꼈던 그런 감정을 느낀 것이다. 마치 내가 그녀를 '대적하여 괴로운 일들을 기록하고' 그녀로 '젊었을 때의 부정행위(와 고통)를 물려받게' 만든 것 같았다. 이런 반응에 특별히 그녀가 상처를 받은 이유는 그녀가 일으키지 않은 그 "부정행위들"에 대한 처벌을 그녀가 이미 받았기 때문이다. 나는 그녀의 과거에 애를 태우면서 무심코 그 과거의 수치와 상처와 죄책으로 그녀를 짓누른 것이다.

그녀가 견뎌왔던 것을 생각하니 끔찍한 느낌이 들었다. 그런데 나는 그런 과거가 그녀에게 미친 큰 영향을 보기보다는 부부관계와 나에게 미치는 영향에만 집중해왔다. 그래서 아내의 과거에 대한 나의 분노와 욕구불만은 의도치 않게 그녀로 하여금 두꺼운 자기방어벽을 쌓게 했다.

나는 나의 잘못을 이제 알았다.

하나님의 은혜로 그날 나는 아내가 그동안 지니고 있었던 수치심과 고통에 대해 더 많이 이해하게 되었다. 아내가 나에게 바란(그리고 나로부터 듣기를 바란) 것은 내가 그녀를 문제가 아닌 사랑의 눈으로 보고 또 그녀가 겪은 고통을 슬퍼하는 일이었다. 그녀에게 필요한 것은 판단과 분노, 그리고 더 많은 수치심이 아니라 바로 연민과 공감이었다. 그리고 그리스도께서 그러셨듯이, 나도 그녀의 아픈 과거를 포함해 그녀의 모든 것을 사랑하고 수용할 수 있다는 것을 그녀가 알 필요가 있었다. 그녀의 과거는 곧 그녀의 이야기이며 하나님의 이야기이다. 그리고 그 과거는 그녀의 삶뿐만 아니라 나의 삶에서도 하나님이 강력한 구속 사역을 수행하셨음을 증언하는 그녀의 간증의 일부이기도 하다.

치유의 하나님을 찬양하라! 당신이나 배우자가 결혼생활에 무슨 짐을 갖고 들어왔든지, 그런 짐을 만든 것이 누구의 잘못이든지 간에, 그것은 언제나 구속받을 희망이 있다. 우리의 경우에는 그것을 다루는 데 시간이 걸렸고 또 쉽지 않았다. 우리가 부부로서 이 문제를 처리하는 과정에서 배워야 했던 것, 그리고 아직도 꼭 기억해야 할 것은 다음 세 가지다.

우리는 하나님 앞에서 모두 동등하다

둘 중 하나 또는 양쪽 다 과거의 죄와 상처를 안고 결혼생활을 시작하는 경우는 흔하다. 그리고 각자의 과거는 서로에 대한 그릇된 신념과 불건전한 관점을 낳기 쉽다. 예컨대, 한 배우자가 자신의 과거 때문에 스스로를 열등한(또는 죄가 더 많은) 존재로 보고, 수치심을 안고 살며, 때로는 자기 배우자를 맹목적으로 숭배하는 높은 자리에 올려놓을 수 있다.

또 반대로 한 배우자가 자신의 과거는 배우자의 과거보다 더 깨끗하다는 것을 마음속에서 자랑하며 연민 없이 영적인 우월감에 빠질 수 있다. 그 결과 결혼생활은 괴로움과 패배감에 얼룩지고 친밀함과 신뢰를 잃어버리게 된다.

그리고 한쪽 배우자의 죄악된 행동이 부부관계를 찢어놓고 상대방에게 깊은 상처를 줄 때에도 이런 일이 일어난다. 이 주제는 용서를 다루는 24장에서 더 논의할 예정이다. 그러나 우리가 가해자인지 또는 피해자인지에 따라 우리 자신을 열등하게 또는 우월하게 보는 것의 위험성은 미리 충분히 인식할 필요가 있다.

사실 우리가 배우자를 잘 사랑할 수 있기 전에(우리가 짐을 갖고 오는 쪽이든 그 짐을 만든 쪽이든) 해야 할 일이 있다. 만일 그리스도의 구원 사역이 없었다면 우리 마음이 어떤 상태였을지 정확히 볼 수 있는 눈을 달라고 하나님께 간구하는 일이다. 이에 대해 바울은 디모데에게 이렇게 잘 말했다.

"미쁘다 모든 사람이 받을 만한 이 말이여 그리스도 예수께서 죄인을 구원하시려고 세상에 임하셨다 하였도다 죄인 중에 내가 괴수니라"(딤전 1:15).

우리는 모두 죄인이다. 우리 중에 누구도 다른 죄인보다 '더 낫지' 않다. 우리가 다른 사람의 죄악된 행동에 해를 당하지 않도록, 또는 우리가 우리 자신의 죄악된 욕망에 굴복하지 않도록 하나님께서 우리를 보호하신 것은 그분의 과분한 친절이다. 근본적으로 또 보편적으로 말하면, 결혼한 부부는 둘 다 죄인이다. 그리고 좋은 소식은 예수님을 믿는 사람은 누구나 구원받은 죄인이라는 사실이다. 형제여, 자매여, 우리의 눈이 활짝 열릴 때에야 비로소 우리가 얼마나 죄 많은 사람들인지 알 수 있고, 우리 역시 우리의 배우자와 똑같이 깨어졌으나 그리스도 안에서 똑같이 용서받은 자들임을 볼 수 있다. 만일 당신이 짐을 갖고 오는 사람이라면, 바울의 말이 당신에게 해당한다는 것을 깨달으라. 그렇다, 당신이 큰 죄인이라도 그렇다, 당신은 놀랍게도 구원을 받았다. 그리고 만일 당신이 배우자의 짐과 함께 살고 있다면, 바울의 말이 당신에게 해당한다는 사실을 받아들일 수 있을 때 비로소 당신은 배우자를 연민의 눈으로 바라보고 또 배우자가 과거의 고통을 안고 가는 동안 그에게 필요한 위로를 베풀 수 있을 것이다.

한편에는 과거의 죄에 대한 건전하고 의로운 분노와 이것이 부부관계에 초래하는 고통스러운 결과가 있고, 다른 편에는 독선적인 분노와 이것이 우리에게 미치는 부정적인 영향이 있는데, 이 둘 사이에는 매우 가는 선(線)이 존재한다. 독선적인 분노는 우리의 눈을 멀게 해서 배우자의 죄를 탓하느라 자기 자신의 죄를 무시하거나 변명하게 한다("좋아, 그런데 '당신'이 행한 짓은 내가 행한 것과 다르단 말이야", "그래, 그런데 우리가 직면한 최대의 문제는 '당신'이 그냥 넘어갈 수 없다는 것이지"). 그렇게 되면 당연히 배우자에게 은혜와 연민으로 반응하지 못한다(엡 4:26-27).

당신이 경계해야 할 것이 있다. 당신이 행한 어떤 일이나 행하지 않은 어떤 일 때문에 자신이 더 나은 결혼이나 더 편한 삶을 살 자격이 있다고 생각하지 않도록 조심하라. 하나님의 백성은 과거에 무슨 잘못을 저질렀든지 간에 자신의 죄와 고통과 수치가 십자가에서 예수님의 피로써 값이 치뤄지고 또 구속되었다는 것을 굳게 믿어야 한다.

예수님이 모든 것을 바로잡으시리라

만일 우리가 사랑하는 누군가가 다른 사람에게 피해를 입었다면 그 문제를 해결하고 싶은 것은 자연스럽다. 고인이 된 신학자이자 상담자였던 데이비드 폴리슨(David Powlison)이 우리의 고민을 잘 묘사한다.

"우리는 하나님에 의해 분노의 논리를 따라 작동하도록 설계되어 있다. '그건 중요하고, 그건 틀렸다. 나는 그것이 불쾌하고, 그래서 나는 그것을 반대한다. 나는 그것을 바꾸고, 그것을 제거하고, 그것을 파괴해야 한다.' 핵심은 이것이다. 무언가 중요한 것이 본래의 의도를 벗어났으며, 따라서 우리는 행동하게 된다는 것."(Anger in Action, The Journal of Biblical Counseling, Fall 2006, Vol. 24, p. 24)

정의를 원하는 것은 옳지만 우리가 하나님의 자리에 앉지 않도록 주의해야 한다. 오직 하나님만 정의롭게 심판할 지식과 지혜를 갖고 계시기 때문이다. 바울은 우리에게 "너희가 친히 원수를 갚지 말고 하나님의 진노하심에 맡기라"(롬 12:19)고 권고한다. 우리는 배우자에게 행해진 악을 보복할 길을 찾거나, 배우자에게 상처를 준 이들에게 할 말이나 행동을 상상하지 말고, 그 대신 우리가 공의로운 하나님을 섬기고 있음을 기억해야 한다. 그분은 우리에게 타락한 세상에 사는 고통에서 건져주겠다고, 그리고 언젠가 각 사람을 이 땅에서 행한 것에 따라 심판할 것이라고 약속하신다.

욥은 자신이 무죄하다고 (옳다고) 느꼈지만, 또한 부끄러움을 느꼈다. "내가 의로울지라도 머리를 들지 못하는 것은 내 속에 부끄러움이 가득하고 내 환난을 내 눈이 보기 때문이니이다"(욥 10:15). 어쩌면 당신도 낙담하고 연약해져서 더 이상 수치와 분노의 무게를 감당할 수 없고 결혼생활에 백기를 흔들 준비가 되었다고 느낄지 모르겠다. 당신은 수치를 억누르거나 그 존재를 피하거나 그것에 압도되기보다 수치를 인정하고 그것을 예수님의 발 앞에 내려놓을 수 있다. 당신이 스스로에게 무슨 짓을 했든지(또는 어떤 피해를 입었든지) 간에 당신을 향한 예수님의 시선과 사랑은 변함이 없기 때문이다. 그리고 분노를 붙잡고 있기보다 하나님께서 정의를 실현하실 것을 믿으라. 다시 말해 당신이 나서서 정의를 실현할 필요가 없다. 당신과의 관계를 바로잡으려고 돌아가신 그분이 언젠가 이 세상에서 모든 것을 바로잡을 것이기 때문이다.

과거의 고통이 곧 최종 결론은 아니다

나는 지난 15년 동안 아내를 돕기 원했지만 오히려 사태를 더 어렵게 만들기만 했다. 그럼에도 불구하고, 하나님은 우리가 자신을 좀 더 올바른 눈으로 보게 하셨고, 서로에게 좀 더 온유하게 이야기하게 하셨으며, 아내의 과거에 따른 고통을 함께 직면하게 하셨다. 이런 은혜를 베푸신 하나님을 찬양하고 싶다. 이제 나는 과거에 아내에게 죄를 지은 이들, 아내에게 부당한 수치를 안겨준 이들에게 이렇게 말하고 싶다. "당신들은 (내 아내)를 해하려 하였으나 하나님은 그것을 선으로 바꾸셨다"(창 50:20). 나는 아직도 그 범행을 미워하지만, 하나님의 은혜를 힘입어 하나님이 그 장본인들 가운데 더 큰 목적을 이루고 계시다고 믿는다. 내가 아내의 말을 경청하고, 우리 부부관계의 치유과정에 참여하고, 아내를 진정으로 사랑하게 된 것은 내가 그 문제를 처리하고픈 욕망을 포기하고 그것을 지나칠 수 있게 되었을 때였다. 그때에야 나는 내 분노에 담긴 이기심과 이것이 나와 우리 부부관계에 미치는 영향과 아내에게 주는 부정적인 영향도 주시할 수 있었다. 신학자 토저(A. W. Tozer)는 이렇게 말했다.

"말 그대로 우리 마음의 사막을 관통하는 새로운 운하가 건설되어야만 우리의 큰 질병을 치유할 신선한 진리의 물이 흘러들어올 수 있다."(The Knowledge of the Holy, p. 104-105).

대다수 부부관계는 이런저런 방식으로 과거의 짐을 다룰 필요가 있다. 그건 고통스러울 수 있지만 그냥 덮어버려서는 안 되며, 더구나 긴장이 조성되는 순간마다 끌어내서는 더더욱 안 된다. 아픈 과거가 만일 부부관계에 문젯거리가 되어 왔다면 다음 세 가지를 꼭 기억하라. 첫째는 우리 모두 죄인이라는 것, 둘째는 예수님이 그분의 때에 모든 것을 바로잡으시리라는 것, 그리고 셋째는 부부 두 사람의 과거는 하나님이 당신들의 인생에 쓰고 계시는 이야기의 일부라는 것이다. 이 이야기는, 두 사람이 예수님을 신뢰하면 용서와 더불어 수치로부터의 자유뿐 아니라 언젠가 영광스럽고 완전한 회복과 정의의 실현으로 끝날 이야기이다. 두 사람이 이를 믿으면 믿을수록, 서로를 더 잘 경청하고, 더 잘 사랑하고, 서로 더 잘 기도하는 부부가 될 것이다. 그러면 과거의 고통이 결코 최종 결론으로 끝나지 않을 것이다. 하나님이 최종 결론을 내리실 것이기 때문이다.

성찰 질문

1. 배우자의 과거에 발생한 사건 가운데 현재 두 사람의 부부싸움을 불러일으키는 것이 있는가? 만일 있다면, 부부관계에 끌려온 그 문제 때문에 당신이 배우자에게 불필요한 수치심이나 죄책감을 느끼게 한 적이 있는가? 만일 있다면, 당신의 미성숙함 때문에 피해를 입은 배우자에게 용서를 구했는가? (만일 구하지 않았다면 오늘 구하기를 바란다.)

2. 배우자의 죄가 당신의 죄보다 더 크다고 생각한 적이 있는가? 그리고 현재 부부관계에서 일어나는 문제가 배우자의 책임이라고 느낀 적이 있는가? 그런 생각은 어느 정도 공평한가?

3. 혹시 당신은 과거의 수치를 안고 살아가고 있는가? 만일 그렇다면, 복음은 어떻게 당신이 지은 과거의 죄악과 당신에게 행해진 죄악에 희망과 치유를 가져다주는가? 성경에는 하나님이 재로부터 아름다움을 이끌어내는 이야기, 또는 그의 백성을 정련해서 거룩하게 만들고자 악이나 고통을 이용하는 이야기가 많이 나온다. 이런 이야기들은 오늘 당신의 부부관계에 어떤 격려를 주는가?

4. (가능하면 부부가 함께 풀라.) 당신의 과거가 오늘의 당신과 또 두 사람의 관계에 어떤 영향을 미쳤는지 서로 이야기해보라. 만일 당신이 부부관계에서 부끄러움을 느꼈다면, 무엇 때문에 그런 수치심을 느꼈는지 부드럽게 이야기해보라. 만일 당신이 배우자의 과거를 거론하면서 배우자를 공격한 적이 있었다면, 그 잘못을 주님과 배우자에게 고백하고 하나님께서 당신에게 겸손한 마음과 은혜, 그리고 배우자를 향한 사랑을 주시도록 기도하라. 예수 그리스도를 통한 구원은 우리를 모든 죄(과거와 현재와 미래의)에서 깨끗케 하고, 우리로 하여금 용서가 가져오는 평안과 자유와 기쁨 가운데 걷게 한다. 이런 은혜를 베풀어 주신 하나님께 감사하는 기도를 함께 드리라.

기도

주님, 우리가 그리스도께 나아가면 주님이 우리의 죄악을(나의 죄악뿐만 아니라 배우자의 죄악까지도) 동이 서에서 먼 것처럼 멀리 옮기겠다고 약속하셨습니다. 오늘 우리가 부부로서 이 진리에 비추어 살아갈 수 있도록 도와주소서. 주님, 저에게 배우자를 잘 사랑할 수 있는 힘을 주시고, 제 마음속에 혹시 우리의 하나 됨을 방해하는 어떤 죄가 있는지 살펴주소서. 제 생각이나 행동 속에 교만이 있다면 제발 근절하소서. 우리가 어떤 죄악을 회개했다면 용서를 베풀어주시고, 알아채지 못한 죄악이 있다면 회개하도록 주님의 진리를 우리 마음과 생각에 비춰주소서. 주님이 우리의 어떤 죄악과 과거의 어떤 고통보다 더 크신 분임을 알게 하시고 우리 부부관계에 새로운 희망을 품게 하소서. 주님의 자비 덕분에 우리가 과거에 발목을 잡히지 않게 하심을 감사합니다. 그리고 우리가 주님과 함께 인생길을 걷는 동안 희망과 치유와 변화를 찾을 수 있게 해주셔서 감사드립니다. 아멘.

더 묵상할 본문 : 창 50:15-21; 사 43:16-19; 요 8:1-11; 롬 2:1-3; 빌 3:12-14

나의 묵상 노트

14장.

지금 나는
누구인가?
정체성 위기와
부부관계

_ 사라

"그가 내 길을 막아 지나가지 못하게 하시고 내 앞길에 어둠을 두셨으며 나의 영광을 거두어가 시며 나의 관모를 머리에서 벗기시고 사면으로 나를 헐으시니 나는 죽었구나"(욥 19:8-10).

내가 온전히 혼자서 걸을 수 있게 된 지 여섯 달이 지났다. 나는 20년 쯤 전 발목을 심하게 다쳤는데 점점 걷기가 힘들어지더니 수술을 다섯 번이나 받게 되었고, 이후로는 걷는 능력이 최대한 회복되기를 바라면서 소파에 기대어 살아왔다. 어린 네 자녀의 엄마인 나는 걸을 수 없다는 현실에 앞으로가 암담했다. 지난 몇 달에 걸쳐 나는 새로운 두려움과 싸웠을 뿐만 아니라 가장 기본적인 일조차 다른 사람의 도움을 받아야 했고 그 만큼 내 독립성의 상실을 뼈저리게 느꼈다.

그런데 나에게 좌절을 안겨준 것은 실제적인 어려움들과 독립성을 잃은 사실만이 아니었다. 나는 어째서 하나님이 또 다른 상실을 허락하셨는지를 놓고 씨름하지 않을 수 없었다. 그분이 나를 창조해서 즐기도록 하신 수많은 활동을 할 수 없는 것이다. 때때로 슬픔의 파도가 새삼스럽게 나를 휩쓸고 지나갔다. 예컨대, 남편이 달리기를 하러 나갈 때, 친구가 자신이 참여한 스포츠 리그에 관해 이야기할 때, 내가 자녀들과 어떤 활동을 할 수 없어서 그들의 눈에 실망의 빛이 역력할 때 등이다. 나는 예전의 나를 잃어버린 슬픔에 잠기다가 결국 부럽고 서글픈 감정과 싸우게 된다. 사실 나는 운동을 잘한다는 칭찬을 받으면서 자랐고, 스포츠는 나의 스트레스 해소법이었다. 그러니까 나는 과거에 운동 선수였는데 지금은 걸을 수조차 없는 신세가 된 것이다.

삶은 늘 변하고 예측할 수 없다. 그러기에 우리는 누구나 자기 정체성의 기반을 잃어버리는 계절을 경험하게 될 것이다. 어쩌면 당신은 직업에서 성취감과 칭송을 맛보곤 했던 여성인데, 지금은 감사할 줄 모르는 자녀들과 함께 집에서 끝없이 일하는 주부일지 모른다. 어쩌면 당신은 실업자가 되었거나 성취감이 없는 일을 하는 바람에 한쪽 다리를 잃은 듯 느끼는 남성일지 모른다. 어쩌면 당신은 부모가 되길 갈망했지만 아기를 낳을 수 없거나 자녀를 잃었거나 특수한 문제가 생기는 바람에 자신의 일부가 죽은 듯 느낄지 모른다. 어쩌면 당신은 결혼생활에 대한 기대가 높았는데 현실은 그 기대치에 너무 못 미쳐서 부부관계를 놓고 씨름하고 있을지 모른다.

문제는, 우리가 자아의식과 안정감을 무언가 변하는 것에서 찾는다면, 그것을 잃었을 때 자아의식까지 잃을 위험이 있다는 것이다. 내가 만일 무언가(건강, 자녀, 경력 등)를 얻어야 충분하다고, 또는 성공할 것이라고, 또는 행복할 것이라고 생각했는데 그것이 이뤄지지 않거나 내가 꿈꾸었던 것과 다르다면, 나는 그냥 실망하는 데 그치지 않고 완전히 길을 잃고 말 것이다.

만일 내가 결혼에서 가장 성취감을 느끼고 자신이 소중하게 느껴지는데 부부관계가 흔들리기 시작한다면, 나는 나 자신이나 배우자(또는 둘 다)

를 비난하게 될 것이다. 만일 부부관계가 완벽해야만 나 자신에 대해 좋은 감정을 느낀다면, 불완전한 면이 있을 때는 그것이 갈등을 불러일으키고 심지어 부부 사이를 멀어지게 할 수 있다. 나는 화를 내고, 욕구불만에 빠지며, 다른 곳에서 성취감을 맛보고 싶은 유혹을 받을 것이다.

이와 마찬가지로, 만일 자아의식의 근거가 부부관계 밖에 있다면, 우리는 부부관계를 무시한 채 자신에 대해 좋은 감정을 느끼게 해주는 그것을 추구하게 될 것이다(특히 결혼생활이 힘들어질 때에는). 예컨대, 남편이나 아내가 가족을 소홀히 한 채 승진을 위해 과로하거나, 또는 가정에서 성취감이나 인정을 못 받아서 온라인으로 사람들을 사귀며 칭찬받고 싶어 할 수 있다. 만일 우리에게 성취감과 목적의식을 제공하던 것을 잃어버린다면, 우리는 슬픔과 분노와 냉담함에 빠지고 이는 부부관계에 부정적인 영향을 미칠 것이다. 나도 그런 경험을 한 적이 있다. 내가 신체적인 능력을 잃는 바람에 예전에 즐기고 내게 자신감을 주었던 많은 활동을 할 수 없게 되자 가정에서 스트레스를 관리하기가 어려워졌고 나의 욕구불만을 남편에게 퍼붓게 되었다. 이와 비슷하게, 남편이 직장에서 어려움을 겪던 때에는 남편이 나에게 불만이 많은 것처럼 느껴졌다. 우리가 의식하든 말든 간에, 우리의 정체성을 부부관계(또는 우리의 배우자)에 두게 둔다면 건강하지 못한 기대감이 생길 것이고, 부부관계 밖에 둔다면 종종 배우자에게 상처를 주고 부부관계에 악영향을 미칠 것이다.

막다른 골목을 찾아내는 법

자신에게 다음 몇 가지 질문을 해보라.

- 안 좋은 날에 기분을 좋게 하려고 나는 무슨 생각을 하는가? 다음 문장을 무의식적으로 완성해보라. "적어도 나는 ~을 갖고 있어." 또는 "~때문에 그래도 괜찮아."
- "나는 ~이다"란 문장 네댓 개로 자신을 묘사해야 한다면 어떻게 말하겠는가? 만일 내가 그 가운데 하나를 잃는다면 어떨 것 같은가?
- 나의 정체성을 배우자와 부부관계에 두고 있는가? 나의 욕구를 충족시키고 나를 만족시키기 위해 배우자에게 비현실적이고 건강하지 않은 기대를 걸고 있진 않은가? 또는 나의 시간과 생각과 에너지를 주로 직업이나 취미, 재능이나 소셜 미디어, 또는 사역에 쏟는 바람에 우선순위에서 배우자를 밀어내지 않는가? 나의 결혼관 및 이런 다양한 것들에 대한 견해가 우리 부부관계에 어떤 영향을 미치는가?

이런 질문들은 묻기도 어렵고 또 정직하게 대답하기는 더 어려울 것이다. 그러나 우리의 부족함이 드러나더라도 우리는 정직해야 한다. 왜냐하면 더 나은 길이 있는데, 그 길을 따라가려면 우리가 흔히 도달하는 막다른 골목을 파악해야 하기 때문이다.

구속받고, 안전하고, 본향을 향해 가다

욥은 정체성을 상실한다는 것이 무엇인지 알았다. 그는 한때 존경받고 강인하고 부유한 사람이었다가 지금은 병들고 가난하게 되었다. 그뿐 아니라 아내와 가까운 친구들을 포함한 주변 사람들에게 웃음거리와 심판의 대상이 되고 말았다(욥 19:17-19). 욥은 하나님에 대해 이렇게 말한다.

"나의 영광을 거두어가시며 나의 관모를 머리에서 벗기시고 사면으로 나를 헐으시니 나는 죽었구나 내 희망을 나무 뽑듯 뽑으시고…"(욥19:9-10절).

욥은 그의 영광(욥을 욥으로 만들었던 것들)을 빼앗기되 그의 옛 모습이 흔적조차 남지 않을 정도로 빼앗겼다. 그리고 욥은 그의 고난이 어떤 의미에서 하나님이 행하신 일임을 알고 있었다. 하나님의 선하심과 그 자신이 겪는 일을 조화시키려고 애쓰는 것이 욥의 몸부림의 핵심이었다.

그런데 나를 깜짝 놀라게 한 것이 있다. 욥은 하나님이 왜 그의 "영광"을 빼앗으셨는지 그 이유를 이해할 수 없었음에도 불구하고, 또 잃어버린 모든 것을 놓고 여전히 슬퍼하는 동안에도 갑자기 자신 있게 다음과 같이 선언한다(23절에 나오듯이 그의 말이 책에 기록되기를 원한다는 그런 자신감으로).

"내가 알기에는 나의 대속자가 살아 계시니 마침내 그가 땅 위에 서실 것이라 내 가죽이 벗김을 당한 뒤에도 내가 육체 밖에서 하나님을 보리라 내가 그를 보리니 내 눈으로 그를 보기를 낯선 사람처럼 하지 않을 것이라"(욥 19:25-27).

욥이 세상에서의 '영광'을 상실한 일은 웬일인지 그가 항상 신뢰했던 하나님에 대한 믿음을 더욱 강화시켰다. 아니, 무슨 일이 일어난 것일까? 바로 이것이다. 욥은 자신의 정체성을 이제 그의 업적(결혼을 포함해)에서 더 이상 찾을 수 없었고, 단지 살아계신 하나님, 즉 그 자신과 그가 상실한 모든 것을 구속하실 그분을 언젠가 보게 될 것이란 약속에서만 찾을 수 있었다. 욥의 인생의 목적이 만일 부유함과 건강함과 주변 사람들의 사랑에 기반을 두고 있었더라면, 그는 계속 살아갈 이유를 찾지 못했을 것이다. 그러나 욥은 최선의 삶이 아직 오지 않았다는 것을 알았다. 욥은 그의 확신의 기반을 헷갈리고 끔찍한 환경에 두지 않고 하나님의 변함없는 성품과 약속이 주는 희망에 두었던 것이다. 그는 '영광'을 빼앗겼지만 그에게 가장 필요한 것은 잃지 않았다. 그리고 그것이 바로 그의 참된 영광이었다.

우리 역시 옛 정체성이 사라지고 확신의 근거를 빼앗기면 직면할 상황에서 품을 수 있는 희망이 바로 이것이다. 그리스도 안에 있는 모든 사람이 욥처럼 닻으로 삼을 진리는 다음 세 가지이다.

1. 나는 구속받았다. 나는 두 번 하나님의 소유가 되었다. 첫 번째는 창조될 때고, 두 번째는 구원받았을 때다. 나의 인생은 내 것이 아니다. 내가 죄의 저주와 힘에서 구출받은 것은 내가 행하는 모든 일을 통해 자유롭게 그리스도를 섬기고 사랑하고 예배하고 즐거워하고 드러내며 영화롭게 하기 위해서다(욥19:23-25).

2. 나는 안전하다. 나의 구속자께서 다시 오실 터이고, 나는 그리스도의 피에 의해 의롭다 선언되었기에 온전한 상태로 영원히 그분과 함께 살 것이다. 지금도 그분은 나를 그의 아들의 형상으로 변화시키시며 나를 점점 더 본래 설계하신 사람으로 만들고 계신다(욥 19:26-27, 23:10).

3. 나는 그리스도를 바라보며 본향을 향해 가고 있다. 나는 언젠가 그분을 볼 터이고, 믿었던 것을 보게 될 것이다. 내가 항상 그분의 길을 보고 이해할 수는 없지만 그분은 믿을 수 있으며 장차 신실하신

분이라 입증되실 것이다. 오늘 나는 미래의 그날을 바라보며 살 수 있다(욥 23:13-15).

만일 이 세 가지를 우리 정체성의 중심에 둔다면, 우리는 부부관계에서 생기는 실망에 대처할 수 있고, 무언가를 잃어버리더라도 분노나 패배의식, 원망이나 절망이 아닌 난공불락의 기쁨으로 반응할 수 있다.

어쨌든, 그리스도 안에서 우리는 우리에게 정말 필요한 것을 잃을 수가 없다. 만일 어떤 상실이 분노와 질투와 원망을 불러온다면, 그것은 우리가 어떤 우상에게서 분리되었기 때문이다. 어려운 시기에는 한 우상을 잃어버렸을 때 또 다른 우상에 매달리기 쉽다. 나는 고난을 겪던 시절에 이 심각한 문제를 발견했다. 왜냐하면 우리는 삶의 한 영역에서 실망하고 가슴앓이를 하면, 자신을 기분 좋게 해주고 귀한 존재라 느끼게 하는 다른 무언가에 매달리고픈 유혹을 느끼기 때문이다.

폭풍이 일어나는 동안 우리의 손에서 한 우상을 빼앗기면 우리는 또 다른 우상을 붙잡을 수 있다. 그러나 우상들은 잔인한 주인들이다. 우상들은 그들의 약속과 달리 결코 우리를 만족시키거나 자유롭게 할 수 없다. 그래서 하나님은 이런 우상들과 그릇된 정체성에 도전하고, 우리로 하여금 그들의 거짓된 약속에 담긴 가시와 공허함을 느끼도록 허용하신다. 그 목적은 우리가 그 우상들을 제자리로 돌려보내게 하시기 위해서다. 이런 폭풍들은 우리를 떠밀어 그리스도 안에서 우리 자신을 발견하게 하고, 따라서 무언가 소중한 것을 잃음으로써 우리 자신을 잃지 않게 한다.

더 이상 신세를 탄식하지 않다

발목을 쓸 수 없는 것이 무척 고통스러워서 때때로 자기 연민에 빠지고 싶을 때에도 나는 하나님께서 좋은 것을 앗아가신 사건을 통해 나에게 더 큰 것을 주셨다는 사실을 알 수 있다. 운동과 활동을 즐기고 아이들과 뛰어다니는 것이 한때는 내가 즐기던 은사였지만 그런 것들이 나를 만족시킨 적은 없고 나의 뚜렷한 특징도 아니었다. 그러나 그것들을 잃고 슬퍼하고 고통을 경험한 일을 계기로 나는 그리스도께 더 가까이 나아가게 되었고, 그분만이 나에게 필요하며 나를 참으로 만족시킬 수 있다는 사실을 깨달았다. 그분의 은혜를 힘입어 나는 내가 그것들을 상실한 사실을 천천히 받아들였고 나의 정체성과 안전 보장은 오직 예수님 안에서만 찾을 수 있음을 이해하게 되었다. 그리고 그분은 나의 눈을 열어 새로운 은사들과 즐길 수 있는 활동을 보게 하셨다. 예컨대, 내가 소파에서도 할 수 있는 글쓰기 같은 활동을 말이다! 그런데 무엇보다도 나의 안전 보장이 내가 하는 활동이나 내가 소유한 것(남편이나 월턴 부인이라는 사실)에 있지 않고 언제나 그리스도와 그분이 나에게 약속하신 모든 것에 있다는 점을 배웠다. 십 대에 사지를 쓰는 능력을 모두 잃어버린 조니 에릭슨 타다(Joni Eareckson Tada)의 다음 말이 진실임을 나는 배웠다.

"당신의 정체성을 당신의 마음을 차지하려고 경쟁하는 것들에 두면 결코 안 된다. 하나님이 당신을 위해 치른 값을 축소시키지 말고, 당신을 입양하신 것을 과소평가하지 말라."(My Suffering Has Not Defined Me, article on desiringgod.org, accessed 12/5/19)

이렇게 말하면 내가 그 모두를 통달한 사람처럼 보이겠지만, 사실은 그렇지 않다. 나는 여전히 씨름하고 있다. 그러나 나는 새로운 상실과 씨름하고 나의 믿음과 희망과 정체성을 더 못한 것들에서 찾고 싶은 욕망과 싸우면서 다음과 같이 기도하는 법을 배웠다.

"제가 이제껏 알게 된 가장 소중한 우상,

그 우상이 무엇이든 간에,

그것을 주님의 보좌에서 찢어내게 도와주소서.

그리고 오직 주님만을 예배하게 하소서."

(William Cowper, O For a Closer Walk with God)

이는 용감하면서도 좋은 기도이다. 왜냐하면 우리는 그리스도에 의해 구속받았고, 그리스도 안에서 안전하고 또 그리스도를 바라보며 본향을 향해 가고 있기 때문이다. 나는 "내가 가는 길을 그가 아시나니 그가 나를 단련하신 후에는 내가 순금 같이 되어 나오리라"(욥 23:10)고 확신할 수 있다. 당신도 마찬가지다.

성찰 질문

1. 당신은 그리스도가 아닌 다른 무엇에서 안전 보장을 찾는가? 만일 그것을 잃어버린다면 예수님 한분으로 만족할 수 있겠는가?

2. 당신은 안전 보장이나 정체성을 부부관계에서 찾고 있지는 않은가? 만일 그렇다면 어떤 면에서 그러한가? 만일 부부관계 밖에서 당신을 만족시키거나 당신에게 목적을 제공할 무엇을 찾는다면 그것은 무엇인가? 이는 당신의 부부관계에 어떤 영향을 미치는가?

3. 당신이 안전 보장이나 정체성을 부부관계나 그 밖의 무언가에서 찾다가 당신의 정체성이 그리스도 안에 있음을 깨닫게 되었다고 하자. 이런 깨달음은 당신의 우선순위와 시간 사용, 그리고 배우자와 부부관계에 대한 관점을 어떻게 바꾸겠는가?

4. (가능하면 부부가 함께 풀라.) 3번 질문에 대한 당신들의 답변에 대해 서로 논의해보라. 그러면 서로에 대해 여태껏 몰랐던 사실을 알게 될지 모른다. 그리스도를 두 사람의 삶과 부부관계의 중심에 모시기로 했다면 이제 두 사람의 우선순위와 욕구에 어떤 변화가 필요하다고 생각하는가?

기도

하늘에 계신 아버지, 저는 안전 보장과 자신감, 정체성과 행복을 주님이 아닌 다른 많은 것에서 재빨리 찾게 됩니다. 저는 그동안 자신하고 즐겼던 것들이나 능력을 상실하면 저 자신을 잃게 될까 봐 걱정합니다. 다른 무엇보다 주님을 예배하지 않고 주님이 주신 선물들을 우상으로 삼았던 것을 용서해주소서. 저의 정체성이 주님 안에 있음을 깨닫고 또 안심할 수 있게 해주시고, 제가 주님 대신에 달려가고 싶은 영역이 있다면 그것을 보여주소서. 우리의 부부관계를 더욱 든든하게 해주시되, 부부관계에서 우리 인생의 궁극적 목적과 기쁨을 찾지는 않게 도와주소서. 주님이 주신 복들과 선물들을 즐거워하되 그것들을 꼭 붙잡지 않게 하시고, 가장 큰 기쁨을 주님에게서 찾도록 도와주소서.

더 묵상할 본문 : 요 15:5; 롬 12:2; 갈 2:20; 빌 1:6; 골 3:1-4

나의 묵상 노트

15장.

폭풍 속에 홀로 있다고 느낄 때

_ 사라

"나의 형제들이 나를 멀리 떠나게 하시니 나를 아는 모든 사람이 내게 낯선 사람이 되었구나 내 친척은 나를 버렸으며 가까운 친지들은 나를 잊었구나"(욥 19:13-14).

방을 둘러보는데 미소 짓는 얼굴들과 우호적인 대화들이 가득했지만 어쩐지 내 주변의 공간이 점점 더 작아지는 느낌이었다. 그 방에는 내가 아는 사람들이 많았지만, 어쩐지 나는 그들이 전혀 모르는 사람처럼 느껴졌다. 나는 이렇게 생각하고 있었다. **그들이 나를 볼 수만 있다면. 그들이 내 가슴에 새겨진 심한 고통을 알 수만 있다면.** 아니, 그들이 안다고 한들 무엇을 할 수 있을까? 나는 그 모든 사람들 사이에서 끔찍하게 혼자인 듯 느껴졌다.

물론 내가 진실로 혼자가 아니라는 것을 알고 있다. 예수님이 내 안에 살아계신다는 것을 알고, 많은 사람이 나에게 관심이 있으며 나를 돕기 원한다는 것을 알고 있다. 그러나 최선을 다해도 다른 누군가의 고통 속에 들어가기란 한계가 있는 법이다. 똑같은 시련의 길을 걷고 있는 배우자라도 남편이나 아내가 시련의 영향을 어떻게 독특하게 받고 있는지 이해하는 데는 한계가 있다. 서로 다른 기질, 성격, 경험, 약점, 영적 성숙도의 차이 때문에 어느 두 사람도 완전히 똑같은 방식으로 고통을 받을 수 없고, 서로가 겪는 고통의 경험을 완전히 이해할 수 없다.

그렇다면 우리는 관계를 맺도록 창조된 피조물로서 어떻게 외로움이란 어두운 통로를 통과할 수 있을까? 우리는 어떻게 외로움에 끌려가지 않을 수 있을까? 우리를 후퇴시키고 고립이란 벽이 주는 거짓된 위안 속에 안주하게 하며 우리의 부부관계에 큰 해를 입히는 외로움에 말이다.

기억하라…

첫째, 얼마나 외롭든 우리만 외로움을 느끼는 것이 아니다. 외로움은 태초부터 가장 흔한 인간의 몸부림 중 하나이다. 감사하게도, 하나님의 말씀은 이 문제를 회피하지 않는다. 다윗은 시편 25편 16-17절에서 "주여 나는 외롭고 괴로우니 내게 돌이키사 나에게 은혜를 베푸소서 내 마음의 근심이 많사오니 나를 고난에서 끌어내소서"라고 부르짖었다. 예레미야는 예레미야애가 3장 7-8절에서 이렇게 탄식했다. "나를 둘러싸서 나가지 못하게 하시고 내 사슬을 무겁게 하셨으며 내가 부르짖어 도움을 구하나 내 기도를 물리치시며." 그리고 이미 살펴보았듯, 욥은 자주 그의 외로운 상태를 슬퍼한다. "나의 형제들이 나를 멀리 떠나게 하시니 나를 아는 모든 사람이 내게 낯선 사람이 되었구나 내 친척은 나를 버렸으며 가까운 친지들은 나를 잊었구나"(욥 19:13-14).

여기서 공통점을 발견할 수 있는가? 외로움은 이 모든 사람들이 고통을 받는 중에 더욱 심해졌다. 그러므로 우리가 고통 중에 더욱 외로움을 느끼는 것에 놀랄 필요가 없다. 때로는 우리의 상황이 우리 시련의 성격

(질병이나 특수한 필요가 있는 자녀와 같은) 때문에 계속 외로움을 안겨주는데, 이는 우리를 우리가 한때 알았던 생활로부터 떼어놓기 때문이다. 그러나 종종, 시련이 우리를 무언가 **다른** 존재로 느끼게 만드는 탓에 외로움이 우리 마음속에 들어온다. 그래서 홀로 있을 때보다 군중 속에서 더 외로움을 느낄 수 있다. 우리가 자기 자신 말고는 아무도 보지 못하는 짐, 자신 말고는 아무도 완전히 이해할 수 없는 짐을 지고 있다고 느끼기 때문이다.

다리를 지을까, 벽을 쌓을까?

고통은 현실을 왜곡하곤 하기에 우리는 자신의 감정과 눈에 보이는 상태에 기초해 억측하는 경향이 있다. 우리의 눈은 우리 감정과 인식에 따라 세상을 채색하기 시작한다. 우리가 이런 왜곡된 현실(아무도 우리의 불행을 이해하거나 공감할 수 없다) 속에 살면 살수록 스스로를 더욱 고립시키고 외로움에 더 깊이 빠지고 싶은 유혹을 받는다. 이는 하나의 악순환이 되고, 우리는 그 순환에서 벗어날 필요를 느끼지 못한다.

결혼생활에 있어서도 우리는 시련에 반응할 때 다리를 짓기보다는 벽을 쌓아서 배우자와의 거리를 멀어지게 할 수 있다. 우리가 배우자(하나님 말고는 우리에게 가장 가까운 사람)와 나란히 역경을 통과한다면 깊은 유대관계가 형성될 것이다. 그러나 바로 그 역경들이 부부를 서로 멀어지게 할 수도 있는데 그러면 결혼생활이 외로움을 가장 아프게 느끼는 현장이 되기도 한다.

그러면 우리는 어떻게 앞으로 나아갈 수 있을까?

당신 혼자만 그런 것이 아니다

하나님의 말씀은 우리만 고통을 겪는 게 아니라고 상기시킨다. 고통은 타락한 세상에 살아가는 한 부분이다. 그뿐 아니라 성경은 모든 신자가 온갖 시련(시련의 규모는 다양하지만)을 당할 것이라고 말한다. 그러므로 우리는 외롭다고 놀랄 필요가 없다. 외로움이 우리에게만 있는 것도 아니다.

"사랑하는 자들아 너희를 연단하려고 오는 불 시험을 이상한 일 당하는 것 같이 이상히 여기지 말고 오히려 너희가 그리스도의 고난에 참여하는 것으로 즐거워하라 이는 그의 영광을 나타내실 때에 너희로 즐거워하고 기뻐하게 하려 함이라"(벧전 4:12-13).

예수님이 죄의 저주를 깨뜨렸기 때문에 시련(외로움을 포함한)은 더 이상 무의미하거나 절망적인 것이 아니다.

"그러므로 너희가 이제 여러 가지 시험으로 말미암아 잠깐 근심하게 되지 않을 수 없으나 오히려 크게 기뻐하는도다 너희 믿음의 확실함은 불로 연단하여도 없어질 금보다 더 귀하여 예수 그리스도께서 나타나실 때에 칭찬과 영광과 존귀를 얻게 할 것이니라"(벧전 1:6-7).

우리가 외로움과 싸우는 (아마 우리 눈에는 안 보이겠지만) 다른 사람들과 같은 처지에 있음을 깨닫게 되면, 우리의 시선을 스스로에게서 돌려 우리가 타인에게 기대했던 그런 친구가 될 수 있다. 우리는 이런 몸부림을 계기로 소외된 사람을 금방 알아보고 그의 처지를 공감하게 된다. 좋은 친구를 바라기보다 오히려 우리가 그런 친구가 되어 준다면 결국 우리가 복을 받게 될 것이다.

몰이해는 무관심과 같지 않다

혹시 당신은 다른 이들(당신의 배우자를 포함한)로부터 그들이 줄 수 없거나 줄 생각이 없는 무언가를 기대하지 않는가? 만일 우리가 외로움을 가지고 예수님께 나아가지 않는다면, 우리는 다른 이들이 줄 수 있는 것으로 우리 자신을 채우려고 할 것이다. 그리고 다른 누구도 우리의 구원자가 아니기에 결국 우리는 상처를 받고 실망하게 될 것이다. 그리고 나조차 자신에게 무엇이 필요한지 항상 아는 것이 아니다. 그러니 타인들이 모르는 것은 너무나 당연하지 않은가! 그러나 예수님은 아신다.

외로움은 단지 홀로 있기 때문에 심해지는 것이 아니다. 사람을 외로움의 해결책으로 집착하기 때문에 심해지는 것이다. 이런 집착은 우리로 사람에게 실망하게 하고, 그럴 때 우리는 쉽게 괴로워하고 화내고 초라해지고 위축된다. 에릭 가이거(Eric Geiger) 목사는 이렇게 썼다. "당신은 고립되면 될수록 더 자기중심적이 된다. 그리고 더욱 자기중심적이 될수록 당신은 고립되어 살 가능성이 더 많아진다."(ericgeiger.com/2019/02/what-research-says-about-how-self-centerdness-grows-in-us, accessed 12/2/19) 그리고 우리가 고립될수록 죄와 사탄의 거짓말의 함정에 빠질 가능성이 높아진다. 결혼생활은 우리에게 가장 큰 손상을 입힐 수 있는 장소다. 그래서 사탄은 여기에서 고립을 이끌어내거나 영속화하려고 특별히 열심을 내는데 이것은 놀랄 일이 아니다. 사탄은 다음과 같은 말로 우리를 속인다. "배우자는 당신을 완전히 이해해야 하고 당신에게 할 말을 항상 알아야 한다. 그렇지 않다면 당신을 정말로 사랑하는 것이 아니다. 그런 배우자와는 굳이 소통하려고 애쓸 필요가 없다." 여기에 설득되지 말자.

딱 붙어있는 친구

더 좋은 길이 있다. 바로 우리를 완전히 만족시키는 그리스도의 위로와 임재로 이끄는 길이다(고후 1:3-5). 예수님이 진정한 위로의 유일한 근원이신 이유는 그분만이 우리의 고난을 샅샅이 보시고 이해하시고 공감하실 뿐 아니라 우리의 고통 중에 우리를 위로할 능력이 있고 또 무언가를 하실 수 있기 때문이다. 물론 그분은 종종 사람들을 통해 위로를 주신다. 친구들과 가족들이 기도하게 하시고, 음식을 가져오고, 격려의 편지를 보내게 하신다. 그러나 오직 그리스도의 영만이 우리에게 인내할 힘을 주실 수 있다. 교회는 그들의 제한된 이해와 지혜에 근거해 지도, 지지, 격려를 준다. 그런데 오직 성령만이 하실 수 있는 일이 있다. "소망의 하나님이 모든 기쁨과 평강을 믿음 안에서 너희에게 충만하게 하사 성령의 능력으로 소망이 넘치게 하시기를 원하노라"(롬 15:13).

예수님이 우리의 위로와 기쁨과 만족의 근원이시다. 그러므로 그분이 합당한 자리를 차지하시면 다른 사람들에 대한 우리의 기대 역시 합당한 자리를 찾게 될 것이다. 하나님은 우리에게 그리스도의 몸과 또 결혼을 복으로 주셨다. 이는 우리가 그분 안에서 누리는 만족과 기쁨이 흘러넘쳐서 서로를 섬기고 사랑하게 하기 위해서다.

그러므로 예수님이 우리 위로의 근원과 외로움에 대한 해답이 되실 때, 우리는 타인들로부터 끊임없는 위로와 완벽한 도움을 요구하기보다 타인의 불완전한 도움을 은혜롭게 받아들이고 우리 주변의 사람들에게 위로를 주는 것으로 바뀐다. 놀랍게도, 외로움을 계기로 우리가 그리스도의 위로 속으로 더 깊이 들어간다면, 우리는 외로움 때문에 타인들로부터 고립되는 것이 아니라 오히려 다른 신자들과 공동체(가장 중요한 것은 우리의 배우자와 함께) 안에 살게 되고, 우리가 성령을 통해 받은 것을 타인에게 주고 싶은 진실한 열망을 품게 될 것이다. 조금씩 우리의 외로움은 기쁨으로 변할 것이다. 다른 이들이 우리가 원하는 대로 우리의 필요와 욕구를 채워주기 때문이 아니라 그리스도로 충분하다는 진리가 입증되었기 때문이다.

혹시 욥처럼 주변 사람들에게서 버림받았다고 느끼는 매우 외로운 계절을 보내고 있는가? 그렇다면 이것을 기억하라. 홀로 있거나 오해받는 것은 가장 진실한 의미에서의 외로움과 동일하지 않다. 당신이 영접한 구원자는 종종 홀로 계셨다. 그분은 당신을 공감하신다. 시련은 종종 당신을 홀로 있게 만들겠지만, 이를 계기로 당신은 예수님이 가까이 계시고 또 함께하신다는 것을 깊이 깨달을 수 있다. 이런 깨달음은 다른 방법으로는 결코 얻을 수 없는 것이다.

우리의 외로움을 표현하는 언어

그리고 하나님이 우리에게서 멀리 계신 듯 느껴질 때, 우리는 우리 감정을 표현하는 언어를 성경에서 찾을 수 있다. 욥은 이렇게 부르짖었다.

"그런데 내가 앞으로 가도 그가 아니 계시고 뒤로 가도 보이지 아니하며 그가 왼쪽에서 일하시나 내가 만날 수 없고 그가 오른쪽으로 돌이키시나 뵈올 수 없구나"(욥 23:8-9). 그는 하나님이 어디에 계시냐고 질문할 정도로 하나님이 보이지 않는, 그 어둡고 고통스러운 상태를 알고 있었다.

그 이유가 무엇이든 간에 하나님은 때때로 침묵하시는 듯하다. 우리는 그분의 임재와 위로를 느끼려고 몸부림친다. 비록 나는 하나님의 길을 이해하지 못하고, 여전히 왜 그분이 때때로 침묵하시는지 알려고 깊이 고민한다. 혹시 우리 안에서 믿음의 불씨를 살리려는 부채질이 아닐까? 그러니까 우리가 그분의 임재를 더욱 사모하고 갈망하게 하려고 그러시는 것 아닐까? 시편 저자처럼 우리는 그분의 침묵을 통해 그분이 가까이 오시도록 간구할 수 있다.

"하나님이여 사슴이 시냇물을 찾기에 갈급함 같이
내 영혼이 주를 찾기에 갈급하니이다
내 영혼이 하나님 곧 살아 계시는 하나님을 갈망하나니
내가 어느 때에 나아가서 하나님의 얼굴을 뵈올까
사람들이 종일 내게 하는 말이 네 하나님이 어디 있느뇨 하오니
내 눈물이 주야로 내 음식이 되었도다"(시 42:1-3).

외로움 때문에 희망을 잃을 필요가 없다. 우리는 우리의 감정에 사실로 응해야 한다. 바로 예수님이 하나님의 침묵과 하나님의 멀리 계심을 감당하셨기에 우리는 이를 겪지 않게 되었다는 사실이다. "내가 확신하노니 사망이나 생명이나 천사들이나 권세자들이나 현재 일이나 장래 일

이나 능력이나 높음이나 깊음이나 다른 어떤 피조물이라도 우리를 우리 주 그리스도 예수 안에 있는 하나님의 사랑에서 끊을 수 없으리라"(롬 8:38-39). 이것이 진실로 느껴지지 않는다 해도 여전히 진실이다. 우리가 이생에서 종종 느끼는 외로움은 언젠가 찌꺼기도 남지 않을 것이다. 우리는 예수님의 존전에 있을 터이고 마침내 다시는 수건으로 가려지지 않을 그분의 얼굴을 볼 것이다. 죄와 고통은 더 이상 없을 것이다(계 21:4). 아, 얼마나 놀라운 날일까!

그날이 오기까지, 우리는 진실한 것을 이야기하고 믿음의 발걸음을 내디딤으로써 외로움을 대항하여 싸우자. 만일 외로움이 당신의 결혼생활에 둥지를 틀었다면, 배우자로부터 스스로를 차단하지 말고 그를 향해 나아가는 의식적인 노력을 기울이라. 당신에게 무엇이 필요한지 배우자에게 분명히 밝혀야 할지 모른다(예를 들면, "나는 지금 당신이 내 말을 경청하고 해결책을 제시하려고 애쓰지 않길 바라요"). 배우자에게 완벽한 반응을 요구하거나 기대하기보다 그에게 당신을 이해하고픈 마음이 있다면 감사하라. 그리고 외로움이 당신과 하나님의 관계 속에도 들어왔다면, 비록 당신이 느끼지 못할 때에도 그분이 가까이 계시다는 확신을 품게 해달라고 그분께 부르짖어라. 그리고 당신이 그 진실을 느끼도록 일해 주시기를 그분께 간청하라. 그리스도께서는 당신으로부터 결코 멀리 계신 적이 없다. 이를 기억할 때 당신은 비로소 결혼생활에 쌓인 벽을 허물고, 그리하여 시련의 계절을 보내면서 부부가 함께 나란히 걷는 축복과 위로를 받을 것이다.

성찰 질문

1. 당신은 외로움(결혼생활의 밖이나 안에서)과 싸우고 있는가? 만일 그렇다면, 언제 또 왜 그런가? 그런 순간에 하나님의 말씀으로부터 어떤 진리를 자신에게 상기시킬 수 있는가?

2. 하나님이 멀리 계신 듯 느껴지는가? 당신은 욥기(또는 하나님의 말씀 중 다른 곳)를 통해 그분이 부재하거나 침묵하신다고 느낄 때 무엇이 진실인지를 배웠는가?

3. 당신은 숨 막히게 하는 외로움의 벽을 밀어내기 위해 어떤 실제적인 단계를 밟을 수 있는가?

4. (가능하면 부부가 함께 풀라.) 이제껏 결혼생활에서 외로움을 느낀 적이 있는지, 그리고 언제 또 왜 그랬다고 생각하는지 서로 이야기해보라. 외로움이 찾아올 때 서로를 어떻게 도울 수 있을지 실제적인 방법을 의논하라. 만일 두 사람 모두 환경 때문에 외로움과 싸우고 있다면, 이런 시기에 그리스도께 더 의지하도록 어떻게 서로 격려할 수 있을지 나누어보라. 시련을 겪는 동안 스스로를 고립시켜서 올바른 관점을 잃을 위험에 빠지지 않도록 방법을 의논해보라.

기도

예수님, 저는 살면서 외로움을 느낍니다. 삶이 어려울수록, 저는 다른 사람들의 말이나 침묵에 의해 오해를 받거나 상처를 받을까 두려워서 그들로부터 멀어지고 싶은 유혹을 받곤 합니다. 비록 제 주변에 많은 사람이 있어도, 아무도 (때로는 배우자를 포함해) 저를 제대로 보지 못한다고 느낍니다. 외로울 때 주님을 향하기보다는 그 빈자리를 헛된 것이나 순간적인 오락으로 채우고 싶은 유혹을 너무 자주 받아왔습니다. 제가 주님을 찾을 때 주님께서 저를 만나 위로와 힘을 주실 것을 믿도록 도와주소서. 저의 필요와 욕구를 다른 사람들이 채워주기를 바라고, 그들이 채우지 못할 때는 원망한 것을 용서해주소서. 이 시간을 계기로 제가 주님께 가까이 가게 해주시고, 주님이 다른 누구도 할 수 없는 방식으로 제 마음의 필요와 욕구와 갈망을 만족시킬 수 있음을 믿게 도와주소서. 예수님, 제가 외로울 때 너무 멀리 계시지 마옵소서. 제가 주님의 임재가 주는 친근함과 위로와 기쁨을 알도록 도와주소서. 아멘.

더 묵상할 본문 : 신 31:6; 삼상 12:22; 시 23:1-6; 애 3:25-30; 롬 8:35-39

나의 묵상 노트

16장.
고난과 친밀한 관계(1)

_ 제프와 사라

"내 아내도 내 숨결을 싫어하며"(욥 19:17).

솔직히 나(사라)는 이번 장을 쓸 것이 두려웠다. 아마도 남편 제프는 이번 장을 읽고 싶어 안달했을 것이다!

농담은 그만두고, 우리의 부부관계에서 이보다 더 많은 눈물과 말싸움을 낳고, 더 많은 하나님의 도움이 필요했던 영역은 없다. 부부의 성생활과 친밀함의 복잡다단한 성격과 뉘앙스에 대해서는 책 한 권을 써도 부족하다. 그래서 분명히 하고 싶은 바가 있다. 우리는 모든 해답을 가지지 않았으며, 결혼생활의 이 측면이 지닌 중요성을 다 묘사할 수 없고, 또 이 측면이 주는 도전을 모두 다룰 수도 없다는 것이다.

우리 부부는 여전히 결혼생활의 여정을 걷는 중이다(그리고 언제나 어느 정도는 그럴 것이다). 우리는 여전히 왜곡된 부분을 헐어내고, 과거의 상처를 처리하고, 우리의 방어벽을 허물고, 그릇된 사고방식을 다루며, 예수 그리스도의 진리를 중심에 놓은 채 이 영역을 다시 세우는 법을 배우는 중이다.

그리고 우리는 고통을 겪는 많은 부부를 대상으로 강연한 결과 우리 부부만 이 문제로 씨름하는 게 아니라는 사실을 알게 되었다. 많은 부부가 성생활과 친밀함 문제에 대한 자료와 토론이 교회 내에 없어서 무척 좌절한다는 이야기를 하곤 한다. 물론 언제 또 어떻게 이 주제를 논의할지에 대해서는 신중해야 한다. 그러나 민감하고 복잡한 성격 때문에 이 주제는 지나치게 회피되기 일쑤다. 우리가 친밀함을 다루는 데 두 장을 할애하려는 이유 중 하나는 우리가 읽은 결혼에 관한 책들 대다수가 주로 부부간 성적 친밀함의 영적인 측면에만 초점을 맞추고, 오늘날 많은 부부가 직면하는 그 다양한 뉘앙스와 도전들을 다루지 못하기 때문이다. (아울러 우리가 읽은 책들 중에 이 주제를 소개하려고 욥기 19장 17절을 사용한 것은 하나도 없다.) 실상을 말하면, 폭풍이 우리의 결혼생활에 부딪힐 때 침대에서 일어나는 일에도 영향을 준다. 그리고 침대에서 일어나는(또는 일어나지 않는) 일은 종종 폭풍을 일으키기도 한다. 우리는 무엇을 추구해야 할지 알지만, 때로는 우리의 상황이 그런 추구를 불가능한 현실처럼 느끼게 한다.

다음 두 장에서 우리는 부부관계 내(오로지 부부관계 내에서의) 성적 친밀함이 왜 중요한지 성경이 말하는 양극단에 초점을 맞추지 않을 것이다. 그 대신, 친밀함을 전반적으로 다루되 많은 커플이 직면하는 회색 지대의 일부를 살펴볼 예정이다. 우리가 이런 도전들에 대해 모든 해답을 다 가지지는 않았지만 부부간의 대화를 격려하고 촉진할 수 있기를 바란다.

다음 두 장에 걸쳐 '친밀함'(intimacy)이란 단어를 의도적으로 많이 사용할 것이다. 성생활은 친밀함의 부분 집합이자 표출일 뿐, 참으로 중요한 것은 부부관계 전체에서 흘러나오는 친밀함이기 때문이다(이는 그러기에 부부가 성생활을 즐기도록 도와준다).

부부의 성생활은 친밀함과 같지 않다

(제프) 성생활과 친밀함은 서로 교환되지 않는다. 두 사람이 성적인 관계를 맺으면서도 다른 모든 차원에서는 서로에게서 완전히 동떨어질 수 있다. 보통 결혼생활 초기에는 서로 심취하고 성적 화학작용이 일어나서 부부관계가 이어진다. 그리고 이 시기에 부부들은 앞으로도 항상 그럴 것이라고 생각한다. 그러나 시간이 흐르면서 삶의 스트레스가 몰려오고 심취와 흥분이 잦아들면서 두 사람은 그들이 정말로 얼마만큼의 '친밀도'를 갖고 있는지 알게 된다. 왜냐하면 성생활과 신체적인 '가까움'은 단지 부부가 누리는 친밀함의 한 측면에 불과하기 때문이다. 친밀함이란 배우자의 모든 부분에(감정적으로, 신체적으로, 지적으로, 영적으로) 가까워지는 것을 말한다.

이런 모습은 창세기 4장 1절에 나오는 "아담이 그의 아내 하와를 알았다"(KJV 직역)는 말에 나타난다. '알았다'는 단어는 성을 묘사하지만 또한 성행위를 초월하는 깊이를 전달하기도 한다. 결혼과 가족 상담가인 그렉 스몰리(Greg Smalley)는 이런 글을 썼다.

"야다(yada, 알다)라는 단어는 성(性)이 그저 몸만이 아니라 마음과 지성까지 포함하는 것임을 분명히 밝히는 강력한 이미지이다. 성을 '아는 것'으로 묘사한 은유는 '야다'라는 용어의 중요한 측면이다. 이는 배우자에 관한 지식을 열심히 추구하는 것, 곧 발견이란 뜻을 함축한다. 베드로전서 3장 7절은 "남편 된 여러분은 아내를 잘 이해하며 함께 살아가십시오"(현대인의성경)라고 말한다. 여기서 남편은 지식에 따라 자기 아내와 함께 살라는 가르침을 받는다. 이런 유형의 앎은 우리가 호기심 어린 태도를 취하고 배우자의 감정, 두려움, 희망, 꿈, 염려, 좋아하는 것, 싫어하는 것 등을 더 잘 이해하기 위해 질문을 던질 때 얻을 수 있다. 가장 깊은 인간 욕구 중 하나는 배우자에게 알려지고 또 친밀함을 경험하는 것이라고 나는 믿는다. 친밀함(intimacy)란 단어를 천천히 발음하면 *into me see*(내 속에 들어와서 보라)와 비슷해진다. 그리고 바로 이 지점에 야다가 등장한다. 호기심이 감정적 연결고리를 만들 수 있는데, 이는 종종 아내가 남편과 성적으로 연결되는 데 필요한 선제조건이다."(Does "Yada, Yada, Yada" in Your Marriage Mean it's "Blah, Blah, Blah"? www.forcusonthefamily.com, accessed 12/5/19)

우리는 성적 친밀함을 부부관계의 다른 친밀함으로부터 흘러넘치는 것으로 보아야 한다. 하나님은 은혜롭게 성을 신체적 차원에서 즐기도록 설계하셨지만, 그와 동시에 자기 신부인 교회를 향한 그리스도의 사랑의 신비를 반영하도록 창조하시기도 했다(엡 5:28-32). 성적인 하나 됨은 남편과 아내 간의 사랑과 존경, 우정과 신뢰를 드러내는 외적 표현이 되도록 설계되었다. 그래서 아가서에 나오는 솔로몬의 신부가 "입은 심히 달콤하니 그 전체가 사랑스럽구나 예루살렘 딸들아 **이는 내 사랑하는 자요 나의 친구로다**"(5:16, 강조 는 저자 추가)라고 탄성을 지른 것이다.

그러므로 성생활은 결혼생활의 결정적인 특징이 아니다. 그러나 부부관계의 건강을 가리키는 지표는 될 수 있다. 관계상의 친밀함은 성적 친밀함을 부추기고, 성적 친밀함은 관계상의 친밀함을 부추겨야 마땅하다. 이것이 중요한 이유는 우리는 자주 성을 결혼이라는 '몸'에 연결된 무엇으로 보기보다 결혼의 다른 것과 구분된 무엇으로 보기 때문이다.

혹시 이런 말에 부담을 느낄지도 모르겠다. 그래서 "멋진 말처럼 들립니다. 그러나 우리의 성생활은 무척 혼란스럽고, 나는 어디서 시작할지조차 모르고 있소"라고 말하고(또는 외치고) 싶을 것이다. 만일 당신이 그렇다면 첫째, 당신만이 그런 상태가 아니라는 것을 분명히 말해주고 싶다. 아무도 이런 문제를 주일 아침에 교회에서나 월요일 아침에 일터에서 거론하지 않지만, 당신의 추측보다 더 많은 부부가 성생활에 대해 고민하거나 후회하거나 실망하고 있다. 둘째로, 당신에게는 불가능해 보여도 하나님께는 결코 불가능하지 않다. 그분은 당신이 부탁하는 것 또는 생각할 수 있는 것보다 더 많은 일을 행하실 수 있다(엡 3:20). 당신과 배우자를 위해 기도하기를 시작하고 그리스도께 오직 그분만이 행하실 수 있는 일을 해달라고 부탁하라.

셋째, 우리가 배우자에게 문제가 있다고 생각할 때라도 자신 역시 궤도에서 이탈하지 않았는지 검토해야 한다. 우리 모두는 성을 결혼의 일차적인 목적과 열망으로 평가하거나 결혼의 불필요한 선택적인 측면으로 그 가치를 과소평가하는 경향이 있다.

너무 중요하게 여기거나 너무 소홀하게 여기거나

(제프) 우리는 성에 미친 문화에 살고 있다. 이 문화는 성을 중요하게 여기는 듯 하지만 사실은 경시하고 있다. 우리는 자신이 몸담은 물을 마시고 있어서 이런 분위기가 이런저런 방식으로 우리의 부부관계에 침투한다. 하나님이 주신 모든 좋은 선물이 그렇듯이, 우리는 결국 성을 그리스도보다 더 경배하고 배우자보다 더 소중하게 여길 수 있다. 그러면 성은

사랑하는 사람과의 친밀함을 추구하는 취약하고 신뢰가 담긴 이타적 행위가 아닌, 충족되어야 하는 욕망과 요구해야 하는 권리가 되고 만다. 이처럼 성이 우상이 되면, 하나님이 우리를 한 몸이 되게 하려고 만드신 것(창 2:24)을 사랑이 없는 이기적인 거래로 변질시켜버린다. 포르노가 만연하고 모든 것을 성적으로 제작하는 문화(몇 개의 광고만 시청해보라)에서 성생활과 친밀함이 부부관계 안팎에서 왜곡되어 버린 것은 놀랄 일이 아니다. 이런 현상은 공허한 성와 성적인 학대, 그리고 배우자가 소중히 여겨지지 않고 이용당했다고 느끼는 그런 문화를 조성했다.

남편이나 아내가 치를 대가에 아랑곳하지 않고 상대방에게 성을 요구하는 배우자는 하나님이 본래 설계하신 친밀함을 추구하는 것이 아니다. 누군가 베드로전서 3장 1절이나 고린도전서 7장 3-4절을 오용해서 그것을 합리화할지 몰라도, 이런 태도는 당신의 배우자와 당신의 부부관계, 그리고 당신의 영혼에 오히려 해롭다. 슬픈 현상은, 교회 안에 이런 역학과 함께 살아가는 부부가 너무 많아서 '기독교 가정' 내에 성적 학대가 갈수록 늘어나지만 자주 무시된다는 사실이다. 당신이 만일 이런 사례에 해당한다면, 제발 하나님이 당신에게 그런 행위에 순종하라고 명하신다는 거짓말을 믿지 말라. 그것은 죄악 되고 그릇되며 비성경적이다. 부디 믿을 만한 크리스천 멘토나 지도자, 곧 들을 귀가 있되 감추거나 변명하지 않는 그런 리더를 찾아가서 도움과 지혜를 구하라. 주님이 원하시면 이런 깨어진 관계로부터도 치유가 올 수 있지만, 보통은 철저한 대책을 세워 변화의 여지를 마련하지 않으면 치유가 일어나지 않는다.

하베스트(Harvest USA)에서 일하는 엘렌 다이커스(Ellen Dykas)는 이렇게 말한다.

"하나님은 우리에게 배우자를 이타적으로 사랑하라고 하신다. 이는 결코 합의되지 않은 성적 표현과 행동, 또는 상처와 수치심을 주는 일, 자위, 또는 징계성 거부 등을 성경이 축복하지 않는다는 뜻이다."(개인적인 교신)

무엇이든 그리스도께서 자기 교회를 사랑하는 방식을 반영하지 못한다면, 그것은 부부관계의 일부가 되어서는 안 된다. 성을 원하는 것(그리고 그 욕구를 충족하려고 배우자를 바라보는 것)과 배우자를 원하는 것(성적 친밀함은 이 욕구의 한 가지 표현일 뿐이다) 사이에는 큰 차이가 있다. 당신의 배우자가 그 차이점을 알 것이다.

형제와 자매여, 우리는 이런 질문을 던질 필요가 있다. 우리는 성을 왜곡된 문화적 렌즈와 우리의 죄악된 욕망을 통해 보고 있지 않은가? 이 질문에 대답하는 데 도움이 되는 한 가지 방법을 소개하려 한다. 만일 가까운 친구가 당신에게 결혼생활이 어떤지 물어보았다고 하자. 당신은 어떻게 대답할 것인가? 최근에 나눈 성생활의 횟수, 쾌감, 당신의 욕망 충족의 빈도에 따라 대답할 것인가?

건전하고 성경적인 관점은 성을 부부관계의 다른 측면들 위로 올려놓지 않는다. 그보다는 성생활을 결혼의 온도를 재는 도구, 또 부부의 친밀함과 신뢰에 영향을 미치는 저변의 이슈들을 드러내는 도구로 본다. 주님을 기쁘게 하고 배우자를 사랑하고 싶은 크리스천은 부부관계가 온전하고 건강하기를 추구하지 순전히 더 많은 성생활을 추구하지 않을 것이다. 여기에는 우리가 배우자와 '어떻게' 성적 관계를 맺는지까지 포함된다. 성적 접촉을 '너무 중요하게' 여기지 않도록 경계하라.

(사라) 다른 한편, 우리는 성생활을 너무 소홀하게 여길 수 있다. 때로는 여러 이유 때문에(호르몬 문제, 몸이나 정신의 상태, 또는 감정의 기복) 한쪽 배우자가 훨씬 낮은 성충동을 가지기도 한다. 어떤 사람은 임신과 출산 시기에 성욕이 크게 줄어든다. 임신 중일 때, 출산 직후, 또는 갓난아기가 거의 하루 종일 무언가를 달라고 요구할 때는 성적 충동이 별로 생기지 않는다. 한편으로 온갖 의무와 스트레스와 허드렛일로 탈진되고, 다른 한편으로 자녀들에게 끊임없이 "우리 자신을 내어주고" 일에 시달리고 교회 봉사로 지치게 되면, 성은 이미 고갈된 신체적, 정서적, 정신적 상태에 또 다른 희생을 요구하는 것처럼 느껴질 수 있다.

그뿐만 아니라, 많은 사람은 오늘도 그들에게 계속 영향을 미치는 성적인 내력을 안은 채 결혼생활을 시작한다. 성에 대한 우리의 견해는 종종 결혼 이전에 겪은 우리의 경험에 의해 형성된다. 그리고 그런 영향은 제대로 다루지 않으면 우리의 관계에 스며들 수밖에 없다.

우리의 신체적 욕구가 줄어들고 우리가 가진 욕망조차 고갈시키는 환경을 접하게 되면 결혼생활에서 성적 친밀함을 평가절하고(또는 심지어 혐오하고) 싶어질 수 있다. 그럴 때 우리(와 배우자)는 부부의 성생활을 빼앗길 뿐만 아니라 하나님이 본래 부부관계를 통해 누리도록 설계하신 친밀함의 폭넓은 스펙트럼과 깊이까지 빼앗기게 된다.

그런데 우리가 알아야 할 점은 이런 친밀함의 깊이가 부부에 따라 다르게 보인다는 사실이다. 성적 접촉의 빈도나 좋고 나쁨(우리 문화가 규정하는 것)에 있어서 우리가 목표로 삼을 만한 '객관적인 표준'이란 없다. 성경적으로 말하면, 성은 더 큰 전체(사랑과 헌신과 취약성의 표현)의 일부이고, 성이 쉬울 때보다 '대단하지' 않을 때 이 전체에 더 많이 다다르며, 이를 깨달을 때 해방감을 느낄 것이다. 사실 세상에서 말하는 멋진 성이 없어도 든든하고 행복한 부부관계를 유지하는 것이 가능하고, 악취가 나는 부부관계에서도 (이른바) 굉장한 성적 쾌락을 즐기는 것이 가능하다. 전자는 우리를 만족시키고 성화시키는 반면, 후자는 둘 중 어느 것도 할 수 없다.

요컨대, 성이나 성적 친밀함은 결혼의 토대나 궁극적인 목적이어서는 안 된다. 그보다는 신뢰와 희생, 겸손과 우정, 사랑과 서로를 아끼는 마음에 기반을 둔 결혼생활의 매우 귀중한 측면이 되어야 한다. 과연 남편과 아내는 이것을 언제나 잘 실천할 수 있을까? 그렇지 않다. 과연 우리가 기도하는 마음으로 지혜와 치유와 성장을 추구하게 될 날이 올 것인가? 아마도 그렇다. 언젠가 신체적인 성행위를 불가능하게 하는 상황이 오는가? 그렇다. 그러나 우리가 하나님처럼 부부관계를 소중히 여기고 우리 배우자의 모든 면을 알고자 한다면 (침실 안과 밖에서) 지금보다 더 큰 풍성함과 깊이와 즐거움이 있을 것이다.

그래서 우리 모두가 이 영역에서 직면할 기복을 감안할 때 부부는 늘 의사소통의 통로를 열어놓아야 한다. 우리는 가장 가까워야 할 영역에서 때때로 서로에게서 가장 멀어진다. 그 간극을 메우는 유일한 방법은 기꺼이 어려운 대화를 나누는 것이다. 우리가 몸부림치는 중에도 여전히 대화를 나누고 있다면, 우리는 올바른 방향으로 움직이고 있는 것이다. 반면에 우리가 문을 닫고 의사소통을 하지 않거나 우리의 느낌을 표현하지 않고 서로의 관점을 들으려고 하지 않는다면, 우리는 앞으로 나아가기 어려울 것이다. 또는 따로따로 움직이게 될 것이다.

우리는 성화 과정에 있는 죄인들인 만큼 이것은 언제나 춤을 추는 것 같으리라. 때로는 한쪽이 어떤 영역에서 더 많은 노력을 기울일 테고, 때로는 양쪽이 서로의 발가락을 밟을 테고, 때로는 한쪽이 노력도 열정도 없어서 욕구불만을 느낄 터이며, 때로는 양쪽이 아예 무도장을 떠나고 싶을 것이다. 그러나 하나님의 은혜는 이런 욕구불만을 이용해 우리 둘 다 그리스도를 의존하게 하고 배우자를 더 깊이 사랑하게 할 수 있다. 우리가 그리스도를 의존하게 되면 그분이 우리 속에 배우자와 함께 춤추고 싶은 열망, 겸손하고 희생적이며 인내하고 사랑스러운 열망을 점차 심어 주셔서 하나님의 의도대로, 즉 우리의 기쁨과 그분의 영광을 위해 춤추게 하실 것이다. 그것은 얼마나 아름다운 춤인지 모른다.

성찰 질문

1. 당신은 성을 결혼에 따라오는 별도의 영역이라고 보는가, 아니면 부부 관계 내에서 표현되는 친밀함의 한 측면이라고 보는가? 당신은 성적 친밀함을 너무 중요하게 여기는가, 너무 소홀하게 여기는가?

2. 당신은 이타적인 사랑을 동기로 성적 친밀함을 추구하는가? 그렇다면 어떤 면에서 그러한가? 배우자가 어떻게 느끼는지와 상관없이 오직 당신의 즐거움을 위해 성을 추구한 적이 있는가? 그렇다면 앞으로는 어떻게 할 것인가?

3. 이번 장에서 당신은 어떤 격려나 도전을 받았는가? 가장 유익했던 부분은 무엇인가? 당신이 추구해야 할 실제적인 변화는 무엇인가? 당신의

배우자와 어떤 의논이 필요한가?

4. (가능하면 부부가 함께 풀라.) 두 사람이 생각하는 성적 친밀함과 넓은 의미의 친밀함에 대해 이야기해보라. 각각 상대방에게 이렇게 물어보라. "우리의 성생활에서 나는 당신에게 어떻게 사랑을 표현하면 좋을까? 혹시 내가 오해하는 것이 있을까?" 말을 중단시키거나 무언으로 반응하지 말고 상대방의 대답을 경청하라. 만일 당신들의 마음이 잘 통하지 않는다면, 이 영역을 위해 정기적으로 기도하기로 약속하면 어떨까? 그 시간에 당신의 기대와 열망을 그리스도께 아뢰고 당신이 그분의 사랑으로 배우자를 사랑하도록 도움을 요청할 수 있을 것이다.

기도

주님, 저는 희생적이고 이타적인 사랑을 보여주는 삶을 살고 싶지만 때로는 어디에서 시작할지 또는 어떻게 그런 삶을 살지 모릅니다. 제게 성적 친밀함에 대한 성경적인 관점을 주시고 우리가 이 영역에서 어떻게 성장할 수 있는지 가르쳐 주소서. 제 마음을 부드럽게 하셔서 저의 욕구와 욕망을 두 번째로 두고 우리 부부관계의 모든 영역에서 친밀함을 키워가는 방법을 찾게 도와주소서. 주님의 은혜로 제게 순수한 동기를 주셔서 제가 배우자를 잘 섬기고 사랑하게 하시고 성적 친밀함을 너무 하찮게 여기거나 너무 중요시하지 않도록 해주소서. 우리 부부관계의 이 부분을 회복하고 더욱 성장시켜서 주님의 사랑을 반영하고 또 우리 부부가 더욱 하나 되게 도와주소서. 아멘.

더 묵상할 본문 : 시 107:9; 아 5:16; 롬 12:10

나의 묵상 노트

17장.

고난과 친밀한 관계 (2)

_ 제프와 사라

"만일 하나님께서 당신의 배우자를 보시듯이 당신이 배우자를 보기 시작한다면, 만일 하나님께서 당신이 결혼한 사람을 향해 이미 품고 계시는 애정을 당신도 키운다면, 당신의 관계는 결코 예전과 똑같지 않을 것이다."(Gary Thomas, A Lifelong Love, p. 33)

게리 토마스의 글은 우리 마음에 새겨져서 우리의 결혼생활을 바꿔놓고, 우리의 친밀한 관계를 끊임없이 공격하는 세력에 저항하며 항해하도록 우리를 도왔다. 그것은 쉽지 않았고 또 우리는 여전히 이 춤을 배우고 있지만, 하나님은 우리가 직면한 도전들을 이용하셔서 우리를 복음 중심이 되게 하시고 점차 우리의 마음이 서로를 향하도록 변화시켜 주셨다.

친밀한 관계를 추구하는 일은 많은 단계가 있고 여러 도전을 만나게 된다. 이번 장은 하나님이 주신 지혜를 우리가 직면한 상황에 적용하는 (물론 모든 것을 망라하진 못하지만) 실제적인 장이다. 우리는 부부의 성생활과 관련된 도전들을 세 가지로 나누었다. 곧 마음과 몸과 감정이다.

마음의 문제: 이기심

(제프와 사라) 우리의 마음과 관련된 모든 문제는 우리 자신을 (하나님을 포함

한) 다른 이들보다 높이는 데서 나온다. 성적 친밀함과 관련해 우리가 직면하는 싸움은 대부분 이기심이란 이슈를 중심으로 벌어진다.

예컨대, 우리는 이렇게 생각할 수 있다. "그가 집안일을 도와주지 않는 바람에 내가 잡일을 처리해야 해서 지금 녹초가 되었어. 그러니 오늘밤은 나에게 아무것도 기대하지 않는 편이 좋을 거야." 또는 "우리는 오랫동안 관계가 없었으니 내가 포르노를 보는 것을 그녀가 비난할 수 없을 거야." 이기심은 성을 너무 중요하게 여기거나 너무 소홀하게 여기도록 할 소지가 많다.

자기중심적인 태도는 결혼생활에서 친밀함을 죽이는 확실한 방법이다. 왜 그런가? 왜냐하면 친밀함은 다음과 같이 말하는 겸손하고 희생적인 사랑을 통해 자라기 때문이다. "내가 당신을 갈망하는 이유는 당신이 나에게 줄 수 있는 것이나 나를 위해 해주는 일 때문이 아니라오. 나는 그리스도의 사랑을 반영하는 방식으로 당신을 섬기고 사랑하고 존경하는 데서 기쁨을 느낀다오. 나는 당신을 나의 친구이자 동지이자 사랑으로서 더 깊이 알고 싶소."

우리와 하나님의 관계를 생각해보라. 그분은 단순히 우리에게 그분께 나아오라고 요구하지 않는다. 주님은 그분의 희생에서 흘러나오는 사랑으로 우리에게 손짓하고 계신다. "내가 영원한 사랑으로 너를 사랑하기에 인자함으로 너를 이끌었다"(렘 31:3). 예수님은 우리를 그분의 안전하고 자애롭고 흡족한 팔로 안으시는데, 그것은 우리에게 자격이 있어서가 아니라 그분이 우리의 자유와 기쁨을 위해 그 자신의 목숨을 내어놓을 만큼 우리를 사랑하셨기 때문이다. 바로 이것이 우리를 친밀함으로 이끌고 또 성을 오용하고픈 유혹에 저항할 수 있는 그런 사랑이다.

분노/원망

"분을 내어도 죄를 짓지 말며 해가 지도록 분을 품지 말고"(엡 4:26).

(제프) 남자들의 경우, 아내를 향한 욕구불만이나 분노는 보통 무례한 대우를 받거나 자신의 욕구가 채워지지 않아서 생긴다. 신체적으로 배우자와 가까워지고 싶은 욕망은 하나님이 주신 것이지만, 때때로 우리는 전반적인 친밀함보다는 성행위 자체를 추구하곤 한다(성을 너무 중요하게 여김). 그런데 형제들이여, 당신의 아내를 '안는' 것보다 당신의 아내를 '아는' 것이 더 많은 즐거움을 준다는 사실을 명심하라. 당신은 그녀의 몸을 추구하기 전에 그녀의 마음을 추구해야 한다.

그렇다고 해서 우리가 아내에게 솔직하면 안 된다는 뜻은 아니다. 당신은 감정을 꾹 참고 있다가 갑자기 분노를 터뜨리기보다 그 감정에 대해 부드럽게 이야기하는 법을 배워야 한다. 신체적인 친밀함이 없다면 문제가 있는 것이다. 당신은 욕구불만과 실망을 느낄 때 그런 감정을 느껴서는 안 된다고 생각하지 말고 오히려 그런 감정에 대해 아내에게 솔직하게 말할 수 있다.

(사라) 남자들은 대체로 그들의 감정을 따로 떼어 놓는 능력이 있으나 여자들은 종종 그럴 수 없다. 여자가 만일 상처를 받았거나 인정받지 못했다고 느끼면, 분노와 원망 때문에 남편에게 취약한 면을 드러내지 못할 것이다. 자매들이여, 이런 감정을 무시하거나 갈등을 피하려고 심지어 남편에게 '굴복하는' 편이 더 쉬울지 몰라도, 진정한 친밀함은 오직 겸

허한 솔직함과 의사소통을 통해서만 생긴다는 것을 명심하라. 당신이 기도하는 마음으로 분노와 원망의 근원을 조사하고 인식한다면, 아마 그것이 주님께 고백해야 할 비현실적인 기대와 자존심에서 나온다는 것을 알 수 있으리라. 이와 동시에, 당신은 분노가 커져서 원망이 될 만큼 당신을 괴롭혀온 문제에 대해 남편에게 솔직히 말해야 한다(그리고 당신이 불안전하거나 두렵다고 느낀다면 이것 역시 이야기해야 한다. 남편에게 이야기해도 좋고, 당신이 신뢰하고 또 당신을 도울 만한 사람에게 이야기하라).

우선순위

(사라와 제프) 만일 친밀함(어느 영역에서든)이 부족하다면 단지 친밀함에 우선순위를 두지 않아서(성을 너무 소홀히 여김) 그럴 수 있다. 혹시 우리가 다른 영역들에 많은 에너지와 시간을 투입하느라 배우자를 소홀히 하고 있지 않은지 자문할 필요가 있다. 물론 우리에게 더 많은 것을 요구되는 때(예컨대, 아기를 재우려고 한 번에 두 시간 이상 애써야 할 때나 먼 직장을 다니느라 출퇴근에 많은 시간이 소모될 때)가 있지만, 그런 때가 지난 후에도 소홀함이 관례가 된다면 우리의 우선순위를 재평가해야 한다.

기대감

(제프와 사라) 기대감은 친밀함의 적이다. 우리가 만일 무언가를 기대한다면, 우리는 줄 수 있는 것보다 얻을 수 있는 것을 찾는 셈이다. 당신이 이 영역에서 고심하고 있을지 모르겠다. 혹시 배우자에게 실망감과 욕구불만을 느끼고 있는가? 그렇다면 혹시 상대방이 인식하지 못하는 어떤 것 또는 상대방이 줄 수 없는 어떤 것을 기대하고 있기 때문은 아닌지 자문

해보라. 기대는 우리도 모르는 사이에 요구사항이 될 수 있다. 그리고 이런 요구사항들은 결혼생활 전체를 좀먹는 벌레와 같다.

몸의 문제: 만성 질병 또는 정신 질환

(사라) 이 영역은 많은 부부가 씨름하면서도 자주 이야기를 나누지 않는 한 회색지대이다. 또 우리 부부가 결혼생활에서 실제로 씨름했던 영역이기도 하다. 나의 질병은 종종 위통을 유발하며 우울하고 불안하게 만들기 때문에 때로는 아무것도 생각할 수 없는 상태에 빠진다. 나는 컨디션이 나빠서 생기는 죄책감과 부부관계의 유익을 위해 고통을 참고 견뎌야 하는 괴로움을 붙들고 씨름해야 했다. 지난 2년에 걸쳐 주님은 은혜롭게도 이 고통스러운 씨름을 이용해 우리 둘이 그리스도께 치유와 지혜와 양식을 구하도록 몰고 가셨다. 그분은 우리에게 좀 더 정직하게 소통하는 법, 우리의 상황에서 최선의 길을 찾는 법, 서로를 잘 사랑하는 힘을 얻기 위해 그분을 의지하는 법을 가르쳐주셨다.

때로는 우리의 행동이나 능력을 저하하는 의학적 문제가 있다. 어떤 문제들은 우리를 이전 상태로 되돌릴 수 없지만, 우리가 자존심을 내려놓고 의학적 도움을 기꺼이 구해야 하는 특별한 문제들도 있다. 다리가 부러졌을 때처럼 말이다. 비록 항상 어떤 해결책이나 쉬운 해답이 있는 것은 아니지만, 가능하면 우리의 상황을 개선하기 위해 하나님이 주신 것들(의사와 약 등)을 이용하는 편이 현명하다.

만일 당신이 현재 고통이나 질병에 시달리고 있어서 배우자와 신체적으로 가까워질 수 없는 상황이라면 이렇게 하라. 당신의 현재 상태가 배우자와 신체적으로 친밀해지기 어렵더라도, 당신은 여전히 배우자를 생각하고 있으며 배우자와 친밀해지고픈 욕망이 있음을 보여줄 방법들을 찾으라. 당신의 진실한 욕망을 나누면 당신이 신체적 친밀함을 덜 중요하게 여긴다는 그릇된 추측을 예방할 수 있다. 죄책감이나 당혹스러움, 욕구불만 때문에 뒤로 물러서지 말고 당신의 고민을 배우자와 솔직히 나누라. 그러면 그릇된 추측으로 벽을 쌓는 일을 막을 수 있을 것이다.

이런 몸부림은 결혼생활에 엄청난 압력을 가할 수 있다. 그러나 개인적으로, 내가 남편에게 더욱 가까워지고 그를 사랑하고 존경하는 마음이 커지게 된 계기는 남편의 분명한 의사전달, 곧 설사 우리의 성적 친밀함이 남편이 원하는 대로 될 수 없을지라도 그는 나를 버리지 않을 테고 나를 향한 그의 사랑이 변치 않을 것이라는 의사전달이었다. 때때로 하나님은 남편이나 아내에게 배우자의 질병 때문에 더 큰 희생을 요구하신다. 그 지점에 이르렀을 때 우리는 성을 너무 중요하게 여기는 견해와 싸우면서, 우리 주님이 그러셨듯이 자신의 '목숨'을 친구를 위해 내어놓는 것이 복되다는 교훈을 꼭 기억할 필요가 있다(요 15:13, 13:14).

고통스러운 성관계

(사라와 제프) 많은 부부가 겪는 또 다른 어려움인데 당혹스럽거나 부끄러워서 이야기하지 못하는 문제이다. 때때로 여성은 의학적인 이유로 성관계를 할 때 심한 고통을 느낄 수 있다. 그럴 경우 남편은 아내의 고통을 대가로 자기가 즐거움을 느낀다는 죄책감을 느끼기도 한다. 다른 한편, 아내는 그녀의 고통이 일으키는 실망에 대한 죄책감과 즐겁기는커녕 고통스러운 방식으로 그녀 자신을 내어주는 것에 대한 욕구불만 사이에

서 흔들릴 수 있다. 이 문제에 대한 손쉬운 해답은 없다. 성경은 우리 자신을 고통을 유발하는 방식으로 내어주도록 요구하지 않지만, 다른 한편으로 사랑은 이런 맥락에서 성생활을 그만두고 그 문제를 무시함으로써 한 발 물러서라고 하지 않을 것이다. 부부는 지혜롭고 경건한 자문을 구하는 것과 더불어 의학적 도움을 구하는 일이 필요하다. 우리가 받은 가장 유익한 충고 중 하나는 성관계가 성적 친밀함을 나누는 유일한 수단은 아니며 신체적인 결속에 대해 보다 창의적으로 생각할 필요가 있다는 것이다. 하나님께서 만일 우리의 삶에 어떤 어려움을 허락하셨다면, 그분은 우리가 그것을 헤쳐 나가는 데 필요한 것을 공급하겠다고 약속하신다. "그러므로 우리는 긍휼하심을 받고 때를 따라 돕는 은혜를 얻기 위하여 은혜의 보좌 앞에 담대히 나아갈 것이니라"(히 4:16).

감정의 문제: 과거의 학대

(사라) 결혼한 지 여러 해 동안 누가 몸을 만질 때마다 나는 무심결에 몸을 움찔하고는 했다. 그러지 않으려고 아무리 애써도 내 몸은 과거에 받은 학대로 인해 자기를 보호하려는 본능이 생겨 그렇게 반응하고 말았다. 그런데 하나님께서 그분의 몸을 사용해 나를 섬기셨듯이 나도 내 몸을 사용해 남편을 섬기고 기쁘게 해야 한다는 하나님의 말씀을 알게 된 후 나는 더욱 헷갈리고 아프고 겁이 나기만 했다. 나로서는 내 경험으로 인한 왜곡된 관점을 통해 그런 성경 구절들을 볼 수밖에 없었고, 따라서 나는 성생활을 더욱 평가절하 하기에 이르렀다. 이 문제를 극복하는 데는 여러 해에 걸친 개인 및 부부 상담, 그리고 하나님께 깊은 치유를 간

구하는 많은 기도가 필요했다. 나의 과거가 남긴 그 깊은 고통이 우리의 부부관계를 파괴하지 않은 것만 해도 하나님께 너무나 감사드린다. 더구나 하나님은 그 깨어진 모습을 이용해 우리 두 사람이 그리스도와 서로에게 더욱 가까워지게 하셨다. 그 과정은 내가 상상했던 것보다 더 어려웠지만 충분히 지날 만한 것이었다.

만일 당신이 과거에 학대나 희롱을 당했다면 진심으로 안타까운 마음을 전한다. 비록 고통스럽더라도 나는 당신이 그 문제에 관해 배우자와 하나님께 이야기할 수 있기를 바란다. 어쩌면 불가능하다고 느낄지 몰라도, 하나님의 도움을 구하고 그분의 능력이 자신의 삶에서 작동할 것을 믿는 이들에게는 큰 희망이 있다는 사실을 당신이 알았으면 좋겠다. 나는 당신이 욥기와 시편을 통해 배울 수 있는 탄식의 언어를 사용해 당신의 모든 고통과 과거의 상처를 그리스도께 가져가도록 격려하고 싶다. 하나님은 당신과 함께 슬퍼하는 분임을 알고, 그분이 당신에게 위로와 치유를 줄 수 있는 분임을 믿으라. 신속하게 이루어지지 않을 수 있고 쉽지 않을지 몰라도 치유와 회복의 희망은 분명히 있다. 경건하고 지혜로운 상담, 시간과 인내, 성령의 도우심을 통해 당신의 부부관계는 점점 성장하여 안전하고 건강하며 신뢰에 바탕을 둔 친밀함의 복을 경험할 것이다. 당신의 구원자는 절대로 당신의 품위를 떨어뜨리거나 학대하거나 부끄러움을 일으키지 않는다. 그리고 그분은 도울 만한 능력이 있다.

사랑받지 못하는 느낌이나 존경받지 못하는 느낌

(제프와 사라) 이미 다른 데서 이 문제를 이야기했지만 다시 말하려는 이유는 우리는 자기도 모르는 사이에 너무도 쉽게 오해하기 때문이다. 남

편들이여, 아내와 신체적인 친밀함을 나누기 원하는가? 그렇다면 당신의 아내는 당신이 그녀의 몸뿐 아니라 그녀의 모든 것을 열망하기 원한다는 사실을 알라. 아내의 욕구와 두려움, 짐과 관심사를 알려고 노력하라. 당신이 그저 아내로부터 무언가를 얻기 위해서가 아니라 그녀가 당신의 신부이기 때문에 그녀를 흠모한다는 것을 그녀로 느끼게 하라.

아내들이여, 비록 당신의 체질이 남편과 다르게 설계되었더라도, 비록 세상이 성(性)을 왜곡시켰을지라도, 비록 당신이 과거에 상처를 받았을지라도, 하나님은 당신이 남편을 신체적으로 열망하고 또 그의 모든 것을 알고 싶은 열망을 표현하는 방식으로 그를 사랑할 때 남편이 자신은 존경받고 있음을 느끼도록 그를 창조하셨다. 그러나 남편을 존경하는 것은 성행위 오래전에 시작된다. 그것은 우리의 사유하는 삶 속에서 시작되어 우리의 행동으로 나타나기 때문이다.

부정

(사라와 제프) 부정(unfaithfulness)은 배우자가 아닌 다른 누군가와 감정적이거나 신체적인 친밀함을 맺는 모든 형태를 말한다. 부정의 씨앗은 여러 미묘한 방식으로 심길 수 있다. 자극적인 로맨스 소설이나 영화를 읽거나 시청하는 것, 배우자보다 친구나 동료에게 더 비밀을 털어놓는 것, 또는 남편이나 아내를 배제하고 신체적 즐거움을 찾는 것 등을 통해서 그럴 수 있다. 그런 씨앗은 처음 싹틀 때 잘라내지 않으면 점점 자라게 된다. 만일 가정에서 친밀함을 찾을 수 없으니 다른 곳에서 찾을 '자격이 있다'는 거짓말에 넘어간다면 그런 씨앗이 아주 **빠르게** 성장할 것이다. 부정은 해롭다. 하나님과 배우자를 모욕하는 것이고, 하나님께서 그(그리

고 우리 자신)로부터 주시는 복들, 즉 평생의 무조건적인 헌신의 관계에서 자라는 친밀함과 신뢰를 통해 주시는 복들을 훔치는 것이다.

오늘날 가장 널리 퍼진 부정의 한 형태는 포르노를 즐기는 것이다. 포르노는 친밀함을 갈구하는 우리의 욕망을 먹고 살면서, 우리에게 아무런 대가를 요구하지 않고 즉각적인 쾌락 제공하겠다고 약속한다. 그러나 그것은 부부관계와 자신의 영혼에 재난을 초래할 뿐이다. 포르노는 진정한 친밀함을 값싸고 공허하며 이기적인 쾌락과 맞바꾼다.

부정을 저지른 후에 정상으로 돌아가는 길은 참으로 길고도 험난하다. 비록 당사자의 회개가 있고 양편 모두 치유와 회복의 기나긴 길을 기꺼이 걷겠다고 할지라도(이는 오직 그리스도를 통해서만 가능하다), 신체적 친밀함은 상당한 기간에 걸쳐 신뢰를 다시 세우는 헌신을 통해서만 가능하고, 대체로 경건한 상담과 지지가 필요하다. 하나님은 부정한 부부를 회복시키실 수 있고 또 많이 회복시켜 왔지만, 우리가 죄를 인정하고 회개하고 그로부터 돌이키지 않는다면 그런 치유와 회복은 일어나지 않을 것이다.

결혼생활에서 부정을 경험했는가? 부부가 모두 기꺼이 원하기만 하면 하나님의 은혜로 치유가 가능하다. 회개를 해보았자 부부관계에 미래는 없다는 사탄의 거짓말에 속지 말라. 하나님은 구속(救贖)의 하나님이시고, 그분은 불가능해 보이는 상황을 통해 그분 자신께 영광을 불러오기를 기뻐하신다. 아무도 회복을 보장할 수 없어도 회복이 불가능하지는 않다.

신뢰의 부족

(제프와 사라) 친밀함은 신뢰에서 흘러나온다. 만일 누군가가 사기 배우자와 함께하는 것(신체적으로나 감정적으로)을 안전하게 느끼지 못한다면 긴장을

풀려고 하지 않을 것이다. 그러면 친밀함을 기대하기 어렵다. 배우자가 만일 뒤로 물러서며 당신과 친밀해지기를 원치 않는다면, 당신에게 어떤 신뢰하기 어려운 부분이 있는지 물어보라. 그 원인은 단순한 오해일 수도 있지만 반드시 다뤄야 할 더 깊은 문제일 수도 있다. 신뢰가 깨어졌다면 하룻밤 사이에 회복하기는 어렵고, 특히 상처가 깊은 경우에는 더욱 그렇다. 신뢰를 다시 세우는 일은 시간이 걸릴 테지만, 그래도 하나님은 그분께 소망을 두는 이들에게 신실하시다.

형제와 자매여, 우리 대다수는 이런 어려움들 중에 하나 또는 그 이상을 경험할 것이고, 그런 문제들이 우리가 친밀함을 추구하는 데 미치는 영향을 보게 될 것이다. 그러나 좋은 소식이 있다. 그 가운데 무엇도 우리를 변화시키고 새롭게 하시는 하나님의 능력을 벗어나지 못한다는 사실이다. 당신이 그것을 다 이해해야 할 필요는 없다. 하지만 당신이 다음 단계를 밟고 싶다면 그 문제들을 인정하고 기꺼이 하나님의 힘과 지혜를 간구해야 한다. 오직 그리스도만 제공할 수 있는 은혜와 지혜로 이런 시련을 잘 헤쳐 나갈 때 당신은 배우자와 더욱 친밀한 관계를 향해 점차 나아갈 것이다.

그러니 실망하지 말라. 하나님께서 도우실 수 없는 부부관계는 없고, 도무지 회복될 수 없을 만큼 완전히 깨어진 친밀함도 존재하지 않는다. 우리 하나님은 "죽은 사람들을 살리시며 없는 것들을 불러내어 있는 것이 되게 하시는 하나님"(롬 4:17, 새번역)이시기 때문이다.

성찰 질문

1. 이번 장에서 말한 어려움 중 당신이 결혼생활에서 겪은 것(들)이 있는가?

2. 당신이 만일 성적 친밀함에 영향을 주는 문제로 애쓰고 있다면, 하나님께서 그 영역을 치유하실 수 있다고 믿는가? 만일 하나님께서 그렇게 하지 않으신다면, 그래도 당신이 창의적인 방법으로 친밀함을 즐길 수 있는 길을 그분이 제공하실 수 있다고 믿는가?

3. (가능하면 부부가 함께 풀라.) 두 사람이 직면하는 어려움들을 세심하고 솔직하게 나누며 자신의 욕구, 두려움, 염려, 실망에 대해 이야기하라. 만일 그렇게 하기 어렵다면, 그런 내용을 글로 써서 주님께 기도하는 데 사용하라. 배우자가 동의한다면, 두 사람이 이 영역에서 성장하는 데 필요한 실제적인 행동에 관해 의논하고 부부가 직면한 도전들을 전화위복의 기회로 삼으라.

기도

주님, 저는 결혼생활에서 성적 친밀함을 누리기 원하지만 우리를 방해하는 것들이 너무나 많습니다. 우리 부부가 직면하는 어려움을 함께 잘 헤쳐 나가고 그런 문제들에 대해 솔직해지도록 도와주소서. 저는 '이와 달랐으면 좋았을 것'이란 생각에 쉽게 빠지곤 합니다. 그러니 우리가 직면하는 폭풍을 배우자와 함께 신실하게 헤쳐 나갈 방법을 보여주소서. 우리가 이 영역에서 서로를 잘 사랑하도록,

그리고 우리가 최선을 다해 친밀함을 추구하도록 도와주소서. 우리를 분열시키려는 적의 시도로부터 우리를 보호해주시고, 우리가 친밀함의 모든 영역에서 자라는 데 필요한 힘과 지혜와 의지를 주옵소서. 그 모습이 우리가 상상한 것과 다를지라도 기꺼이 받아들이게 해주소서. 그리고 이후에 상황이 어떻게 흘러가더라도, 제가 부부관계에서 성실한 배우자가 되고, 긍정적인 변화를 바라고, 주님이 제게 부어주신 그 이타적인 사랑을 보여주도록 도와주소서. 아멘.

더 묵상할 본문 : 시 103:1-5; 고전 13:4-8; 빌 2:3-10, 빌 4:11-12, 19

나의 묵상 노트

18장.

가족이 집으로 다가올 때: 자녀와 씨름하다

_ 사라

"그가 아직 말하는 동안에 또 한 사람이 와서 아뢰되 주인의 자녀들이 그들의 맏형의 집에서 음식을 먹으며 포도주를 마시는데 거친 들에서 큰 바람이 와서 집 네 모퉁이를 치매 그 청년들 위에 무너지므로 그들이 죽었나이다 나만 홀로 피하였으므로 주인께 아뢰러 왔나이다 한지라"(욥 1:18-19).

나는 친한 친구와 부엌 식탁에 마주 보고 앉았다. 햇빛이 방을 환하게 비추고 있었고 우리 둘 다 무거운 짐에 눌려 있었다. 불과 여덟 달 전만 해도 우리는 둘 다 임신 중이었고 출산 예정일도 비슷한 것을 알고 흥분을 감추지 못했었다.

그런데 몇 주가 지난 후 그늘이 드리웠다. 친구의 소중한 자녀가 살아도 며칠밖에 못 살 것 같다는 청천벽력 같은 소식이 들렸다. 친구는 자녀를 잃을 위기에 처했는데 내 속에는 건강한 아기가 자라고 있다는 사실이 불공평하게 느껴져 죄책감에 시달렸다. 그리고 그녀가 겪는 자녀를 잃는 고통이 내게도 어느 정도 전해졌다. 그동안 우리 아이들이 특수한 필요와 만성 질병에 고통당하는 모습을 보면서 나 역시 내가 품었던 장밋빛 부모의 꿈이 해마다 조금씩 사라지는 것을 경험했기 때문이다.

그리고 우리는 다시 만났다. 지난 여러 달 동안 각각 처했던 상황에서 슬퍼하고 신뢰하고 성장하고 하나님의 개입을 간구한 후 (만일 기적이 일어나지 않는다면) 앞날이 어떻게 될지 의논하려고 만난 것이다. 우리 모두 건강한 아이의 부모가 되는 꿈이 사라지는 아픔을 겪었고, 내 친구는 장래에 대한 희망과 자녀가 성장하는 모습을 지켜보는 기쁨을 빼앗기는 불행을 안고 있었다. 우리는 둘 다 어떻게 대처해야 할지 몰라 몸부림쳤다.

"하나님은 어디에 계신 거지?" 우리는 의아해했다. "그분이 만일 선하시다면, 우리가 그분을 좇으려고 애쓰고 있는데 어째서 우리에게 그토록 많은 고통을 허용하실까? 하나님은 우리 자녀들을 치유할 능력이 있으신데 왜 치유하지 않으실까? 이런 상실들이 우리 마음속에 큰 구멍을 남기고 있는데 우리가 어떻게 계속 살아갈 수 있을까? 우리 배우자들은 이런 스트레스와 슬픔을 우리와 다르게 다루고 있는데 우리가 어떻게 그들과 함께 이 길을 헤쳐 나가지?"

자녀들과 관련해 슬픈 일을 겪을 때 이런 신앙적인 의문들(그리고 우리가 상상한 적이 없던 강렬한 감정)이 생기고는 한다. 당신이 갈망했는데도 품을 수 없었던 자녀, 당신이 낳았다가 잃어버린 자녀, 당신이 품었던 자녀 양육의 꿈을 앗아간 자녀의 질병 등 불행한 일을 겪을 때는 그럴 수 있다. 우리는 부부들이 이 영역에서 경험하는 모든 유형의 고통과 슬픔을 다 알고 있는 척하고 싶지 않다. 어쩌면 당신의 슬픔이 우리보다 훨씬 더 깊을 수도 있다. 그러나 한때 상상했던 자녀들과의 삶을 잃어버리는 고통, 장래에 대한 두려움, 그토록 원했던 일을 실현할 수 없다는 전적인 무력감 등을 우리는 분명히 알고 있다. 우리는 여러 문제와 씨름하면서 개인적으로 특정한 진리에서 위안을 찾을 수 있었다. 우리는 당신이 걸어온 길을 속속들이 다 알지는 못하지만, 당신이 이 글을 읽는 동안 모든 것을 아시는 하나님께서 당신의 마음을 위로해주시기를 다만 구한다.

우리는 슬퍼해도 좋다는 허락을 받았다

우리가 맺는 관계들은 이 땅에서 경험하는 가장 달콤한 선물 중 하나다. 그러나 그 달콤한 선물들을 잃을 때 우리는 가장 큰 고통을 경험하기도 한다. 자녀들은 주님으로부터 받은 고귀한 선물이고(시 127:3) 놀라운 기쁨의 원천이다. 하지만 자녀를 잃은 사람, 불임을 견딘 사람, 또는 자녀가 고통을 당하거나 자녀가 부모를 고통스럽게 하는 모습을 지켜본 사람은 그런 고통이 우리의 깊은 속까지 침투해 우리를 압도할 수 있음을 안다.

욥은 그런 고통을 직접 체험했다. 그의 자녀들이 하나도 빠짐없이 한 순간에 사라졌다. 한 찰나에 모든 자녀를 잃는 고통을 당신은 상상할 수 있는가? 우리 중 일부는 아마 이 모든 불행을 잘 공감할 수 있을 것이다. 우리는 이전의 모든 재난에 대한 욥의 반응은 알 수 없다. 그러나 욥이 자녀를 잃었을 때 어떤 반응을 보였는지는 알 수 있다. 그는 즉시 슬퍼하며 애도했다(욥 1:20). 그와 비슷한 상실을 경험하지 않은 사람은 그가 견뎌야 했을 고뇌를 헤아리기 무척 어려울 것이다.

성경은 타락한 세상에 살면서 겪는 심히 고통스러운 현실을 우회하지 않는다. 오히려 성경은 그런 현실을 정면으로 다루고 있다. 욥기는 고난의 여러 층계를 보여준다. 또 그 책의 길이를 볼 때 손쉬운 해답은 없음을 알 수 있다. 그러니 우리는 심한 고통에 대한 일시적인 해결책들을 경계할 필요가 있다. 어떤 문제는 이생에서 해결책을 찾지 못할 수도 있다. 물론 누군가는 "글쎄요, 욥은 결국 해결책을 찾았지요. 마지막에는 자녀 열 명을 포함해 이전보다 더 많은 번영을 복으로 받지 않았습니까!"(욥

42:13)라고 말할 것이다. 물론 욥은 새롭게 얻은 자녀들에게서 기쁨을 찾았을 것이다. 하지만 그가 잃어버린 열 명은 여전히 사라지고 없다. 어떤 것들은 우리의 평생에 결코 대체될 수 없다.

하나님의 말씀은 우리에게 단숨에 슬픔을 넘어 기쁨으로 나아가고, 상실을 뒤로 하고 감사하라고 기대하지 않는다. 욥기(시편과 예레미야애가와 더불어)의 상당 부분은 탄식으로 가득한데, 이는 우리에게 "고통과 하나님의 선하심에 대한 약속 사이에 놓인 역설과 씨름하는 아픈 마음에서 나오는 정직한 부르짖음"을 가르치는 것이다(Mark Vroegop, Dark Clouds, Deep Mercy, p. 26). 한 크리스천 상담사가 이런 맥락에서 도움이 되는 어떤 이미지를 이야기한 적이 있다. 크리스천으로서 상실을 다루는 일은 상승 나선을 따라 여행하는 것과 비슷하다고 한다. 우리는 애초의 상실의 고통과 충격을 지나 천천히 조금씩 앞으로 움직이다가 어느 순간 마치 다시 뒤로 미끄러진 듯이 느끼게 된다. 한 아이를 잃어버린 부모에게는 이후에 몇 년 동안 계속 슬픔이 엄습할 수 있고 때로는 전혀 예기치 않은 때에 슬픔이 표면에 떠오르기도 한다. 수년에 걸쳐 불임 문제로 씨름하는 사람은 실망에 실망을 거듭하다가 누군가 또 다른 아기를 임신했다는 소식을 들으면 질투심이나 분노가 생기기도 한다. 다른 한편, 특수한 문제를 안고 있는 자녀를 키우다가 지치고 스트레스를 받는 사람들은 계속 상실감을 느끼며 고통을 당할 수 있다.

상당한 기간에 걸쳐, 우리는 뒤로 미끄러질 때마다 낙심하고 좌절하기가 무척 쉽다. 그러나 성령님이 우리 속에 살아계신다면, 비록 슬픔이 우리 마음을 타격할 때는 분별하기 어렵지만 실제로는 우리가 성장했을 가능성이 많다.

자녀로 인해 슬픔을 겪을 때 우리는 그 문제를 안고 살아가는 법을 배우게 된다. 우리에게는 그리스도가 계시기 때문에 그런 슬픔에도 불구하고 기쁨을 누리는 법을 배울 수 있다. 그 문제를 '완전히 극복할 수'는 없을지 몰라도 그래도 괜찮다.

내가 많은 사람에게서 들은 말에 따르면, 우리가 자녀들과 관련해 경험하는 상실은 팔다리 중 하나를 잃는 것과 같다고 한다. 당신의 일부가 없어졌고 이 땅에서는 완전히 회복될 수 없는 상황이다. 결국 당신은 그런 현실 안에서 사는 법을 배우고, 팔다리 중 하나가 없는 상태로 움직이는 법을 배우며, 심지어는 기쁨을 다시 경험하게 된다. 그러나 당신은 영원히 그 상실을 의식할 것이고 그로 인해 당신이 변한 모습을 결코 잊을 수 없을 것이다.

예수님도 우리와 함께 슬퍼하신다

신약성경에는 예수님의 감정에 관한 대목이 별로 없기 때문에 어쩌다 그런 대목이 나오면 우리는 큰 영향을 받는다. 주목할 것은 예수님의 감정을 언급하는 성경 본문 대다수가 타인의 필요나 고통이나 슬픔에 대한 예수님의 반응이었다는 사실이다. 예수님은 세 번이나 군중을 보고 "그들을 불쌍히 여기셨다." 여기에 사용된 헬라어 단어(splanchnizomai)는 문자적으로 "그의 속이 뒤틀렸다"는 뜻이다(마 9:36, 14:14, 15:32). 이와 비슷하게 예수님은 마태복음 20장 34절에서 두 맹인을, 마가복음 1장 41절에서 나병환자를 "불쌍히 여기셨고", 누가복음 7장 13절에서는 아들을 방금 잃은 나인성 과부를 "불쌍히 여기셨다."

나는 당신에 관해 모르지만, 예수님, 곧 모든 위로의 하나님은 당신의 속을 뒤틀리게 하는 그 고통을 모두 아신다. 다시 말해, 당신이 존재 중심에서 느끼는 그 심한 통증을 그분이 아신다는 것이다. 예수님은 길을 잃어 구원자가 필요한 사람들뿐만 아니라 그분이 사랑하는 이들의 고통과 고난에 대해서도 속이 뒤틀리는 연민과 동정을 느끼셨다. 그분은 완전히 하나님이셨지만 인성을 지니신 만큼 깊은 인간 감정을 느끼셨던 것이다. 나사로 이야기가 이 역설을 보여준다. 예수님은 나사로가 소생할 것을 아셨지만 마리아의 슬픔을 보고 마음이 흔들리며 괴로워서 눈물을 흘리셨다(요 11:33).

이것은 무척 중요하다. 예수님은 우리의 슬픔에 관심이 있으실 뿐 아니라 우리와 함께 슬퍼하신다. 조니 에릭슨 타다가 썼듯이, 때때로 "하나님은 그분이 사랑하시는 일을 이루기 위해 그분이 미워하는 일을 허락하신다"(When God Weeps, p. 84). 하나님의 완전한 사랑이 그분이 미워하는 일을 때때로 허용하는 것은 우리 삶에서 그분의 선한 목적을 이루기 위해, 즉 그분의 영광과 그분의 임재 안에서 누리는 우리의 영원한 기쁨을 위해서다.

예수님은 우리가 '그냥 시련을 잊어버리고 그분을 신뢰하길' 기대하지 않으신다. 그보다는 우리가 슬픔과 상실을 계기로 그분께 나아가기를, 우리가 상실을 받아들이고 슬퍼하면서 그분의 은혜를 힘입어 한 번에 한 순간씩 헤쳐 나가기를 바라신다. 우리가 이렇게 하면 그분은 슬픔과 기쁨을 동시에 알게 되는 자리로 우리를 점차 인도하신다. 로마서 5장 2-5절은 이런 성령님의 사역을 보여주고 있다.

"또한 그로 말미암아 우리가 믿음으로 서 있는 이 은혜에 들어감을 얻었으며 하나님의 영광을 바라고 즐거워하느니라 다만 이뿐 아니라 우리가 환난 중에도 즐거워하나니 이는 환난은 인내를, 인내는 연단을, 연단은 소망을 이루는 줄 앎이로다 소망이 우리를 부끄럽게 하지 아니함은 우리에게 주신 성령으로 말미암아 하나님의 사랑이 우리 마음에 부은 바 됨이니."

오늘 당신은 마음을 짓누르는 슬픔 이외의 아무것도 보이지 않고 아무것도 알 수 없는 비참한 상태에 있을지 모르겠다. 하지만 예수님은 당신을 보시고 또 당신과 함께 울고 계신다. 그러니 계속 그분께 이야기하고, 계속 그분께 당신의 마음을 쏟아놓고, 당신이 느끼는 고통을 그분도 아신다는 사실을 계속 스스로에게 상기시키라. 아울러 그 시련이 끝날 때까지 주님이 줄곧 당신과 동행하신다는 것을 꼭 명심하라.

한 번에 하루씩, 우리가 슬픔을 이겨내고 힘을 얻기 위해 그리스도의 위로를 바라보면서 성령님의 능력으로 인내하면 우리는 점차 그리스도의 형상을 닮아가게 될 것이다. 우리가 우리 속에서 일하시는 성령님의 사역을 어렴풋이 감지한다면, 지속적인 슬픔 속에서도 희망이 커지기 시작하고 고난이란 토양에서 기쁨의 뜻 밖의 열매가 자라는 것을 보게 될 것이다.

상실 때문에 부부관계가 분열될 필요는 없다

자녀는 부부관계를 더 어렵게 만하곤 한다. 자녀와 관련해 희망이 좌절되고 꿈이 깨어지면 부부관계는 큰 압력에 시달리다 갈라질 위기에 처할 수 있다. 그러나 동시에, 결혼생활에서 가장 어려운 이런 순간(보통은 자녀와 관련된 문제가 가장 힘들다)은 부부가 서로 단결하고 더 깊이 사랑하며 신뢰할 수 있는 순간이기도 하다. 따라서 이 점을 잘 인식하며 그런 압력을 받을 때 함께 기도하고, 서로 갈라서기보다 협력하기로 굳게 다짐하는 일이 중요하다.

우리는 어려움이 끝날 때까지 기꺼이 싸우고 또 주어진 영토의 미지의 길을 함께 뚜벅뚜벅 걸어가야 한다. 그리고 3장에서 논의했듯이, 상실의 고통은 종종 우리 각자에게 매우 다른 반응을 불러일으킨다는 사실을 기억하라. 당신이 '팔다리 중 하나'를 잃어버렸듯 배우자 역시 변했다는 사실을 기억할 필요가 있다. 당신의 배우자는 슬픔이 닥치기 전과 결코 똑같지 않을 것이다. 그러므로 우리는 서로에게 인내하며 관대해야 하고, 새로운 현실 속에 살아가는 법(상실의 여러 층을 처리하는 다양한 차원에서 또 다양한 단계에서)을 배우는 데 시간이 필요하다는 사실을 인식해야 한다. 우리는 계속 이야기하고, 우리가 씨름하는 문제를 공유하고, 우리가 고민하는 영적인 문제들에 관해 의논하고, 무엇보다도 (배우자가 원한다면) 함께 기도해야 한다.

우리가 연약한 가운데 함께하고 둘이서 탄식하며 주님께 힘과 위로를 달라고 부르짖으면 놀랍게도 하나가 되는 경험을 하게 된다. 그렇다고 해서 우리가 더 이상 서로를 공격하지 않는다는 뜻은 아니다. 서로를 오해해서 조급해지는 일이 없다는 뜻도 아니다. 다만 우리는 자신을 고립시키지 않을 것이며, 우리의 차이점 때문에 서로를 향해 분개하는 일이 없을 것이다.

부엌 식탁에서

친구와 내가 우리 집 부엌에서 마주 앉은 이후, 여러 달과 여러 해에 걸쳐 서로 다른 문제로 어려운 시기를 보내는 동안 결국 우리에게 가장 필요했던 것은 무엇이었는가? 우리는 하나님께서 우리에게 슬퍼하도록 격려하시는 대로 슬퍼할 필요가 있었다. 우리는 시간이 필요하다고 아뢰며 그 시간을 허락받을 필요가 있었다. 그리고 열심히 길을 찾아야 했는데, 하나님은 그런 것을 우리에게 주시는 분이다. 우리는 예수님이 우리를 이해하시고 우리와 함께 우시는 분임을 알 필요가 있었고, 성경은 그분이 실제로 그렇게 하신다는 것을 보여준다. 그리고 우리는 배우자를 등지지 않고 함께 끝까지 싸울 필요가 있어서 그렇게 하도록 서로를 격려했다.

우리가 선택했을 만한 토양은 아니겠지만, 하나님은 우리를 파괴시킬 뻔한 것을 이용해서 점차 우리의 마음과 부부관계에 참신한 성장과 새로운 희망을 불러오실 수 있다. 이것도 하나님의 영광과 우리의 영원한 기쁨을 위해 하시는 일이다.

성찰 질문

1. 당신은 자녀를 잃어버리는 비극, 자녀를 갈망했으나 얻지 못한 불행, 특수한 문제를 안고 있는 자녀, 또는 방황하는 자녀를 경험한 적이 있는가? 그런 상황에서 어떻게 반응했는가? 당신의 슬픔과 상처와 두려움을

솔직하게 하나님 앞에 내려놓고, 그분은 당신과 함께 슬퍼하시며 당신이 매 순간을 잘 견디도록 위로와 힘과 은혜를 주시는 분이라고 신뢰할 수 있겠는가?

2. 자녀를 상실하거나 자녀의 문제로 씨름하는 것이 당신의 부부관계에 어떤 영향을 주었는가? 그런 문제를 계기로 서로 더 가까워졌는가, 아니면 더 멀어졌는가? 만일 더 멀어졌다면 왜 그랬다고 생각하는가? 두 사람이 지금보다 더 가까워지려면 어떤 실제적인 발걸음을 내디뎌야 할까?

3. (가능하면 부부가 함께 풀라.) 자녀들과 관련된 문제들(또는 열망이나 상실)이 부부관계를 더 강화시켰는지, 아니면 더 멀어지게 했는지 서로 이야기해보라. 두 사람은 어떤 슬픔을 다룰 때나 스트레스에 대처할 때 똑같이 반응하는가, 다르게 반응하는가? 서로에게서 어떤 지지를 받고 싶은지 나눠보라. 이런 어려움이 각자에게 어떤 영향을 미치는지 곰곰이 생각해보라. 그러면 서로 다르게 반응할지라도 각각 상대방에게 연민을 품을 수 있고 두 사람이 한편임을 기억할 수 있을 것이다.

기도

주 예수님, 제 인생이 이렇게 될 줄은 상상도 못했습니다. 무엇이든 잃어버리는 일은 고통스럽지만, 저의 자녀들(또는 내가 열망하는 자녀)과 관련된 상실은 때때로 감당하기가 너무 어렵습니다. 저는 주님이 선하시다고 믿지만 그 사실이 가슴에 와 닿지 않을 때가 종종 있습니다. 저는 주님이 모든 것을 주관하신다고 믿지만 왜 주님이 그토록 심한 상처를 허락하시는지 모르겠습니다. 저는 주님이 신실하시다고 믿지만 때때로 가슴앓이를 할 때는 주님의 신실하심을 보기가 어렵습니다. 예수님, 주님이 저보다 제 자녀(들)를 더 사랑하신다는 것을 믿게 도와주소서. 그리고 제가 자녀들에게 바라는 것(또는 우리가 자녀를 갖는 것)을 주님이 허락하지 않으신다 해도, 주님이 어떻게든 우리를 지탱해주시고 우리의 공허한 마음과 아픈 마음을 만족시키고 치유하실 것을 믿도록 도와주소서. 우리가 울 때 주님도 함께 울어주셔서 감사합니다. 아울러 저의 고통, 실망, 두려움, 갈망을 주님도 보고 알고 공감해주셔서 감사합니다. 그리고 바로 거기서 저를 만나주시니 더욱 감사드립니다. 오늘 주님이 허락하신 상황에서 제가 신실하게 걸을 수 있는 은혜와 힘을 주옵소서. 언젠가 잃어버린 것이 회복될 터이고, 깨어진 것이 온전케 될 것이며, 갈망하던 것이 완전히 이뤄질 것임을 바라보며 주님께 감사드립니다. 아멘.

더 묵상할 본문 : 창 22:1-19; 시 34:17-20; 요 9:1-3; 고후 4:16-18; 계 21:4

나의 묵상 노트

19장.

하필이면
왜
우리 가족인가?

_ 제프

"어찌하여 악인이 생존하고 장수하며 세력이 강하냐 그들의 후손이 앞에서 그들과 함께 굳게 서고 자손이 그들의 목전에서 그러하구나 그들의 집이 평안하여 두려움이 없고 하나님의 매가 그들 위에 임하지 아니하며"(욥 21:7-9).

세 살 된 아들의 정맥 치료를 위해 간호사가 PICC(말초삽입형중심정맥카데터) 라인을 삽입했다. 아내가 아들의 손을 꼭 잡았다. 아들이 비명을 질렀고, 그 소리가 내 가슴을 뚫고 들어왔다. 아들의 눈동자는 나의 도움을 애절하게 구하고 있었다. 나는 당장 그를 구출하고 그 작업을 멈추고 싶었다. 이번 주에 우리는 다른 아이들과 함께 이 과정을 세 번이나 더 거쳐야 했다. 순간, 나는 '이런 짓을 또 할 자신이 없다'는 생각이 들었다.

나는 우리 아이들이 이런 고통을 받는 것을 원한 적이 없었다. 실은 이런 치료를 두려워했다. 내가 원한 것은 그들에게 정상적인 어린 시절을 제공하고, 나의 힘을 다해 아이들을 이 타락한 세상에서 살아가는 힘겨운 현실로부터 보호하는 것뿐이었다. 나는 하나님이 허용하신 일로부터 우리 자녀들을 보호하고픈 내 열망을 어떻게 처리해야 할지 고심하곤 했다. 다른 아이들은 비교적 고통에서 자유로운 건강한 어린 시절을 보낼 텐데, 내 아이들이 얼마나 어렵고 힘한 길을 걸어야 할지 생각하면 가슴이 먹먹했다. 내가 자녀들에게 하나님이 그들을 사랑하시지만 고통에서 자유로운 건강한 어린 시절을 허락하지는 않으셨다고 말하면, 우리 자녀들은 이 말을 어떻게 받아들일 것인가? 성숙한 신자인 우리도 고난을 헤쳐 나가기가 무척 버거운데, 자녀들은 그토록 어린 나이에 그만큼 큰 고통을 어떻게 견딜 것인가?

때때로, 더할 나위 없이 건강한 자녀들과 함께 너무나 편안해 보이는 삶을 누리는 다른 가족들(특히 주님을 따르지 않는 이들)을 볼 때 나는 자신에게 (그리고 하나님께) "그들의 삶은 고통과 거리가 먼 것 같은데 어째서 우리는 이 모든 역경을 겪는 것일까?"라고 묻게 된다.

욥도 이런 내적 몸부림을 알았을 것이다. 다른 이들(특히 사악한 사람들)의 삶은 고통에서 자유로운 듯하고, 그들의 자녀들은 번성하고 그들의 집안도 두려움이 없는 듯이 보일 때, 즉 "하나님의 매가 그들 위에 임하지 아니할 때"(욥 21:9) 그의 마음속에 많은 의문이 떠올랐을 것이다. 욥의 관점이 완전히 정확하진 않을지 몰라도 그는 나의 생각을 잘 요약해준다.

그런데 우리가 여전히 이따금 그런 생각과 씨름하는 동안 하나님은 우리 자녀들의 시련이 그분이 싫어한다는 징표가 아님을 갈수록 더 많이 우리에게 보여주셨다. 사실 그런 시련은 그분의 은혜가 그들의 삶 속에서 일하고 계시다는 증거일지도 모른다.

불은 단련할 수 있다

우리가 사녀들에 대해 우려하는 그것이(그래서 그들이 거기서 벗어나도록 세심하게 통제하고 결정적으로 조종하려고 애쓴다) 오히려 하나님이 그들의 눈을 그분을 향해 열게 하려고 이용하는 수단으로 드러난다면 어떻게 될까? 하나님이 가장 어려운 날들(우리가 피하려고 애썼던 날들)을 이용해 그들에게 믿음을 주시고, 그들의 성품을 기르시고, 그들을 (우리가 선택했을 것과는) 다른 영원히 복된 길에 접어들게 하신다면 어떻게 될까? 시편 66편 10-12절에 나오는 시편 저자의 글을 곰곰이 생각해보라.

"하나님이여 주께서 우리를 시험하시되
우리를 단련하시기를 은을 단련함 같이 하셨으며
우리를 끌어 그물에 걸리게 하시며
어려운 짐을 우리 허리에 매어 두셨으며
사람들이 우리 머리를 타고 가게 하셨나이다
우리가 불과 물을 통과하였더니
주께서 우리를 끌어내사 풍부한 곳에 들이셨나이다."

우리는 이렇게 자문할 필요가 있다. "나는 솔직히 우리 자녀들의 어떤 삶을 더 원하는가? 행복한 결혼, 최고의 직업, 고통이 없는 건강한 장수(長壽), 많은 손자와 손녀 등이 있는 삶인가, 아니면 그리스도를 믿는 신앙이 있고 이런 것들은 하나도(또는 조금밖에) 없는 삶인가?" 대답하기 어려운 질문일 뿐만 아니라 자녀를 양육하면서 실제로 살아내기는 더 어려운 질문이다. 솔직히 말하면, 우리는 자연스럽게 자녀들을 어떤 고통이나 어려움에서도 보호하길 원하고, 따라서 우리는 하나님이 그들의 삶에 개입하셔서 최선의 길로 인도하시기를 허용하기보다는 그들의 일시적인 안락함과 행복에 더 많은 관심을 보이면서 그들을 양육할 수 있다.

당신이 만일 자녀(들)와 어려운 길을 걷고 있거나 자녀(들)의 안락함과 행복을 위협할 듯한 어떤 것에 대한 두려움에 사로잡혀 있다면, 나는 하나님이 우리 자녀들과 우리 가족의 삶에서 고난을 활용하신 모습을 나눔으로써 당신을 격려하고 싶다. 하나님은 우리 가족의 삶에서 내가 할 수는 있어도 바꾸지 않을 그런 방식으로 일하셨다. 나의 자녀들은 그들을 단련하는 분에게서 소중한 교훈을 배우고 있다.

아이들은 인내를 배울 수 있다

인생이 고달프다는 것을 깨닫는 데는 오랜 시간이 걸리지 않는다. 우리 자녀들이 그리스도를 따르고자 한다면, 그 길은 고통이 없는 편한 길이 아닐 것이다. "우리가 하나님의 나라에 들어가려면 많은 환난을 겪어야 할 것이라"(행 14:22). 그러나 우리가 몸담은 문화는 자녀들을 지나치게 챙겨주고 과도하게 보호하는 바람에 그런 특권을 당연시하고, 너무나 소심하고, 자기에게 푹 빠진 그런 아이들(과 어른들)을 양산하는 경향이 있다.

우리는 자녀들을 자명한 위험에서 보호하려고 최선을 다해야 하는가? 물론이다. 그러나 우리가 스스로를 하나님의 자리에 앉혀놓고 자녀들 주변의 모든 것을 통제하려 애쓰면서, 그들의 삶에 역경과 불편함이 생기지 않도록 방지하는 것이 그들에게 큰 도움을 주는 것이라 생각하면 안 된다. 그러다가 자칫 그들로 하여금 그리스도를 열심히 따르도록 구비시킬 그런 것들을 아예 배제시킬 수 있기 때문이다.

물론 나라고 우리 자녀들이 태어나면서부터 질병과 어려움에 빠지도록 선택했을 리는 만무하다. 하지만 나는 하나님이 이런 고통을 사용해서 그들로 그분을 찾게 하고, 어려운 일을 행하고, 인내를 배우고, 성품이 자라도록 하는 모습을 죽 지켜보았다(약 1:3-4).

아이들은 하나님의 신실하심을 바라보는 법을 배울 수 있다

우리를 둘러싼 기독교 문화는 번영의 복음을 가르치고 전파하는 분위기, 즉 그리스도를 좇으면 이 세상에서 건강과 부와 행복을 보장받는다는 사상에 푹 젖어있다. 우리 중 다수는 금방 그런 사고방식을 비판하겠지만, 우리도 때로는 부지중에 그 거짓된 복음의 "개정판"을 믿곤 한다. 우리 대다수는 만사가 형통해야 한다고, 즉 자동차가 잘 굴러가고, 자녀들이 무사히 자라고, 사업이 성공하고, TV가 순조롭게 작동하는 등 모든 것이 무난해야 한다고 가정한다. 자신이 더 나은 삶을 살 자격이 있다는 신념은 우리 계획에 차질이 생기거나, 건강이 나빠지거나, 직업을 잃었을 때 우리가 보이는 반응에서 드러난다.

우리 아이들은 어린 시절부터 질병에 시달려왔기 때문에 잠재적으로도 신앙이 있으면 편하게 살 수 있다는 생각을 품지 않을 수 있었다. 그들은 하나님이 언제나 신실하시지만 항상 우리가 기대하는 대로 되지는 않는다는 것을 몸소 경험하고 있다. 예레미야애가 3장 22-23절이 말하듯이 "여호와의 인자와 긍휼이 무궁하시므로 우리가 진멸되지 아니함이니이다 이것들이 아침마다 새로우니 주의 성실하심이 크시도소이다." 이 말씀은 하나님이 인자하고 신실하시다고 해서 우리의 고통을 없애신다는 뜻이 아니다. 오히려 그런 고통을 이길 힘과 대책을 주신다는 뜻이다. 우리 자녀들은 우리 가족이 매우 핍절했던 시기에 하나님이 재정을 공급하시는 모습을 앞자리에서 시청하는 경험을 했다. 말하자면, 크리스마스 시즌에 누군가 우리 집 앞에 선물을 놓고 갔을 때, 그리고 교회로 한 몸 된 가족이 우리에게 끊임없이 식사를 갖다 주었을 때, 우리 자녀들은 그것이 하나님의 공급임을 배웠다.

그들이 고통에 시달리며 부르짖는 동안에는 예수님이 그들의 눈물을 보시고 그들의 기도에 응답하신다는 것도 배우게 된다. 비록 그들이 기대하고 바라던 바와 다르게 응답하실지라도 그렇다. 하나님의 시간표와 방법이 그들 자신의 것과 다르다는 것도 목격하고 있다. 그들은 작은 것들에도 감사하는 법을 배웠고, 그들이 그토록 큰 상실을 경험하지 않았다면 결코 감사하지 못했을 복들에 대해서도 감사하게 되었다.

물론 우리 자녀들은 여전히 떼를 쓰고, 정상적인 아이들이 되길 바라고, 보통 아이들처럼 행동하길 원하지만, 하나님의 신실하심을 실질적으로 경험한 만큼 시련 중에도 그분의 임재와 도움의 손길을 점차 더 향기롭게 느낀다.

아이들은 죄가 고통보다 더 나쁘다는 것을 배울 수 있다

고통은 우리의 죄를 가리는 우리의 가면과 능력을 허물어뜨리곤 한다. 그것이 우리 자녀들과 아내에게는 신체적인 고통이다. 나의 경우에는 내가 가장 사랑하는 이들을 돕지 못하는 무력함이란 고통이다. 그리고 끔찍한 사실이 있다. 나는 그들이 고통 받는 모습을 보며 내가 무력하다고 느낄 때 그들에게 재빨리 쏘아붙이고, 내가 짊어져야 할 책임이 더 커진 것을 불평하고, 이런 나의 반응을 다른 모든 이들의 탓으로 돌린다. 고통은 나의 죄를 유발하는 것이 아니라 나의 죄를 드러낸다. 폴 트립(Paul Tripp)은 이렇게 말한다.

> "당신은 단지 당신에게 고통을 주는 그것에만 시달리는 것이 아니라 항상 당신이 어떻게 고통 받고 있는지에 시달리기도 한다… 당신의 고통은 당신의 몸속에 있는 것이나 당신 주변의 세상에 있는 것보다 당신 마음속에 있는 것에 의해 더 큰 영향을 받게 된다."(Suffering, p. 27, 31)

달리 말하면, 외적 고통은 우리가 겪는 고통의 한 측면에 불과하다. 우리가 고통에 어떻게 반응하는지(표면에 드러나는 우상들과 떠오르는 죄)가 불의 열기를 더 뜨겁게 한다. 그런데 이것이 우리의 고난에 담긴 하나님의 선한 목적이다. "너희 믿음의 확실함은 불로 연단하여도 없어질 금보다 더 귀하여 예수 그리스도께서 나타나실 때에 칭찬과 영광과 존귀를 얻게 할 것이니라"(벧전 1:7).

우리 가족은 상당한 기간에 걸쳐 끝이 안 보이는 시련을 견뎌왔는데, 하나님은 우리의 주된 문제는 그 고난이 아니라 죄라는 것을 보도록 우리의 눈을 열어주셨다. 우리 모두에게 매력적인 과정은 아니었지만 유익한 과정이었다. 우리 자녀들은, 고통에서 자유로운 대신 죄가 그들 속에 깊이 내재된 것을 모른 채 어린 시절을 보내지 않았고, 하나님은 그들의 시련을 이용해서 하찮게 보이는 허울을 벗겨버리고 그들에게 구원자가 필요함을 보여주셨다.

그래서 시편 저자는 시편 119편에서 이렇게 썼다.

"고난 당하기 전에는 내가 그릇 행하였더니

이제는 주의 말씀을 지키나이다…

고난 당한 것이 내게 유익이라

 이로 말미암아 내가 주의 율례들을 배우게 되었나이다.

주의 입의 법이 내게는 천천 금은보다 좋으니이다"(67절, 71-72절).

크리스천 부모의 입장에서 자녀들이 다음과 같은 귀한 진리, 즉 예수님이 가장 큰 선물이며, 그들에게는 영생의 소망이 있어서 그들이 현재 겪는 고통은 일시적일 뿐이라는 진리를 깨닫는 모습을 보는 것은 얼마나 큰 축복인지 모른다. 나는 우리 자녀들 각각의 마음 상태를 확실히 모르지만, 하나님께서 그들 영혼의 토양에 복음의 씨앗을 심기 위해 많은 기회를 주셔서 정말로 감사하다.

우리는 두려워하지 않겠다

매트 챈들러(Matt Chandler)의 책, 『슬픔 속의 기쁨』(Joy in the Sorrow)에서 잔 다모프는 15세 된 아들이 친구들과 수영하러 갔다가 호수 밑바닥에서 발견된 후 경험한 하나님의 신실하심에 대해 감동적인 간증을 한다. 그녀의 아들은 의사들의 예측과 달리 기적적으로 혼수상태에서 점차 깨어나, 걷고 말하는 능력을 되찾고는 그리스도에 대한 기쁨에 넘치는 믿음을 경험하게 된다. 하지만 잔은 이렇게 말한다. "그는 뇌 손상으로 인해 매우 단순하고 의존적인 생활만 할 수 있다. 그는 아마 결혼하지 못할 것이다. 그 자신의 집이나 직업다운 직업을 갖지 못할 것이다. 세상이 성공과 연결시키는 것들을 대부분 경험하지 못할 것이다." 이어서 그녀는 아들에 대해 슬퍼하면서 경험한 슬픔 속의 기쁨을 이렇게 나눈다.

> "어느 날 슬픔이 다시 나를 삼켜버렸을 때, 나는 어떻게 해서 이것이 제이콥을 향한 하나님의 뜻일 수 있는지 이해하도록 도와달라고 그분께 간구했다. 그때 그분이 나에게 이런 질문을 던지는 것 같았다. '너는 네 자녀들을 위해 무슨 기도를 드리니?'
> 나는 이렇게 말씀드렸다. '그들이 주님 앞에 섰을 때, 주님으로부터 "잘 하였도다. 착하고 충성된 종아"라는 말씀을 듣게 되기를 원합니다.'
> 그리고 하나님이 마치 이렇게 말씀하시는 것 같았다. '그를 보아라. 그는 전심으로 나를 사랑하고, 그를 보는 사람은 누구나 나에게 가까이 온단다. 그는 나의 충성된 종이다.'
> 제이콥이 어떤 업적을 세워 세상을 감동시키지 못한들 그게 중요한가? 그는 자신의 즐거움과 영광을 위해 그를 창조하신 하나님을 기뻐하고, 그의 삶은 찬란하게 빛나는 구속의 초상화이다. 내가 아들에게 무엇을 더 요구할 수 있을까?"(p. 36-37)

진실로, 우리 자녀들에게 가장 큰 유익은 이 세상의 어떤 것보다 예수님을 알고 사랑하는 것이다. 그리고 때로 우리 자녀가 이 세상 너머에 있는 무언가(또는 누군가)를 추구하게 하려면 이 세상에 속한 어떤 것들을 잃는 것이 필요하리라.

크리스천이여, 만일 당신의 자녀가 어떤 역경을 직면하고 있다면, 하나님은 당신보다 더 당신의 자녀들을 사랑하시며 그분은 믿을 수 있는 분임을 꼭 기억하라. 이 세상에는 두려워할 것이 무척 많다. 그러나 당신이 고통을 두려워하기보다 하나님을 더 두려워하고, 삶을 통제하는 당신의 능력을 신뢰하기보다 하나님을 더 신뢰한다면, 당신은 자녀를 양육하는 가운데 더 큰 자유와 평안을 찾게 되리라. 우리 모두 자녀들의 안전을 위해 기도할 뿐 아니라, 그 무엇보다 먼저, 무슨 대가를 치를지언정 그들의 마음이 그리스도를 향하도록 기도하는 부모가 되자.

성찰 질문

1. 당신은 자녀(들)에게 나쁜 일이 생길까 봐 두려워하고 염려하면서 살아가는가? 만일 당신이 그런 두려움과 염려를 주님께 내어놓고 당신의 자녀(들)를 그분의 든든한 손에 맡기도록 도와달라고 그분께 기도한다면, 당신의 자녀 양육이 어떻게 바뀔 것 같은가?

2. 당신은 역경이나 실망을 통해 아들이나 딸이 성숙해지는 모습을 본 적이 있는가? 그런 경험이 있다면, 당신은 고통이나 시련을 끝내달라고만 기도할 뿐 아니라 믿음이 성장하고 더욱 경건해지게 해달라고 기도할 의향이 있는가?

3. (가능하면 부부가 함께 풀라.) 두 사람이 부부로서 이 어려운 시기에 어떻게 서로를 지지할 수 있을 지 의논해보라. 그리고 어떻게 하면 두 사람이 자녀들을 대하는 방식과 그들에게 말하는 방식에 있어서 일관성 있게 그들을 양육할 수 있을지 서로 이야기해보라.

기도

하늘에 계신 아버지, 주님이 우리에게 맡기시는 모든 일을 감당할 수 있도록 (우리 자녀의 삶에 고통을 허락하실 때에도) 우리를 준비시켜주겠다고 약속하셔서 감사합니다. 저는 부모로서 자연스럽게 자녀들을 이 세상의 고통으로부터 보호하고 싶습니다. 때로는 자녀들의 삶을 주님의 손에 의탁하기보다 제가 그들의 환경을 통제하려 했던 것을 용서해주소서. 저로 하여금 주님을 영화롭게 하는 방식으로 자녀를 지키고 가르치고 보호하는 법을 알도록 도와주시고, 또한 때때로 주님이 우리 통제 밖의 일을 허용하실 때는 어떤 계획이 있음을 믿고 제가 한 걸음 물러설 수 있도록 도와주소서. 주님, 우리 자녀들의 삶에 의미 있는 고통, 곧 주님을 가까이 하게 하고 또 당신의 이름으로 그들에게 생명을 주기 위한 고통만 허락하소서. 부모인 우리에게 그들과 나란히 걷는 데 필요한 은혜와 지혜를 주시고 주님을 신뢰하고 영화롭게 하는 방식으로 그들을 양육하게 해주소서. 아멘.

더 묵상할 본문 : 창 50:20; 사 41:10, 사 43:2; 렘 17:7-8; 롬 5:3-5

나의 묵상 노트

20장.

탕자를 위한 기도

_ 사라

"욥이 그들을 불러다가 성결하게 하되 아침에 일어나서 그들의 명수대로 번제를 드렸으니 이는 욥이 말하기를 혹시 내 아들들이 죄를 범하여 마음으로 하나님을 욕되게 하였을까 함이라. 욥의 행위가 항상 이러하였더라"(욥 1:5).

대다수 부모는 자녀를 보호하고 부양해야 한다는 무거운 책임감을 느낀다. 그런데 크리스천 부모는 자녀의 팔이나 마음이 상할까 봐 걱정하는 것보다 훨씬 더 무거운 짐을 지고 있다. 크리스천 부모는 그들이 가장 소중히 여기는 것, 바로 구원에 이르게 하는 예수 그리스도에 대한 믿음을 자녀가 거부할 때 감정적 고통과 가슴앓이를 겪는다. 그래서 욥은 자녀들의 영원한 구원이 위태롭다는 것을 알고 그들을 위해 기도했다.

하지만 우리가 어느 시점에 이르면 알게 되는 바가 있다. 우리가 자녀들의 삶은 지도할 수 있어도 그들의 마음은 통제할 수 없다는 사실이다. 욥이 자녀들을 위해 번제를 드린 것은 그들이 용서를 받고 하나님과 관계를 맺으며 살기를 바라는 간절한 열망 때문이었다. 그러나 자녀들이 구약의 모든 번제들이 가리키는 '그 제사'를 믿을지는 그들 각자가 스스로 결정할 문제이다. '그 제사'란 그리스도께서 죄를 위하여 단번에 드리신 영원한 제사를 말한다(히 10:12).

우리가 어떤 자녀 양육 매뉴얼을 따르든지(또는 따르지 않든지) 누구도 자기 자녀가 죄로부터 돌이켜서 예수님을 자신의 주님이자 구원자로 믿게 되리라고 보장할 수 없다. 이런 현실 때문에 자녀들 중 일부는 (적어도 한동안) 다른 길을 선택해서 가장 큰 선물로부터 달아날 때가 올 수 있다. 즉, 우리가 그동안 기도했던 것, 그들이 향하도록 가리켰던 것, 그들에게 꼭 붙잡도록 당부했던 것으로부터 도망칠 수 있다는 뜻이다. 누가복음 15장 11-32절에 나오는 탕자, 곧 아버지의 지혜를 거부하고 멀리 도망쳐서 모든 유산을 탕진했던 그 어리석은 아들처럼, 우리의 자녀들도 우리가 가르쳤던 지혜와 진리를 거부하고 고통스러운 길과 때로는 파괴적인 길로 내려가서 우리에게 고뇌와 슬픔을 안겨줄 수 있다.

나도 한때는 "탕자"였다. 길을 잃고 분노를 품고 나의 정체성을 찾으려고 몸부림쳤던 그런 자녀였다. 겉으로는 완고했으나 속으로는 아팠다. 나의 그릇된 선택은 나를 파멸시키고 있었을 뿐 아니라 우리 가족에게도 번민을 안겨주었고, 결국 나는 나를 가장 사랑하는 이들과 관계를 단절하고 말았다.

부모님은 때때로 나를 포기하고 싶었겠지만 하나님의 은혜로, 결코 나를 포기하지 않으셨다. 그 대신 그분들은 나의 삶을 하나님께 의탁했고, 내가 그들을 대하는 방식과 달리 나를 사랑했으며, 나를 위해 기도함으로써 내가 싸울 수 없었던(또는 싸우길 원치 않았던) 영적인 전투를 치렀다. 그리고 하나님은 마침내 은혜롭게 그들의 기도에 응답하셨다. 만일 당신에게 냉담하고 반항적인 자녀가 있다면, 하나님이 주신 힘을 무기로 그들을 놓고 벌어지는 영적 전투를 치르라. 절대로 그들의 인생을 포기하지 말라. 그리고 방황하는 자녀를 놓고 다음 세 가지 기도를 드리라.

1. 무슨 대가를 치르든 그들의 마음이 깨지기를 기도하라

자녀들을 위해 기도할 때 편안하고 성공적이고 고통이 없는 삶을 위해 기도하는 일은 결코 어렵지 않다. 그러나 그들을 위해 우리가 구해야 하는 최고의 유익은 세상적인 행복이나 안락함이 아닌 바로 구원이다. 일시적인 쾌락, 자기만족, 모호한 경계로 가득한 세상에서 우리는 자녀들을 위해 싸워야 한다. 비록 구원이 길이 그들의 고통을 필히 부를지라도, 우리 주님께 그들의 삶을 의탁하고 그분이 그들을 집으로 돌아오게 하시기를 간구해야 한다는 뜻이다. 탕자가 제정신을 차리고 '일어나 아버지께 가기로' 결심하기까지 그는 재산, 친구들, 그리고 자신의 존엄성을 대가로 치러야 했다. 그리고 그는 너무 굶주려 돼지 먹이까지 탐내는 지경에 이르렀다(눅 15:15-18). 집으로 향하는 길은 돼지 치는 들판을 통과하게 되어 있었다.

나의 부모님이 나를 사랑하되 내가 깨어진 삶을 경험하도록 기도할 만큼 사랑하신 것에 영원히 감사드린다. 말하자면, 두 분은 나의 깨어진 삶이 나를 거의 죽이다시피 했지만, 치유로 이끌어줄 깨어짐을 경험하도록 기도했던 것이다.

나의 삶은 운동선수로서 정체성을 잃고 동료들에게 학대를 당하는 불행을 겪은 후 통제 불능 상태에 빠지고 말았다. 나는 다른 데서는 정체성과 목적을 찾을지라도 예수님에게서는 찾지 않았다. 자기를 파괴하는 습관이 나를 더욱 절망에 빠뜨렸고 나는 이 세상에서 탈출하고 싶었으며 결국 병원에서 보호받는 신세가 되었다.

병원의 새하얀 방에 누운 나는 다음 둘 중 하나를 선택해야 했다. 나의 죄의 짐에 눌려 짜부라질 것인가, 아니면 내 인생의 부서진 조각들을 그

리스도의 발 앞에 내려놓을 것인가? 나는 성경이 말하는 예수님이 누구신지, 그리고 그분은 언제나 죄인들을 환영하신다는 것을 알았다. 부모님께 너무나도 자주 들었기 때문이다. 하나님은 그분의 은혜로운 손길로 나의 무릎을 꿇게 하시고 나를 그분의 가족으로 맞아주셨으며, 그 이후 나의 부서진 조각들을 다시 짜맞추고 계신다.

우리가 자녀들의 깨어진 삶을 위해 기도를 드릴 만큼 담대하려면, 먼저 우리 자신도 하나님 앞에서 깨어진 존재였음을 깨닫고 자녀들과 우리를 향한 그분의 사랑을 신뢰할 수 있어야 한다. 우리가 자녀들을 하나님께 완전히 양도했을 때에만 이렇게 기도할 수 있다. "아버지, 저의 자녀를 영원한 파멸에서 구원하시기 위해 어떤 대가를 치러야 하든지 그렇게 해주십시오."

2. 적에 대항하는 기도를 드려라

우리 자녀들의 삶을 놓고 전투가 벌어지고 있다. 특히 그들이 눈멀어 스스로 싸울 수 없을 때는 우리가 그들을 위해 싸워야 한다.

옛날에 엄마와 이런 일이 있었다. 그때 우리는 부엌에 있었는데, 내가 세상에 분노하며 엄마에게 분풀이를 했다. 그러자 엄마는 나를 똑바로 쳐다보면서 담대하게 이렇게 말했다. "나는 너를 위해 싸우고 있어. 그리고 사탄이 네 인생을 차지해 승리하지 못하게 할 거야!" 엄마의 그 말에 나는 바닥에 주저앉아 울음을 터뜨렸다.

자녀들이 구원받을 것이란 보장이나 우리가 바라는 대로 되리란 보장은 우리에게 없다. 그러나 하나님이 우리 기도를 들으시고, 그분의 성품에 따라 행하시고, 선한 일을 이루신다고(우리가 간구하는 것과는 다를 수 있지만)

확신할 수 있다. 자녀들을 당기는 세상의 힘과 적의 간계에 대항해 싸우도록 하나님이 부모에게 주신 큰 무기가 있는데 바로 그리스도께서 베드로를 위해 하신 기도이다.

> "시몬아, 시몬아, 보라 사탄이 너희를 밀 까부르듯 하려고 요구하였으나 그러나 내가 너를 위하여 네 믿음이 떨어지지 않기를 기도하였노니 너는 돌이킨 후에 네 형제를 굳게 하라"(눅 22:31-32).

베드로는 분명히 신자였다. 그러나 이 순간에는 베드로가 언제 예수님을 모른다고 거듭 부인할지 말하기 어려우셨을 것이다. 우리는 방황하는 자녀들이 과연 그리스도께 돌아올지 알 수 없다. 그래도 우리는 하나님께서 우리 자녀들을 사탄의 권세에서 구출해주시기를, 그들에게 그리스도를 믿는 믿음을 주시기를, 그들의 삶을 통해 복음을 전파하고 다른 신자들을 굳세게 해주시기를 기도할 수 있다. 베드로처럼 주님을 가장 잘 섬겼던 사람도 방황하는 날이 있었다. 그러니 용기를 품으라.

3. 자녀를 위해 성경에 따라 기도하라

자녀가 진리에 무관심하고 하나님의 말씀을 듣기 싫어할 수 있지만, 그렇다 해도 그들은 당신이 그들을 위해 성경에 따라 기도하는 것을 막을 수 없다. 이것이 하나님이 부모들에게 주신 또 다른 강력한 무기이다.

나의 부모님은 내 삶을 두고 시편 18편 16-19절에 따라 자주 기도하시곤 했다.

"그가 높은 곳에서 손을 펴사 나를 붙잡아 주심이여

많은 물에서 나를 건져내셨도다

나를 강한 원수와 미워하는 자에게서 건지셨음이여

그들은 나보다 힘이 세기 때문이로다

그들이 나의 재앙의 날에 내게 이르렀으나

여호와께서 나의 의지가 되셨도다

나를 넓은 곳으로 인도하시고

나를 기뻐하시므로 나를 구원하셨도다."

지난날을 돌아볼 때 하나님이 얼마나 신실하게 이 기도에 응답해주셨는지 생각하면 참으로 놀랍기만 하다. 당시에 나는 자기 파멸이란 수렁에 빠지고, 남들의 학대를 받고, 온갖 반항을 일삼고, 너무나 깊은 슬픔에 허우적거리고 있었다. 그러나 하나님은 자비의 손길로 나를 많은 깊은 물에서 건지시고 나 자신의 죄와 사탄의 욕심에서 구출하셨다.

내가 병원 입원실에 앉아 더 이상 살고 싶지 않았을 때, 하나님은 나를 구출하셔서 넓은 곳으로 데려가셨고 또 (내가 보잘것없는 존재임에도 불구하고) 나를 기뻐하셨다. 그분은 내가 많은 깊은 물을 지나가도록 붙잡아주시고 많은 캄캄한 날들을 통과하도록 인도하시며 줄곧 이 말씀에 충실하게 일하셨다.

부모들이여, 자녀들이 예수님으로부터 너무나 멀어져서 어떤 길을 걷고 있든지 간에, 당신은 하나님의 말씀이란 강력한 무기로 그들의 삶을 위해 싸울 수 있다.

자녀들을 계속 사랑하라

자녀들이 영적으로 아무리 둔감하고 또 부모와 하나님의 말씀을 강하게 밀어낸다 해도, 비록 부모가 그들의 결정에 반대하지만 그들의 유익을 추구하고 있다고 분명히 전할 필요가 있다. 나는 부모님이 내가 내린 결정에 반대하고 그 때문에 마음 아파하는 것을 알았지만, 그럼에도 탕자의 아버지처럼 언제나 나를 얼싸안을 준비가 되어 있음을 알았다. 두 분은 나의 결정 때문에 나를 싫어한다고 말하기보다 나를 너무나 사랑하기 때문에 내 결정이 그들을 슬프게 한다고 분명히 밝혔다. 부모님은 내가 내 나름의 돼지 들판에 가는 여정이 중요하지 않다고 가장하지 않으셨다. 그보다는 두 분이 나를 기꺼이 안을 준비가 되어 있음을 명확히 알리셨고, 또 마찬가지로 그렇게 하실 하늘 아버지가 계심을 확실히 밝히셨다. 결국 부모님이 나를 구원하신 것이 아니다. 그보다 두 분은 내게 구원자의 은혜와 용서와 무조건적인 사랑을 가리키셨다.

무슨 일이 있든지 자녀들에 대한 희망을 잃지 말고 그들을 계속 사랑하라. 숨결이 있는 동안에는 항상 희망도 있는 법이다.

기도하는 부모의 능력

자녀들이 가정이란 울타리 안에 있는 동안 우리는 그들을 가르치고 훈련하며 적절한 경계를 설정해야 한다. 하지만 그들의 마음에 대한 통제권은 없다. 궁극적으로는 오직 하나님만이 그들의 마음을 하나님을 향한 사랑으로 채우시고 그들의 눈을 열어 그분의 아름다움과 영광을 보게 하실 수 있다. 우리가 여기에 있는 것은 자녀들을 구원하기 위해서가 아니라 그리스도를 기쁘게 하기 위해서임을 기억해야 한다. 우리는 그들을 구원할 수 없다. 그것은 우리의 몫이 아니다. 그러나 우리에게는 그들을 구원하실 수 있는 구원자가 계시다.

지금은 내가 자녀들과 씨름하다가 종종 절망에 빠질 뻔하다 보니 그 교훈을 새로운 차원과 또 다른 관점에서 배우는 중이다. 그러나 우리에게는 도우시는 분이 있고 희망도 있다. 우리 자녀들이 나이가 적든 많든, 그들이 부드러운 마음을 가졌든 딱딱한 마음을 가졌든지 간에, 우리에게는 기도의 능력, 하나님의 살아있는 말씀, 그리고 우리가 믿을 수 있는 주권적인 하나님이 계시다.

하늘에 계신 우리 아버지는 희망이 없는 듯한 인생, 곧 예전의 나와 같은 인생을 찾아와서 그 자신이 자비롭고 막강한 분임을 보여주기를 좋아하신다. 당신의 자녀에게 기도의 선물을 주고, 하나님께서 그의 인생을 그분의 선한 목적을 위해 사용하실 것을 믿으라. 그 과정에서 당신의 삶도 더욱 성숙하고 변화할 것이다.

성찰 질문

1. 혹시 마음속 깊이 자녀의 구원이 당신에게 달려있다고 생각하고 또 그에 따라 행동하지 않는가? 그런 사고방식이 두려움이나 교만으로 드러나지는 않는가? 부모의 역할을 잘 수행했는지와 상관없이, 자녀의 구원이 하나님께 달려있다고 믿는다면, 당신은 앞으로 어떻게 자녀를 양육하고 또 그들을 위해 기도하겠는가?

2. 만일 자녀가 역경을 경험해야 그리스도를 찾을 것 같다면, 당신은 그렇게 되도록 기도할 만하다고 생각하는가? 만일 그렇지 않다고 생각한다면, 이유는 무엇인가?

3. 자녀들 각각을 위해 기도할 때 어떤 성경 구절에 따라 기도하는가?

4. (가능하면 부부가 함께 풀라.) 만일 당신에게 탕자(또는 탕녀)가 있다면, 어떻게 당신이 진리를 굳게 붙잡고 그들의 그릇된 선택을 무시하지 않으면서도 계속 그들에게 당신이 그들의 유익을 추구하고 또 그들을 무조건 사랑할 것임을 확신시킬 수 있겠는가? 만일 자녀들이 모두 주님을 따르고 있다면, 하나님이 당신과 자녀들에게 베풀어주신 큰 은혜와 과분한 친절로 인해 그분께 찬양하고 감사를 드려라!

기도

주님, 제 자녀가 주님을 배척한다는 생각을 하면 도무지 감당하기가 어렵습니다. 저는 그들의 마음을 바꿀 수 없고, 제게는 그들의 눈을 열어 주님이 필요함을 보게 할 능력이 없음을 절실히 느낍니다. 혹시 저의 죄와 실패 때문에 그들이 주님께 등을 돌리고 있지 않은가 하고 죄책감을 느낄 때도 있습니다. 제가 주님의 은혜를 신뢰하고 안심할 수 있게 도와주소서. 그리고 오직 주님만이 그들에게 믿고 싶은 마음을 주실 수 있고, 제가 아무리 노력해도 그들을 구원할 수 없고, 제가 아무리 실패해도 주님은 그들을 구원하실 수 있다는 것을 믿게 해주소서. 저의 자녀들을 사랑하고 지도하며 그들을 진리 안에서 양육할 수 있는 지혜를 주옵소서. 주님의 사랑과 자비로 저의 자녀를 방황하는 삶과 반항에서 건져주시고, 그들에게 구원에 이르는 믿음을 허락하소서. 그리고 만일 그들이 방황한다면, 죄의 권세를 꺾고 그들이 인생을 주님께 드리게 하는 데 필요한 일을 꼭 수행하옵소서. 아멘.

더 묵상할 본문 : 삼상 16:7; 시 139편; 렘 24:7; 눅 15:11-32; 벧후 3:9

나의 묵상 노트

21장.

기쁨을 다시 발견하다

_ 제프

"친구들이여, 결혼생활이 얼마나 빨리 삶이 주는 요구와 스트레스와 시련에 압도될 수 있는지 우리는 잘 알고 있다. 우리가 의도적으로 또 적극적으로 대처하지 않으면, 이런 폭풍들이 우리의 부부관계를 단련하고 강화시키기보다 오히려 가두고 갉아먹을 수 있다."

아내와 나는 어색한 침묵이 흐르는 가운데 서로 마주보며 테이블에 앉았다. 우리는 마치 놀이공원에서 빙글빙글 도는 찻잔을 타고 나온 사람처럼 뱅뱅 도는 머리를 이 고정된 세상에 안착시키려고 애쓰고 있었다. 우리는 결혼 14년차, 여전히 (보통은) 서로를 좋아했고, 어쨌든 집 밖으로 나올 수 있어서 너무 기뻤다. 그런데 왜 그저 단순한 대화를 나눌 수 없는 것일까?

바로 이것이 문제였다. 우리는 생존하는 것 말고는 다 잊어버렸다. 우리는 결혼생활 내내 혼돈을 가장 많이 배웠고, 그래서 혼돈 가운데 생존하는 법은 잘 알았다. 그런데 시간이 흐르면서 우리는 서로를 놓치지 않기 위해 버둥거려야 했다.

이는 고난으로 점철된 결혼생활이 밟는 자연스러운 경로이다. 우리는 여전히 서로 사랑하고 또 최고의 동료지만, 우리의 관계가 대체로 시련이나 바쁜 생활을 중심으로 돌아가고 그 위험을 알아채지 못하면, 우리의 부부관계는 결국 흔들리기 시작할 것이다. 우리도 모르게 관계가 멀어지고 마침내 둘 사이의 간격이 도무지 메울 수 없는 듯이 벌어져 보일 것이다.

이 때문에 우리는 다른 이들에게 격려를 받아야 했다. 나도 당신을 격려하고 싶어서 몇 가지 실제적인 방법을 나누고자 한다. 당신의 부부관계가 시련에 삼켜지지 않도록 돕고 싶다. 이번 장에서 나는 욥에게 지혜를 구하지 않을 터라 이 책의 나머지 부분과 조금 다르게 느껴질 것이다. 그러나 이 제안들이 당신이 겪는 시련의 영역에서 서로에게 전혀 도움이 되지 않는 반복을 멈추게 하기를 바란다. 물론 그 형태는 사람마다 다르다. 각자가 처한 구체적인 상황에 따라 달라지기 때문이다. 하지만 이를 계기로 부부가 현재 당면한 문제 이외의 모든 차원에서 서로 능동적으로 소통하는 방법을 두루 찾게 되기를 바란다.

함께 시간을 보내려면 사전 계획이 필요하다

고개를 푹 숙인 채 앞으로 계속 걷기만 하는 것이 훨씬 쉬울 때가 많다. 때로는 남에게 도움을 요청하려고 애쓰거나 아이돌보미를 고용하는 것은 생각만 해도 스트레스다. 그러나 만일 우리가 혼돈에서 나오는 발걸음을 내딛지 않는다면, 우리는 그 속에서 길을 잃을 것이고 결혼생활도 그렇게 될 것이다. 아내와 나는 우리의 환경을 바꾸고 우리의 시련과 무관하게 서로를 아는 지식을 늘리고자 남의 도움을 받거나 주기적으로 아이돌보미를 고용하는 일이 중요하고 또 필요하다는 것을 배웠다. 이는 물론 각 부부가 직면하는 독특한 어려움에 따라 제각기 다른 모습을 띨 것이다. 특히 두 사람이 부부관계와 관련된 고통스러운 상황을 다루고 있다면 더욱 그렇다. 그러나 조금씩 점진적으로 움직이더라도 올바른 방향으로 움직이려는 노력을 기울이는 일은 무척 중요하다. 아주 단순하게 이런 결정을 내릴 수 있다. "우리는 이 시간을 함께 보낼 예정인데, 과거에 일어난 일과 현재 당면한 문제를 끄집어내지 말고 또 그에 관해 생각하지 않기로 서로 동의했어. 그 문제들이 중요하지 않아서가 아니라 우리의 결혼생활에서 일어난 좋은 면을 기억할 필요가 있기 때문이야." 이렇게 하는 데 우리에게 도움이 되었던 몇 가지를 소개하면 다음과 같다.

1. 당신의 일과와 시련의 현장 밖으로 나가면 처음에는 자신이 불빛에 놀란 사슴처럼 느껴지겠지만 괜찮다. 생각해보라. 첫 데이트를 할 때는 그냥 멍하니 서로를 쳐다보며 무슨 말을 해야 할지 몰랐던 경우가 많지 않은가. 나는 처음에는 우리 삶에서 일어난 일들을 마음속으로 처리하는 시간을 잠시 갖는 것이 좋다는 사실을 깨달았다. 그러니까 가만히 앉아 침묵하며 숨을 고르고 긴장을 푸는 일이 필요하다는 말이다.

2. 대화를 돕는 질문카드를 구입하거나 인터넷에서 찾아 인쇄해도 좋고, 즐거운 토론을 끌어낼 수 있는 어떤 드라마나 팟캐스트를 찾아도 괜찮다. 이런 것이 우리가 데이트를 할 때마다 큰 도움이 되었다. 우리는 평소에 일상생활에 압도될 때가 많아서 우리의 시련과 상관없는 대화의 기본적인 주제를 떠올리기가 쉽지 않았다. 어떤 목록에서 가벼운 질문을 선택해서 서로 물어보거나 일상생활과 무관한 주제들을 다루면 몇 가지 유익이 있다. 서로에 대해 새롭게 알게 되고, 평소에는 생각하지도 못했

던 주제들을 토론할 기회를 얻게 되고, 우리의 환경과 전혀 상관없는 분야들에서 서로를 이해하는 유익을 누리게 된다.

3. 일정한 시간을 정해서 그 시간에는 당신의 시련, 자녀들, 또는 현재 당신의 생각과 시간을 많이 소모하는 주제에 관해 이야기하지 않도록 하라. 물론 그런 영역들에서도 서로를 이해하는 것이 좋다. 그러나 만일 그런 주제들이 현재 당신의 관계를 사로잡고 있다면, 그것들을 한동안 제외시킬 필요가 있다.

4. 활동적인 데이트를 하라. 우리 부부가 가장 상쾌하게 보냈던 시간은 일일 그림 수업이나 요리 교실, 또는 테니스나 골프 등 활동적인 스포츠를 즐겼을 때였다(아내의 발목이 아프기 전에). 이런 활동은 함께하는 시간 내내 이야기를 나눠야 한다는 압박감을 덜어주었고 서로 나란히 무언가를 흥미롭게 즐길 기회를 제공했다. 인생의 짐이 무거울 때는 가볍게 무언가를 함께 즐기면서 서로 교섭하는 새로운 방법을 찾는 것이 매우 중요하다.

5. 만일 당신이 집을 떠날 수 없다면 매주 "집안 데이트"를 계획하라. 함께 시간을 보낼 새로운 방법을 번갈아가며 생각해보라. 팝콘을 먹으며 영화를 보거나 배달 음식을 먹으면서 함께 좋아하는 게임을 해도 좋다. 또는 당신이 좋아하는 음식점의 분위기를 만들고 거기서 주문하는 것과 비슷한 음식을 마련해보라. 우리는 집을 떠나지 않고도 창의력을 발휘해서 평소의 일과와 다른 시간을 보낼 수 있다.

평소의 환경에서 벗어나라

부부가 몇 시간을 함께 보내는 것은 멋진 일이다. 그러나 정말로 압박을 느낄 때는 긴장을 푸는 데 상당한 시간이 걸린다. 가능하면 평소의 환경에서 벗어나 다른 곳에서 이틀 밤을 지내보라. 그것은 충분히 비용을 지불하고 계획을 세울 만한 일이다. 그러면 처음에 느끼는 '불빛에 놀란 사슴' 단계를 잘 지나서 진정한 대화를 자연스럽게 나눌 수 있는 충분한 시간을 확보하게 될 것이다. 아울러 주변 환경을 바꾸는 것도 도움이 된다. 예컨대, 가정에서 많은 스트레스를 받는다면, 숲속을 걷는다든가 호숫가에 앉아 있는 것만으로도 서로 금방 마음이 통할 수 있다.

이런 장면을 생각만 해도 눈에 눈물이 고일지 모르겠다. 어쩌면 당신은 무슨 수를 쓰더라도 현 상황에서 벗어나기 어려울 수 있기 때문이다. 만일 그런 처지라면, 하나님이 허락하신 그 환경 가운데 당신과 당신의 부부관계를 향한 하나님의 은혜가 충분하다는 것을 기억하라. 평소의 환경을 떠나는 것이 유익할 수 있지만 좋은 부부관계를 위한 필수조건은 아니다.

함께 즐길 수 있는 취미를 찾으라

만일 당신과 배우자가 대체로 시련에 관해 이야기하고, 시련을 견디며 헤쳐 나가는 것에 매달려 있다면, 함께 집중할 만한 긍정적인 활동을 찾는 일이 유익하고 건강할 수 있다. 어떤 부부는 테니스를 치거나 골프 레슨을 받는 것, 요리 교실에 참석하는 것, 함께 정원을 가꾸는 것, 또는 낡은 가구를 새롭게 고치는 것을 즐긴다. 어쩌면 함께 책을 쓰는 것과 같은 무모한 일을 저지를 수도 있다! (알고 보면 이 작업은 그 나름의 긴장을 수반한다.) 무슨 취미든지 간에, 두 사람이 함께 작업해서 이룰 수 있는 무언가를 공유하면 결혼생활 전체에 균형과 건강을 이룰 수 있다.

배우자에게 본인이 즐기는 것을 하도록 격려하라

삶이 힘겨울 때는 절대적으로 필요하지 않은 것에 시간이나 돈을 사용하는 일을 이기적인 행동으로 느낀다. 예컨대, 아내는 여러 신체 활동을 통해 스트레스를 해소해왔는데 더 이상 그럴 수 없어지자 나는 그녀에게 즐길 만한 새로운 활동을 찾아보라고 격려했다. 나는 정기적으로 그녀에게 자유시간을 두 시간 주면서 나가서 글을 쓰거나 재충전할 만한 무언가를 해보라고 권한다. 이와 마찬가지로, 아내 역시 나에게 주기적으로 나가서 (내가 스트레스를 푸는 방법인) 달리기를 하라고 격려한다. 그것이 무엇이든지 간에 우리는 서로 그런 활동을 하도록 격려할 필요가 있다. 스트레스가 많은 시기에 우리의 원기를 회복시켜주는 활동은 매우 유익한 투자가 되기 때문이다. 이때 배우자에게 본인이 좋아하는 것을 한동안 하도록 "허락해야" 배우자는 편안하게 그것을 즐길 것이다.

타인과의 관계를 잘 유지하라

우리는 부부로서 의사소통을 잘하는 것이 중요하지만 그만큼 각자가 경건한 친구들과 관계를 잘 유지하는 것도 필요하다. 부부가 서로에게 친구들과 꾸준히 시간을 보내도록 격려하면 배우자에게 어느 정도의 압박감을 덜어줄 수 있다. 따라서 부부는 각각 다른 사람의 현명한 조언을 듣고, 함께 기도하는 친구를 유지하는 편이 좋다. 좋은 친구 관계를 유지하면 부부가 우물 안의 개구리가 되는 것을 방지할 수 있다.

함께 누군가를 섬기라

부부가 시련을 겪는 시기에는 여러 어려움에 사로잡히기 쉽다. 환경이 허락하기만 하면, 부부가 함께 다른 사람들을 섬기는 편이 건강하고 유익하다. 특히 지역교회에서 그럴 수 있다면 더 좋다. 그 이유는 첫째, 그럴 경우 우리 시선을 자신의 고난으로부터 다른 이들에게로 돌릴 수 있다. 둘째, 그런 섬김은 부부가 함께 집중할 수 있는 긍정적인 경험을 제공하고, 부부가 고립되지 않고 그리스도의 몸에 계속 붙어있게 해준다.

웃음을 잃지 말라

웃음은 좋은 약이다. 웃음이 주는 신체적, 정신적 유익은 이루 셀 수 없을 정도로 많다. 사실 나는 우리 부부가 받은 최고의 선물 중 하나는 우리가 처한 혼돈과 역기능을 우스갯거리로 삼는 능력이라고 말하곤 한다. 어떤 사람들은 우리의 농담을 듣고 눈살을 찌푸리기도 하지만, 실은 그럴 수 있어서 우리가 시련을 겪는 동안 잘 대처하고 또 올바른 관점을 갖는 데 도움이 되었다. 웃음은 긴장을 풀어주고, 스트레스를 덜어주고, 또 부부관계를 종종 위협하는 절망의 구름을 걷어 주었다. 당신과 배우자만 이해하는 둘만의 농담은 당신의 가정과 결혼생활의 분위기를 가볍게 해준다. 부부가 눈물뿐만 아니라 웃음까지 공유한다면 둘의 우정이 더욱 탄탄해질 것이다.

어쩌면 당신은 부부가 몇 년 동안 함께 웃지 못했고 그래서 이 글을 읽으며 슬픔을 느낄지 모르겠다. 그리고 당신은 솔직히 말해 웃을 거리가 별로 없다고 생각할 것이다. 당신만이 그런 것이 아니다. 인생이 힘들거나 부부관계에 긴장이 쌓이면 맨 먼저 사라지는 것이 웃음이다. 이런 상황에서는 함께 웃을 거리를 제공하는 코미디 영화나 (깨끗한) 코미디 프로를 시청하는 게 도움이 된다. 우리가 그랬다. 우리는 때로 웃는 법을 상기시켜주는, 우리의 상황 밖에 있는 가벼운 무언가에 집중할 필요가 있었다. 우리가 처한 어려운 상황을 해결해주는 건 아니지만, 잠시 동안이라도 함께 미소를 짓고 또 웃을 수 있는 어떤 것을 발견하면 기분이 상쾌해지고 지친 마음이 회복될 수 있다.

친구들이여, 결혼생활이 얼마나 빨리 삶이 주는 요구와 스트레스와 시련에 압도될 수 있는지 우리는 잘 알고 있다. 우리가 의도적으로 또 적극적으로 대처하지 않으면, 이런 폭풍들이 우리의 부부관계를 단련하고 강화시키기보다 오히려 가두고 갉아먹을 수 있다. 물론 우리의 궁극적인 희망은 우리가 행하거나 행하지 않은 일에 기반을 두지 않는다. 그래도 우리의 고난에 압도될 수 있는 함정을 인식하는 한편 거기에 빠지지 않도록 실제적인 방법을 찾는 것은 지혜로운 처신이다.

현재 결혼생활에서 역경의 계절을 지나든 그렇지 않든 부부가 나누는 우정에 투자하고 또 그 우정을 귀하게 여기라. 계절은 오고 갈 테고 시련은 생겼다 사라질 테지만, 당신 곁에 있는 그 사람은 그 모든 시간 당신과 동행하도록 주어진 사람이다. 서로를 지지해주고, 서로에게 투자하고, 서로를 즐거워하는 삶을 살라.

성찰 질문

1. 뒤돌아볼 때, 시련이나 바쁜 생활로 인해 부부관계가 뒷전으로 밀린 적이 있는가? 과거에는 부부가 함께 즐기곤 했는데 지금은 더 이상 시간을 할애하지 않는 활동이 있다면 무엇인가?

2. 이번 장에 나온 제안들 중에 당신에게 무척 유익하거나 큰 도전을 준 것은 무엇인가?

3. 당신이 배우자와 함께 즐기고 싶은 것이 있다면 한두 가지 말해보라. 둘이서 무엇을 함께하면 가장 즐겁고 상쾌하고 마음이 통할 것 같은가?

4. (가능하면 부부가 함께 풀라.) 두 사람이 여기에 제시된 '실제적인 영역들'에서 어떻게 지내고 있다고 느끼는지 서로 이야기해보라. 그중 한 가지를 골라 2주 안에 꼭 실천하겠다고 결심하라.

기도

아버지, 힘든 시련이 오래 지속되면 다른 무엇이나 어떤 사람도 생각하기가 어렵습니다. 저는 우리 부부가 고난에 압도되기를 원치 않지만, 고난은 우리 관계에서 기쁨과 평안과 에너지를 빨아내려고 위협합니다. 주님, 우리를 도와주소서. 우리의 결혼생활이 고난으로만 채색되지 않도록 우리의 마음을 지켜주소서. 제가 어떻게 배우자를 지지하고 격려하며 우리의 관계를 강화하는데 투자할 수 있는지 나에게 보여주소서. 스트레스와 번민이 우리를 삼키려고 위협할 때 우리의 결혼생활에서 균형과 건강을 유지하는 데 필요한 지혜와 수단을 공급해주소서. 우리가 주님을 모든 것의 원천으로 믿고 바라볼 때 우리에게 필요한 모든 것을 공급해주겠다고 약속하시니 정말 감사합니다. 아멘.

나의 묵상 노트

22장.

우리의 의문에 하나님이 답하시다

_ 사라

"그 때에 여호와께서 폭풍우 가운데에서 욥에게 말씀하여 이르시되 무지한 말로 생각을 어둡게 하는 자가 누구냐 너는 대장부처럼 허리를 묶고 내가 네게 묻는 것을 대답할지니라 내가 땅의 기초를 놓을 때에 네가 어디 있었느냐 네가 깨달아 알았거든 말할지니라"(욥 38:1-4).

시련이 닥치면 우리는 자연스럽게 '왜?'라고 묻는다. 우리는 절박하게 시련을 이해하는 틀을 만들려고 노력하며, 우리의 고통에 담긴 목적과 이유를 찾아 위안을 얻으려고 한다.

그런데 아무것도 찾지 못할 때가 많다.

그러면 크리스천인 우리는 즉시 욥이 직면했던 것과 똑같은 문제를 직면하게 된다. "하나님이 만일 나를 사랑하신다면, 하나님이 만일 통제권을 갖고 계시다면, 하나님이 만일 선하시다면… 왜 그분은 사랑이 없어 보이고, 통제를 벗어난 듯 보이고, 선한 것과는 거리가 멀어 보이는 환경을 허락하실까? 그리고 만일 그분이 어떤 목적을 갖고 계시다면, 왜 내 의문에 답하셔서 나를 위로하지 않으실까?"

이처럼 의문과 혼동으로 점철된 길은 나에게 너무나 익숙하다. 나의 생애를 돌아보면 대체로 하나님이 선하시고 주권적이시고 신실하시고 사랑이 많으신 분임을 믿으면서 자랐다. 나는 그런 믿음이 통하는 세계에서, 즉 그런 진리를 받아들이기 쉬운 환경에서 나의 신앙 체계를 쌓아왔는데, 인생이 흔들리기 시작하더니 나의 희망과 기대는 고통스럽고 실망스럽고 처참한 현실로 대체되고 말았다. 욥처럼 나는 삶의 한 영역에 이어 다른 영역이 줄줄이 무너지는 모습을 고통스럽게 바라봤다. 결혼, 자녀들, 엄마 되기, 건강, 능력, 직업, 재정적 안정, 우리 집… 고난이 닥치지 않은 곳이 없어 보였다. 그래서 나는 처음으로 '왜'라는 의문을 붙들고 씨름하기 시작했다. 내가 그동안 섬기고 순종하려 애썼던 그 하나님이 어째서 이 모든 것을 허락하실까? 왜 그분은 나를 대적하는 듯이 보일까? 왜 그분은 침묵을 지키실까? 왜 하필이면 내가 밑바닥에 떨어졌을 때 그분은 또 다른 고통스러운 일격을 허락하실까? 이런 의문들이 떠올랐지만 응답은 받을 수 없었다.

하나님은 그때까지 여러 모양으로 신실하신 분임을 보여주셨지만 나는 갈수록 더 당혹스러워지고 불안해졌다. 우리가 기도의 응답을 받지 못하고 오히려 더 많은 고통이 닥칠 때, 하나님의 음성을 듣고 싶은데 그분이 침묵하실 때는 믿음을 유지하기가 어려웠다.

어쩌면 당신도 이와 비슷한 상황에 처했는지 모르겠다. 무척 고통스러운 환경과 응답받지 못한 기도에 비추어 하나님의 성품을 이해하려고 씨름하고 흔들리며 혼동에 빠진 그런 상태 말이다. 만일 그렇다면, 당신에게 공감하는 이들이 많다는 것을 알라. 우리는 신앙의 선배들처럼 고통과 혼동 가운데 우리의 의문을 주님께 가져가도 좋다는 허락을 받았다.

"여호와여 어찌하여 멀리 서시며 어찌하여 환난 때에 숨으시나이까"(시 10:1).

"내 하나님이여 내 하나님이여 어찌 나를 버리셨나이까 어찌 나를 멀리 하여 돕지 아니하시오며 내 신음 소리를 듣지 아니하시나이까"(시 22:1).

"주께서 어찌하여 그[예루살렘의] 담을 허시사 길을 지나가는 모든 이들이 그것을 따게 하셨나이까?(시 80:12).

"어찌하여 나를 잊으셨나이까"(시 42:9b).

시편 저자들은 다음 두 가지를 경험으로 알았다. 첫째, 그들이 알고 있다고 생각했던 하나님이 갑자기 그들에게 낯설어 보이는 경험을 했다. 둘째, 한때는 하나님의 약속을 믿었지만 그들의 환경과 느낌이 그들의 신념과 달라질 때 그 믿음이 흔들리는 경험을 했다.

이러한 처지에 놓이면 우리는 큰 혼란을 느낀다. 그렇게 되면, '선하고 자애로우신 하나님이 이렇게 행동하셔야 하는 것 아닌가?' 하는 우리의 생각이 드러나고, 우리가 과연 하나님을 어디까지 기꺼이 신뢰할지도 드러난다. 우리는 이해가 되는 하나님은 기꺼이 신뢰하려고 하지만, 우리가 이해할 수 없는 길을 가시는 하나님 앞에서는 어리둥절해지고 두려워진다.

그런데 이해할 수 없는 하나님을 어떻게 신뢰할 수 있을까? 그것은 바로 하나님께서 그 방법을 보여주신다. 우리는 욥에게 주신 그분의 응답과 더불어 그리스도 안에서 우리에게 주신 그분의 응답을 살펴볼 필요가 있다.

뜻밖의 응답

욥은 하나님에 대해 많은 의문을 갖고 있었다. 하나님은 그 의문들에 답변하셨는데 욥이 기대하는 대답은 아니었다. 하나님은 욥에게 그가 고난 받는 이유 또는 그 고난이 얼마나 지속될지에 대해 그가 원하는 그런 답변을 반드시 얻게 되지는 않을 거라고 가르쳐주신다. 그리고 우리에게도 똑같은 가르침을 주신다.

현재 겪는 고난이 공평한지에 대한 욥의 의문에 하나님께서 어떻게 답변하셨을 거라 생각했는가? 당연히 그분과 사탄 간에 있었던 일(욥 1장)을 설명하셨을 거라 기대하지 않았는가? 우리의 생각으로는, 하나님이 욥에게 그분의 사랑을 확신시켜 주시면서, 만일 영적인 전투가 벌어지지 않았다면 그런 고난이 그에게 절대로 닥치지 않았을 거라고 답변하셨을 것 같다. 만일 내가 하나님이었다면, 나는 나 자신을 정당화하면서 내가 왜 욥에게 그 모든 고난을 허락했는지 설명했을 것이다. 마치 나는 가족을 위해 최선을 다하고 있는데, 자녀 중 하나가 내가 그들을 일부러 해롭게 하려고 한다면서 나를 비난한다면, 나는 그것을 자세히 설명하면서 나를 정당화했을 것처럼 말이다. 또 내가 하나님이라면, 고난이 결국 끝날 것이란 사실로 욥을 격려하면서 그를 회복시키고 축복할 것이라 일러줬을 것이다!

그러나 하나님은 이런 답변을 하나도 하지 않으신다.

"그 때에 여호와께서 폭풍우 가운데에서 욥에게 말씀하여 이르시되
무지한 말로 생각을 어둡게 하는 자가 누구냐

너는 대장부처럼 허리를 묶고 내가 네게 묻는 것을 대답할지니라

내가 땅의 기초를 놓을 때에 네가 어디 있었느냐

네가 깨달아 알았거든 말할지니라

누가 그것의 도량법을 정하였는지,

누가 그 줄을 그것의 위에 띄웠는지 네가 아느냐

그것의 주추는 무엇 위에 세웠으며 그 모퉁잇돌을 누가 놓았느냐

그 때에 새벽 별들이 기뻐 노래하며

하나님의 아들들이 다 기뻐 소리를 질렀느니라

바다가 그 모태에서 터져 나올 때에 문으로 그것을 가둔 자가 누구냐

그 때에 내가 구름으로 그 옷을 만들고 흑암으로 그 강보를 만들고

한계를 정하여 문빗장을 지르고

이르기를 네가 여기까지 오고 더 넘어가지 못하리니

네 높은 파도가 여기서 그칠지니라 하였노라

네가 너의 날에 아침에게 명령하였느냐

새벽에게 그 자리를 일러 주었느냐"(욥 38:1-12).

하나님은 자신을 변호하고 설명하는 대신, 단지 그분이 여전히 모든 것을 주관하시며 그분은 자신이 행하는 일을 아신다는 사실을 욥에게 상기시키셨다. 그것이 전부였다.

왜 그러셨을까? 만일 하나님이 이 시련을 욥에게 설명하신다면, 이후 욥이 또 다른 시련을 겪게 될 때 그에 대한 설명도 필요할 터이고, 그다음 시련에도 그럴 것이고, 그다음 시련에도… 그래서 그의 믿음이 자라기보다는 오히려 시들어버릴 것이기 때문이다. 그러나 하나님이 욥에게

그분이 누구시며 또 무엇을 하실 수 있는지 상기시킨다면, 욥은 고통스럽지만 깜짝 놀라 뒤로 물러나서 하나님을 신뢰하게 될 것이다.

그래서 하나님은 욥에게 그분의 권능과 장엄함과 지혜를 상기시키신다. 그분이 지구의 기초를 놓으셨다면 분명히 욥의 재난을 예방하실 수 있다. 그분이 산 염소가 새끼를 낳을 때, 매가 날개를 펼 때, 그리고 독수리가 하늘로 떠오를 때, 그 모습을 보시고 그것들을 돌보시고 부양하신다면(욥 39:1-4, 26-27), 그분은 분명히 우리를 보시고, 돌보시고, 또 부양하실 것이다. 우리는 해답을 알기보다는 그분을 알 필요가 있다.

친구들이여, 우리의 의문들과 의심들은 우리가 환경을 이해한다고, 또 하나님을 우리가 이해할 수 있는 분으로 축소시킨다고 해결되지 않을 것이다. 그리고 우리의 의문이 응답을 받는다고 해서 우리가 그리스도를 더 신뢰하게 되진 않을 것이다. 단지 우리가 이해할 만한 이유가 있을 때에만 그분을 신뢰하게 될 뿐이다. 그렇다, 우리의 의문들과 의심들은 우리가 우리의 창조주이자 구원자이자 주님이신 분의 장엄하심과 권능과 주권을 이해하기 시작할 때, 그분이 여전히 모든 것을 주관하시고 자신이 행하는 일을 아신다고 우리가 믿을 때 풀리기 시작한다. 우리가 하나님의 참된 영광의 단편이라도 이해하게 되어서 시편 저자와 같이 이렇게 말할 수 있을 때에야 비로소 겸손하고 평온한 자세로 그분을 신뢰하기에 이를 것이다.

"사람이 무엇이기에 주께서 그를 생각하시며 인자가 무엇이기에 주께서 그를 돌보시나이까"(시 8:4).

욥의 '의문들'은 하나님이 그에게 그분의 성품을 상기시켰을 때 풀렸고, 우리의 의문들도 그렇게 풀릴 수 있다. 왜냐하면 우리는 토기장이의 손에 있는 진흙이기 때문이다(사 29:16). 하나님이 지구의 기초를 놓고 그 규모를 표시하셨다면, 그분이 자기의 주권적이고 거룩한 목적을 위해 우리의 고난에도 한계를 정하셨다고 우리는 믿을 수 있다.

예수님도 "왜?"라고 물으셨다

"제구시쯤에 예수께서 크게 소리 질러 이르시되 엘리 엘리 라마 사박다니 하시니 이는 곧 나의 하나님, 나의 하나님, 어찌하여 나를 버리셨나이까 하는 뜻이라"(마 27:46).

예수님은 구원 계획을 알고 계셨고 또 자신이 왜 십자가에 달렸는지도 아셨다. 그리고 부활을 앞두고 있다는 것도 아셨다. 그런데도 십자가의 고통 가운데 그의 아버지께 '어찌하여?'라고 부르짖으셨다. 그 순간에 하나님은 예수님의 부르짖음에 응답하지 않으셨다. 오히려 하나님은 절망적이고 무의미한 듯한 것을 통해 세상에 구원의 소망을 주심으로써 응답하셨다.

십자가를 보면 마치 죽음이 이긴 것처럼, 마치 하나님이 모든 것을 주관하지 않으시는 것처럼, 마치 하나님이 그의 아들을 사랑하지 않으시는 것처럼 보인다. 그러나 사실은 십자가야말로 하나님의 주권과 사랑과 선하심을 보여주는 가장 위대한 장면이었다. 이는 설사 우리가 그 순간에 거기 있었더라도 도무지 이해할 수 없는 엄청난 진리이다. 그리스도께서 죽은 자들 가운데서 부활하신 이후를 사는 우리는 그분이 왜 거기에 매달리셨는지, 또 하나님이 여전히 모든 것을 주관하셨으며 그분이 무엇을 하고 계신지 아셨음을 깨닫는 복을 받았다. 하나님은 우리가 이해할 만한 것에 따라 행동하지 않으시고 우리에게 가장 좋은 것을 주시 위해 행동하신다. 그분을 찬양하라!

우리가 아는 것이 우리가 모르는 것보다 낫다

그러므로 이해할 수 없는 시련을 겪을 때 우리는 하나님께 가까이 나아가서 '왜?'라고 여쭤볼 수 있지만, 무엇보다도 시선을 십자가로 돌려야 한다. 십자가야말로 우리의 하나님이 온전히 선하시고, 모든 것을 주관하시고, 믿을 만한 분임을 확증해주는 궁극적인 징표이기 때문이다. 하나님이 우리를 위해 그 아들을 희생시킬 만큼 우리를 사랑하셨다면, 우리의 의문이 응답받지 못하는 듯해도 우리는 바로 그 주권적인 사랑을 신뢰할 수 있다.

결국 욥이 우리에게 상기시켜주는 바는, 하나님은 우리에게 해명할 의무가 없으시다는 점이다. 우리는 (욥처럼 참된 설명을 도무지 상상조차 할 수 없을 때) 스스로 어떤 설명을 지어내려 하지 말고, 우리가 주님의 길을 이해할 수 없거나 어둠 속에서 그분의 임재를 느낄 수 없을 때에도 그분의 모든 행위는 선하고 자애롭고 목적이 있음을 기억해야 한다. 우리는 우리 인생의 경로를 이해하는 것보다 하나님의 성품을 아는 것이 더 필요하다.

혹시 당신의 부부관계가 비틀거리거나, 당신의 마음이 사랑하는 사람의 질병이나 죽음 때문에 슬픔에 잠겨있거나, 과거에 안락했던 삶이 여러 가지 이유로 지금은 먼 추억이 되어 버렸는가? 그렇다면 하나님 앞에 겸손히 무릎을 꿇고 당신의 혼동과 당혹스러움을 들고 나가도 좋다. 그분의 길은 당신의 이해를 뛰어넘는다. 그분의 침묵은 곧 그분이 안 계시다는 증거가 아니다. 하나님은 당신이 그분의 변함없는 성품에 확실한 소망을 두며 믿음으로 그분을 신뢰하고 경외하기를 바라신다. 스펄전은 이를 이렇게 잘 표현했다.

"하나님은 그분의 종들이 믿음을 행사하게 하시며 그들을 구원하신다. 하나님은 그들의 믿음이 부족하기를 원치 않으신다. 믿음이야말로 천상의 삶의 자원이기 때문이다. 그분은 믿음의 시련이 계속 이어지다 마침내 믿음이 강하게 자라서 완전한 확신에 이르기를 바라신다. 무화과는 상처를 입지 않으면 달콤하게 익지 않는다. 믿음도 마찬가지다. 하나님은 당신을 시험을 이겨낸 신자로 만드실 것이다. 그러나 인간의 이성이 제안하는 방식으로 당신을 성장시키실 거라 기대하지 말라. 그런 방식은 당신의 믿음을 발달시키지 못하기 때문이다."(Beside Still Waters, p. 148)

우리는 이런 진리로 스스로를 격려해야 한다. 아울러 우리의 배우자도 격려하고 그를 위해 기도해야 한다. 무엇보다 배우자가 현 상황을 이해하거나 현재의 시련을 극복하기보다 하나님에 관해 더 많이 알도록 기도해야 한다.

우리는 기쁨과 평안을 갈망한다. 그러나 그런 기쁨과 평안은 우리가 상황을 이해한다고, 또는 배우자와 더 좋은 관계를 맺는다고, 또는 원하는 기도 응답을 받는다고 얻어지는 것이 아니다. 우리가 구하는 참된 기쁨은 그리스도 안에서만 찾을 수 있다. 그리고 우리가 그리스도의 길을 이해할 수 없을 때라도 그분으로 충분하고 그분은 믿을 만하다고 믿을 때에야 비로소 큰 기쁨을 맛볼 수 있을 것이다.

욥은 그의 고난 배후에 있는 '이유'를 결코 알지 못했다. 그러나 그는 훨씬 더 깊은 차원에서 하나님이 누구인지 그리고 그분이 왜 믿을 만한 분이신지를 믿기에 이르렀다. 우리도 인생의 여러 시련들을 헤쳐 나갈 때 모두 그렇게 되기를 바란다. 우리가 슬퍼하고 씨름하고 탄식할지라도 그 모든 과정을 통해 하나님이 여전히 모든 것을 주관하시며 또 자신이 행하는 일을 아신다는 진리를 모두 깨닫게 되기를 간절히 바란다.

성찰 질문

1. 욥처럼 왜 하나님이 고통스러운 일을 허락하셨는지 의문을 품은 적이 있는가? 그런 적이 있다면, 당신의 몸부림과 의문을 그리스도께 가져갔는가, 아니면 하나님을 향해 분노와 원망을 퍼부었는가?

2. 하나님이 욥의 의문에 응답하신 방식에 대해 어떻게 생각하는가? 당신이 만일 욥의 의문과 상황에 당신의 의문과 상황을 대입한다면, 욥기 38-41장에 나온 하나님의 응답을 듣고 어떤 반응을 보일 것 같은가? 위안과 평안을 얻을 것 같은가? 만일 그렇지 않다면, 그 이유는 무엇인가?

3. (가능하면 부부가 함께 풀라.) 두 사람이 품고 있는 의문을 서로 나눠보라. 이어서 하나님이 욥에게 주신 답변으로부터 무엇을 배웠는지 서로 이야기하고, 그 답변이 당신의 현 상황에 어떤 새로운 관점을 줄 수 있는지 서로 나눠보라. 서로 마음이 통하면 함께 기도하는 시간을 갖고 주님께 당신의 몸부림과 의문을 솔직히 말씀드리라. 끝으로 하나님이 누구신지에 대해, 그리고 당신이 그분을 신뢰할 수 있다는 사실에 대해 그분께 감사하고 찬양하라.

기도

예수님, 종종 이런저런 '의문'이 떠오르곤 합니다. '주님은 왜 나의 삶에 이런 폭풍을 허락하셨는가?' '주님은 그 폭풍을 예방할 수 있었는데도 왜 그렇게 하지 않으셨는가?' '주님은 왜 내가 바라는 대로 내 기도에 응답하지 않으셨는가?' 저는 주님이 선하시다고 믿지만 때로는 주님의 목적과 길을 이해하기가 힘듭니다. 어쩌면 제가 주님의 모든 길을 다 이해하지 못하는 게 당연하고, 그 대신 주님을 신뢰하는 법을 배울 필요가 있겠지요. 때때로 제가 주님의 성품에 의문을 품고 화를 내고 원망했던 것을, 주님을 제가 이해할 만한 분으로 만들려고 했던 것을 용서해주소서. 주님은 저의 창조주이자 지탱자이시며, 치료자이자 구원자이십니다. 주님은 제게 답변할 의무가 없으십니다. 제가 이해하려고 씨름할 때 주님이 누구신지를 신뢰하고 주님이 가장 위대한 방식으로 보여주신 그 사랑을 믿고 안심하도록 도와주소서. 제게 용서와 자유와 기쁨을 주시기 위해 자신의 목숨을 내어주신 그 십자가의 사랑을 말입니다. 제가 응답을 원할 때 그 사랑을 믿고 안심하게 하소서. 제가 통제하고 싶을 때 주님의 권능과 선하심을 믿게 도와주소서. 그리고 주님의 계획이 저의 마음과 삶에서 펼쳐지길 기다릴 때는 주님을 더욱 경배하고 찬양하도록 저를 이끌어주소서. 아멘.

더 묵상할 본문 : 시 13편; 합 1:1-2:4, 합 3:17-19; 사 40:28-31, 사 55:8-9

나의 묵상 노트

23장.

듣기만 하다가 눈으로 보다: 겸손의 열매

_ 제프

"주께서는 못 하실 일이 없사오며 무슨 계획이든지 못 이루실 것이 없는 줄 아오니… 내가 주께 대하여 귀로 듣기만 하였사오나 이제는 눈으로 주를 뵈옵나이다 그러므로 내가 스스로 거두어들이고 티끌과 재 가운데에서 회개하나이다"(욥 42:2, 5-6).

우리 부부가 많은 시련들을 통과하도록 주님이 돕지 않으셨다면 나는 훨씬 더 오만하고 덜 자애로운 남편과 아버지가 되었을 것이다.

하나님은 어려운 상황을 이용해 나를 겸손하게 만드셨고, 나로 불편한 중에도 그분을 의지하고 신뢰하면 더 큰 자유와 기쁨이 생긴다는 것을 깨닫게 하셨다. 나는 부부싸움에서 이기고 싶은 본성을 갖고 있지만, 주님은 그런 싸움을 이기기보다는 서로 신뢰하고 친밀하고 열린 환경을 만드는 것이 더 큰 복임을 나에게 보여주셨다. 사실 나는 강하고 현명한 사람으로 보이고 싶었고, 착실한 자녀들을 양육하며 무난한 결혼생활을 누리길 원했다. 하지만 하나님은 나를 겸허하게 만드셔서 그렇게 되면 내가 독립적인 존재가 될 것임을 보여주셨고, 실은 내가 그리스도께 완전히 의존된 존재임을 깨달을 때 훨씬 더 강하고 현명한 사람이 된다는 것을 알게 하셨다. 겸손하게 되는 것은 하나의 복이다. 겸손에 이르는 길은 고통스러울지라도 충분히 걸을 만한 가치가 있다.

겸손이란 무엇인가?

우리는 욥기 42장에서 욥이 스스로를 멸시하고 티끌과 재 가운데서 회개하는 장면을 접한다. 욥이 처음에는 재 가운데 앉아서 슬퍼했다가 지금은 재 가운데서 회개하는데(2장 8절과 42장 6절을 비교하라), 그 사이에 무엇인가가 바뀌었기 때문이다. 그는 하나님에 대해 귀로 들었다가 이제는 그분을 눈으로 보게 되었다. 고난을 겪던 욥이 그 고난을 통해 하나님이 주시는 유익을 보게 된 전환점은 바로 "내가 주께 대하여 귀로 듣기만 하였사오나 이제는 눈으로 주를 뵈옵나이다"(욥 42:5)라고 말하게 되었을 때였다.

욥은 자신이 스스로에 대해서는 너무 높게, 하나님에 대해서는 너무 낮게 생각해왔음을 알았다. 이제 그 자신과 하나님에 대해 올바른 견해를 갖게 된 욥은 스스로를 낮추고 자신의 교만을 회개한다. 겸손은 우리에게 왜 회개해야 하는지 그 필요성을 보여줄 뿐 아니라(그동안 우리는 교만했으며 우리 자신과 우리의 계획, 우리의 선함 등을 너무 높게 평가했기에) 실제로 회개하게 한다(이제는 우리가 너무 교만하지 않아서 변명을 그만두고, 자신을 정당화하거나 우리의 환경 또는 배우자를 탓하지 않게 되기에). 욥의 경우처럼, 하나님은 우리의 고난을 통해 우리를 그분에 관해 듣는 수준으로부터 그분을 보고 또 더 깊이 아는 수준으로 성장시키신다. 스펄전은 이렇게 썼다. "번영 중에는 하나님에 관해 듣게 된다. 이는 축복이다. 역경 중에는 하나님을 보게 된다. 이는 더 큰 축복이다." 이것이 바로 겸손에 이르는 길이다.

우리는 선천적으로 교만해지는 성향을 갖고 있다. 그래서 자기 자신을 부부관계와 가족과 일의 중심으로 보고, 더 솔직히는, 우주의 중심으로 여긴다. 겸손은 우리가 우주의 중심이 아니라는 사실을 받아들이는 일을 포함한다. 하나님이 그 중심이시며, 우리는 그분을 중심으로 돌아간다는 사실을 받아들이는 것이다. 우리는 자기 자신을 더 작게 생각하고 하나님을 더 크게 생각할 때 자신과 타인에 대한 올바른 견해를 갖게 되고, 타인 및 하나님과의 관계에서 우리의 위치를 올바로 파악하게 된다. C. S. 루이스는 "겸손은 자기 자신을 덜 생각하는 게 아니라 자기 자신을 더 작게 생각하는 것이다"라고 말했다. 이것이 욥이 그랬듯 자기 자신을 올바르게 보는 것이다. 즉, 당신이 모든 것을 다 알지 못하고, 당신이 모든 해답을 다 갖고 있지 않고, 당신의 인생 계획이 반드시 최선은 아니며, 거칠게 말해, 당신은 더 나은 대우를 받을 자격이 없다는 것이다. 그리고 이것이 하나님을 올바르게 보는 것이다. 즉, 그분은 모든 것을 다 아시고, 그분은 모든 해답을 다 갖고 계시고, 그분의 계획이 최선이며, 그분은 당신의 찬양과 순종을 받을 자격이 있으시다.

우리 자신을 있는 그대로 보고, 하나님을 있는 그대로 보면 언제나 회개로 이어진다. 특히 자신을 실제보다 더 낫고 더 크다고 생각하는 교만에 대해, 그리고 자신이 만물의 중심에 있다고 여기는 오만에 대해(이는 욥이 하나님께 의문을 제기하며 씨름했던 문제이다) 회개하기에 이른다. 문제는 욥이 그의 의문을 하나님께 가져갔던 게 아니라 하나님이 그에게 해명할 의무가 있다고 생각했던 점이다. 하나님께 의문을 제기하고 우리의 고난에 대해 탄식하는 것은 물론이고 하나님이 어떻게 선(善)을 위해 일하고 계시는지 보여 달라고 요청하는 것은 잘못이 아니다. 그러나 '내가 하나님보다 더 잘 알기 때문에 그분이 내 방식으로 일하셔야 한다'는 생각을 품고 하나님께 의문을 제기하는 것은 잘못이다.

그러면 우리는 어떻게 욥이 도달했던 그런 겸손에 이를 수 있을까?

우리는 어떻게 겸손해지는가?

욥은 하나님에 대해 듣다가 그분을 보고 또 알게 됨으로서 어떻게 더욱 겸손하게 되었는가?

욥은 고난을 통해 그동안 하나님에 대해 이론적으로 품었던 믿음을 시험받았고, 그 시험을 통해 이제는 그의 믿음이 경험된 실재임을 알게 되었다. 이와 동일한 과정이 종종 우리에게도 필요하다. 우리는 어떤 것을 믿는다고 말하지만, 그 믿음이 시험을 받기까지는 그것을 진정으로 보고 또 알지 못한다.

당신이 그동안 많은 이야기를 들은 어떤 장소를 상상해보라. 굉장한 폭포, 계곡, 역사적 명소, 또는 산꼭대기의 전경일 수 있다. 당신은 그 깜짝 놀랄 만한 아름다움, 장엄한 구조, 또는 엄청난 힘에 대해 많이 들었다. 그러나 그것이 얼마나 놀라운지 상상하려고 애써도 그 존재에 관해 듣기만 했기에 이해에 한계가 있을 수밖에 없다.

당신이 그 장소에 몸소 방문한다면, 이제는 당신이 직접 경험했기 때문에 그 굉장한 규모가 당신을 왜소하고 보잘것없는 존재로 느끼게 하고, 그 장구한 역사가 당신으로 하여금 인생이 얼마나 빨리 왔다가 가는지 깨닫게 하고, 또는 그 엄청난 힘이 당신을 무력하게 느끼게 하고 당신의 통제력이 얼마나 미약한지 알 것이다.

이는 우리의 여정, 곧 하나님에 관해 듣는 것을 믿다가 그분의 현존, 권능, 거룩하심을 몸소 보게 되는 여정과 약간 비슷하다. 시련은 종종 우리가 이처럼 그분을 볼 수 있게 해주는 렌즈이다. 욥의 경우는 분명히 그랬다.

욥은 자신이 무엇보다도 하나님을 사랑한다고 믿었지만 지금은 하나님이 그의 상실보다 더 크신 분임을 알았다. 욥기 1장 1절의 순간으로 돌아가서 만일 우리가 욥에게 "당신은 하나님을 경외하며, 하나님이 주시는 그 많은 것들보다 그분을 더 사랑하는가?"라고 물었다면, 욥은 틀림없이 "그렇다."라고 답했을 것이다. 그리고 그는 정말로 그랬다. 그런데 우리가 42장에 이르러 욥에게 똑같은 질문을 던졌다면 그는 자기가 말하는 내용을 훨씬 잘 이해하면서 "그렇다!"라고 답했을 것이다. 왜냐하면 이제 그는 하나님이 주신 그 많은 것들을 잃어버린 뒤에 하나님이 여전히 거기에 계시고, 여전히 주권자이시고, 여전히 선하신 분임을 보았기 때문이다.

욥은 이미 하나님이 신실하신 분임을 믿고 있었지만, 이제는 그가 처한 최악의 환경을 통해 또 그런 환경 안에서 하나님의 신실하심을 목격하게 되었다. 그는 자기가 무가치한 죄인임을 이론적으로 믿고 있었지만, 이제는 거룩하신 하나님 앞에서 자신의 죄와 무가치함을 보게 되었다. 그는 하나님이 주권자이심을 믿고 있었지만, 이제는 자기가 하나님을 이해할 수 없을 때에도 그분이 주권자이심을 알게 되었다. 그는 만사가 형통할 때 하나님이 선하신 분임을 믿고 있었지만, 이제는 언젠가 이뤄질 구속, 곧 어떤 폭풍도 휩쓸어갈 수 없는 그 구속의 빛에 비춰 하나님의 선하심의 깊이를 보게 되었다(욥 19:25-27).

막상 그 순간에는 보기 어려워도 이것은 우리에게도 그대로 적용된다. 하나님이 우리 삶에 허용하시는 모든 것, 즉 우리가 결혼생활에서 겪는 시련들을 포함해 모든 것은 본래 우리의 눈을 열어 우리의 창조주가 누구신지를, 그리고 우리가 그리스도 안에서 누구인지를 보게 하려는 것이다. 그 결과 우리가 겸손해지고 더욱 의로워져서 그분에 대해 더 많이 묵상하게 하도록 설계되어 있다.

우리가 낮아져서 우리가 얼마나 자격이 없는 존재인지를 보기 전에는 우리가 지금부터 영원토록 그리스도 안에서 얼마나 놀라운 복을 받았는지 깨달을 수 없는 법이다. 하나님은 욥의 삶에서 그러셨듯이 우리의 삶에서도 겸손의 열매를 맺고자 우리의 고난을 사용하시며, 때가 되면 우리를 높이시고 역경 중에도 우리에게 더 큰 자유와 기쁨을 선사하신다. 베드로는 이를 이렇게 표현했다. "그러므로 하나님의 능하신 손 아래에서 겸손하라 때가 되면 너희를 높이시리라 너희 염려를 다 주께 맡기라 이는 그가 너희를 돌보심이라"(벧전 5:6-7).

세상은 우리에게 스스로를 높이라고 말하지만, 하나님은 우리에게 스스로를 낮추라고 명하신다. 하나님의 경륜에서는 위로 올라가려면 아래로 내려가야 한다. 번영하려면 쇠퇴해야 한다. 강해지려면 연약한 가운데 그분께 나아가야 한다. 하나님은 우리에게 명령하시는 바를 수행할 수 있는 능력을 주겠다고 약속하신다. 그래서 우리 스스로 맺을 수 없는 겸손의 열매를 맺게 하려고 고난을 허락하시고, 이는 결국 우리를 그분의 영광 가운데 그분과 함께 높이기 위함이다.

겸손에 이르는 길은 험난할지 몰라도 하나님의 은혜가 임하는 길이다. 그분이 우리를 낮추기 위해 고난을 허용하시는 것은 때가 되면 우리를 그리스도에게까지 높이셔서 그분과 같이 되게 하기 위해서다.

겸손은 결혼생활에 어떤 도움을 주는가?

비록 우리는 겸손해지는 과정을 즐거워하기 어렵지만 겸손해지기를 즐거워하게 될 것이고, 겸손이 우리의 결혼생활에 낳는 산물을 즐거워하게 될 것이다. 우리는 하나님을 더 많이 볼수록 더 낮아지고 그분의 성품을 더 많이 묵상하게 된다. 그리고 그리스도를 더 많이 닮아갈수록 우리의 배우자에게 더 큰 복이 될 것이다.

나는 이를 직접 체험했다. 우리는 아직 갈 길이 멀지만, 지금까지 하나님이 많은 시련을 통해 우리 부부를 낮추신 것은 우리의 결혼생활에 큰 축복이었다. 우리가 시련을 당할 때 슬퍼하며 제각기 달리 반응하는 동안 서로를 향한 연민이 점점 더 많아졌다. 우리의 약점과 죄와 씨름하는 동안 서로에 대한 인내심이 점점 더 늘어났다. 그 결과 우리는 하나님의 도움 없이는 서로를 돕거나, 부부관계를 개선하거나, 우리의 환경을 바꿀 능력이 없음을 깨닫고 더욱 일관되게 기도하게 되었다. 우리는 점점 더 겸손해지면서 더 솔직하게 이야기하고 더 열린 마음으로 경청하게 되었다. 우리에게 시련과 어려움이 닥칠지라도 서로 공감하려고 애쓴다면 상대방과 주님을 존경하게 되며 함께 시련을 직면할 수 있음을 깨닫게 되었다. 끝으로, 시련을 통해 얻은 겸손의 열매가 우리에게 가르쳐준 교훈은 우리 모두 자격 없는 자로서 그리스도의 은혜와 용서를 받았으니 서로에게 더 빨리 사과하고 또 더 빨리 용서해야 한다는 것이다.

겸손에 이르는 길은 험난하고 또 우리가 갈 길이 아직 멀지만, 하나님의 은혜로 겸손의 열매가 계속 우리의 부부관계를 변화시킬 테고 결혼생활에서 겪는 어려움을 보는 관점을 바꿔줄 것이다.

그런데 그런 일이 일어나려면 내가 기꺼이 낮아지려는 마음이 있어야 한다. 이는 내가 아내의 실수를 보기에 앞서 나 자신과 나의 약점, 내가 회개해야 하는 영역을 주시해야 한다는 뜻이다. 이는 내가 아직 목표에 도달하지 못했음을 받아들인다는 뜻이다. 우리에게 새로운 폭풍이 몰아칠 때 하나님의 뜻이 무엇인지 찾되 때로는 내가 그 해답을 알 수 없음을 수용한다는 뜻이다. 결혼생활을 둘러싼 시련이 자동적으로 겸손을 불러오는 것은 아니다. 오히려 시련은 교만, 자기 연민, 또는 상대방에 대한 실망이나 원망을 초래할 수도 있다. 나의 경우는 하나님께서 나를 바꾸시도록 허용하고 그분과 아내에게 완고해지지 않겠다고 결심해야 했다.

형제와 자매여, 나는 당신이 겪는 어려움이나 시련을 알거나 이해하지 못한다. 따라서 당연히 그런 문제에 대한 모든 해답을 갖고 있지도 않다. 그러나 당신의 삶과 결혼생활에 닥친 시련을 계기로 당신이 그리스도를 더욱 의존하게 될 수 있다는 사실은 확실히 안다. 당신이 경험한 상실과 실망을 통해 스스로에 대한 착각에서 벗어나고 하나님이 누구신지를 다시 생각하길 바란다. 고난을 받을 때 욥의 첫 반응처럼 당신 자신을 세상의 중심에 두고픈 유혹에 저항하고, 당신이나 배우자가 세상에서 가장 중요한 사람인 듯 착각하지 말라. 하나님의 계획이 우리의 계획보다 더 크다는 것을 기억하라. 그러면 당신은 더 겸손해질 수 있고, 그리스도를 더욱 닮아가고, 그 결과 배우자에게 하나의 복이 될 수 있다.

이제 나와 함께 이렇게 기도하자.

"주님, 무슨 수를 쓰더라도 우리를 겸손케 하사 주님을 의존하게 하시고, 주님을 기뻐하고, 주님을 열망하고, 당신을 주님으로 신뢰하게 하소서."

하나님은 그 누구라도 변화시키고 새롭게 하실 능력이 있다. 그분은 깨어진 것을 치료하고, 부부관계를 고치고 보호하며, 고난에서 복을 이끌어내실 수 있다. 그러나 이 모든 일은 우리가 겸손하게 믿음으로 그분 앞에 나아가는 것과 함께 시작된다. 만일 당신이 이제까지 이를 깨닫지 못했다면, 당장 오늘부터 그 길을 걷기 시작하라.

성찰 질문

1. 이번 장을 읽은 후에도 여전히 당신은 겸손을 하나의 복으로 보기가 어려운가? 그렇다면 이런 질문을 던져보라. "나는 다음 둘 중 어느 쪽을 원하는가? 지금은 안락하지만 장차 그리스도께서 주실 영원한 복을 경험하지 못하는 쪽인가, 아니면 지금은 힘들지만 결국에는 더 큰 복이 있을 것임을 알고 주님을 신뢰하는 쪽인가?"

2. 혹시 자존심 때문에 부부관계에서 어려움을 겪고 있지 않은가? 당신은 주도권을 잡으려고 애쓰는가? 그리고 배우자의 관점을 듣기 싫어하는 것은 아닌가? 당신은 무엇보다 자신의 안락함을 추구한 나머지 배우자와 부부관계에 가장 좋은 것을 제쳐놓지는 않는가?

3. 하나님이 시련을 통해 당신의 삶과 부부관계에 겸손을 엮어내시는 모습을 본 적이 있는가? 있다면 당신은 어떤 격려를 받았는가?

4. (가능하면 부부가 함께 풀라.) 이번 장에서 "겸손은 결혼생활에 어떤 도움을

주는가?"란 주제를 다뤘는데, 이와 관련해 하나님께서 당신의 마음속에서 어떤 사역을 하고 계시다고 생각하는가? 구체적인 예를 한두 가지 들어보라.

기도

예수님, 주님의 영광보다 저의 영광을 더 구할 때가 많다는 것을 인정합니다. 저는 약하다고 느끼기보다 강하다고 느끼기를 좋아하고, 제가 틀렸을 때 그것을 겸손히 시인하기보다 내가 옳다고 주장하길 좋아합니다. 저로 하여금 겸손이 하나의 복임을 보게 도와주시고, 이런 시련을 통해 나 자신과 결혼생활에 겸손의 열매가 맺히게 해주소서. 무슨 수를 쓰더라도, 제가 이 어려운 나날을 헛되이 보내지 않게 도와주시고, 주님이 고난을 이용해 저로 하여금 더 깊고 더 의존적인 믿음으로 주님을 보고 또 알게 할 것임을 믿게 하소서. 무슨 수를 쓰더라도, 제가 결혼생활과 인생의 주인이 아니라는 것과 제가 모든 것을 주관하지 않는다는 것을 알게 해주소서. 무슨 수를 쓰더라도, 저를 겸손케 하셔서 제 마음이 주님을 경배하고 찬양하고 영화롭게 하도록 은혜를 주소서. 무슨 수를 쓰더라도, 저에게 주님이 얼마나 필요한지를 깨달아서 오직 주님 안에서만 완전한 만족과 기쁨을 찾게 하소서. 무슨 수를 쓰더라도, 주님의 영이 저를 순종과 신실함의 길로 인도하시고, 부부관계에서 저의 소원과 열망을 내려놓고 배우자를 저보다 더 귀한 존재로 여기게 하소서. 아멘.

더 묵상할 본문 : 신 8:2-10, 16; 시 25:9; 빌 2:3-8; 약 4:6-10; 벧전 5:5-8

나의 묵상 노트

24장.

그대들을 묶어주는 끈: 용서

_ 사라

"그런즉 너희는 수소 일곱과 숫양 일곱을 가지고 내 종 욥에게 가서 너희를 위하여 번제를 드리라 내 종 욥이 너희를 위하여 기도할 것인즉 내가 그를 기쁘게 받으리니 너희가 우매한 만큼 너희에게 갚지 아니하리라"(욥 42:8).

목사님이 부부관계에서 정직과 용서의 중요성에 대해 말씀하셨을 때 나는 자리에서 움찔하며 이런 생각이 들었다.

'사라, 너 제프에게 죄를 짓지 않았니?'

아무리 반박하려 애써도 죄를 깨닫게 하시는 성령님이 내 속을 휘저으셨다. 나는 '남편에게 굳이 말할 필요가 없어. 그러면 상처만 줄 뿐이지. 그리고 그것은 나와 주님 사이의 문제야'라고 생각했다. 그러나 목사님의 다음 말은 이런 나를 똑바로 겨냥하는 듯했다. "배우자와의 관계에서 당신이 정직해져야 할 부분은 없습니까? 그것을 알리지 않고 그냥 두는 게 낫다는 거짓말을 믿지 마십시오." 나는 주님이 내게 스스로를 낮추고 이 특정한 죄와의 씨름을 고백하라고 말씀하시는 것을 알았다. 주님에게뿐 아니라 남편에게도.

이후에 나는 남편에게 지은 죄를 눈물을 흘리며 이야기했고 용서해달라고 간청했다. 두려움과 온갖 변명, 굴욕 등이 나에게 그만두라고 아우

성쳤지만 나는 나의 잘못을 시인하고 그 결과를 수용할 준비가 되어 있었다.

그리고 남편은 나를 용서했다. 그는 상처를 받았지만 자비롭고 온유했다. 우리가 항상 그처럼 빨리 고백하고 회개하거나 그처럼 빨리 용서하고 관계를 회복했던 것은 아니다. 그러나 이번에는 빠르게 진행되어 감춰진 죄나 미해결된 상처를 안고 살았을 때보다 부부관계가 훨씬 더 강건해졌다. 용서는 반드시 필요하다. 비록 용서가 우리의 타고난 본성에 거슬릴지라도, 아니 특히 거슬릴 때에 그렇다. 당신이 결혼한 지 24시간이 넘었다면 이를 충분히 공감할 것이다.

우리가 압력을 받을 때 우리의 타고난 죄성이 표면에 떠오른다. 열은 불순물을 태워버리기 전에 그것을 드러내고, 그러기에 용서는 우리 시련의 열쇠가 된다. 우리(개인으로서 또 부부로서)는 폭풍이 닥칠 때 별안간 더욱 죄 많은 존재가 되는 것이 아니다. 우리는 이미 죄 많은 존재인데 폭풍이 그것을 노출시킬 뿐이다. 그래서 결혼에 관한 책은 용서를 다루어야 한다. 욥기 42장 7-9절은 매우 흥미로운 결론의 일부인데, 감사하게도 그 대목은 용서의 여러 측면을 다루고 있다.

"여호와께서 욥에게 이 말씀을 하신 후에 여호와께서 데만 사람 엘리바스에게 이르시되 내가 너와 네 두 친구에게 노하나니 이는 너희가 나를 가리켜 말한 것이 내 종 욥의 말 같이 옳지 못함이니라 그런즉 너희는 수소 일곱과 숫양 일곱을 가지고 내 종 욥에게 가서 너희를 위하여 번제를 드리라 내 종 욥이 너희를 위하여 기도할 것인즉 내가 그를 기쁘게 받으리니 너희가 우매한 만큼 너희에게 갚지 아니하리라 이는 너희가 나를 가리켜 말한 것이 내

종 욥의 말 같이 옳지 못함이라 이에 데만 사람 엘리바스와 수아 사람 빌닷과 나아마 사람 소발이 가서 여호와께서 자기들에게 명령하신 대로 행하니라 여호와께서 욥을 기쁘게 받으셨더라."

이 대목은 (조금 복잡해도) 하나님과의 관계와 서로의 관계에서 회개와 용서의 측면을 이해하는 데 큰 도움을 주었다. 하나님이 욥에게 하시는 말씀을 우리의 삶과 부부관계에 적용하자면 다음 몇 가지를 들 수 있다.

하나님이 그리스도 안에서 당신을 용서하셨듯이

이 대목은 하나님께 용서를 받으려면 무엇이 필요한지 보여준다. 당신을 대신해 당신의 죄에 대한 하나님의 심판(죽음)을 받을 제물이 필요하다. 그리고 당신을 대신해서 하나님께 말씀드릴 중보자가 필요하다. 그래야 하나님이 "그(그들의 기도)를 기쁘게 받으리니 너희가 우매한 만큼 너희에게 갚지 아니하실"(8절) 것이다. 이 용서는 여기서 하나님이 욥의 자만하고 주제넘은 친구들에게 베푸시는 것이다.

욥의 친구들이 바칠 제물(수소 일곱과 숫양 일곱)은 매우 값비쌌지만 그래도 어디까지나 동물에 불과했다. 그리고 하나님이 그 친구들에게 말씀하신 중보자는 의로운 사람이었지만 욥은 여전히 불완전한 인간에 불과했다. 이 둘은 모두 장차 일어날 일을 가리키고 있다. 말하자면, 그리스도 안에 계신 하나님이 그 자신의 심판을 받게 될 궁극적인 희생 제물과 그리고 자기를 하나님께 제물로 드리고 우리를 대신해 말씀하실 하나님의 아들, 곧 궁극적인 중보자를 말이다.

하나님이 당신을 용서하기 위해 어떤 대가를 치르셔야 했는지 알겠는가? 당신이 누군가를 용서할 수 있는 입장에 서려면, 즉 분노하며 상처를 줄 권리를 포기하고 관계를 회복할 수 있으려면, 당신 같은 죄인을 용서하신 하나님의 자비에 깜짝 놀라고 하나님이 무슨 대가를 지불하셨는지(아들의 희생)를 깨달아야 한다. 그럴 때에만 가능하다. 그래서 신약성경은 종종 하나님이 우리를 용서하신 일과 우리가 타인을 용서하는 일을 연결시키는 것이다. "서로 친절하게 하며 불쌍히 여기며 서로 용서하기를 하나님이 그리스도 안에서 너희를 용서하심과 같이 하라"(엡 4:32).

우리가 용서하기를 싫어하는 것은 우리 자신이 얼마나 하나님의 용서가 필요한 존재인지를 잊어버렸기 때문이다. 우리가 용서할 수 없다고 말할 때는 하나님이 우리를 용서하려고 엄청난 대가를 치르셨음에도 불구하고 우리는 용서의 대가를 치르지 않겠다고 말하는 셈이다.

수직적 용서와 수평적 용서의 차이점

그런데 우리가 주의하지 않으면 욥기에 나오는 이 대목을 읽고 용서를 지나치게 단순화시킬 수 있다. 그러니까 하나님이 명하시는 대로 우리가 그저 용서하기로 하면(또는 용서를 구하기만 하면) 회복이 뒤따라올 테고 다 잘 될 것이라 생각할 수 있다.

그러나 이는 종종 우리가 경험하는 것과 거리가 멀다. 그래서 우리는 자연스럽게 다음과 같은 질문들과 씨름하게 된다. 만일 배우자가 회개하지 않는다면 우리는 어떻게 해야 할까? 그럼에도 불구하고 상대방을 용서해야 알까?

나는 저자이자 상담사인 티모시 레인(Timothy Lane)의 작은 책, 『남을 용서하는 것』(Forgiving Others)을 통해 수직적 용서(우리와 하나님 사이의)와 수평적 용서(우리와 타인 사이의)의 차이점을 이해하는 데 큰 도움을 받았다. 그는 서로 모순되는 듯 보이는 두 구절을 지적하는데, 이는 오히려 우리가 화해를 추구할 때 지혜롭게 행하도록 도와준다.

"서서 기도할 때에 아무에게나 혐의가 있거든 용서하라 그리하여야 하늘에 계신 너희 아버지께서도 너희 허물을 사하여 주시리라"(막 11:25).

"너희는 스스로 조심하라 만일 네 형제가 죄를 범하거든 경고하고 회개하거든 용서하라"(눅 17:3).

레인 박사는 이렇게 쓰고 있다.

"이 두 구절은 서로 모순되는 듯 보이는데, 어느 것이 옳은가? 둘 다 옳다! 이 두 구절에는 용서의 두 가지 축이 있다. 수직적인 축과 수평적인 축이다. 마가복음 11장 25절은 수직적인 축, 즉 사람 vs 하나님의 축을 묘사한다. 이는 하나님 앞에서 상대방에 대한 내 마음의 태도를 다루고 있다. 이는 나에게 원한을 회개하고 용서하라고 요구한다. 태도로서의 용서(수직적 차원)가 먼저 내 마음속에 있어야 한다.

다른 한편, 누가복음 17장 3절은 용서의 수평적인 축, 즉 사람 vs 사람의 축을 거론한다. 사람 사이 화해를 위한 용서는 가해자가 회개하고, 죄를 시인하고, 용서를 구할 때만 가능하다. 그러나 비록 가해자가 회개하지 않더라도 피해자는 수직적 차원에서 태도로서의 용서를 견지해야 한다. 가해자가 용서를 구하지 않는다고 해서 그것을 당신의 분노와 상처를 계속 보유할 변명거리로 삼아서는 안 된다."(p. 15)

이 구별이 나에게 큰 도움을 주었다. 욥기에서는 욥의 친구들이 회개하도록 이끌어주신 분이 하나님이셨다. 욥은 그에게 상처를 주는 친구들의 비난에 올바르게 대처했지만(욥 21:27, 34), 그들로 그들의 죄를 보게 만들 수 없었고 그들에게 회개를 강요할 수도 없었다. 그러나 하나님께서 그들의 죄를 지적하자 욥의 마음은 수직적 의미에서 그들을 위해 기도할 준비와 수평적 의미에서 그 친구들과 관계를 회복할 준비를 갖출 수 있었다.

이는 우리의 부부관계에도 그대로 적용된다. 우리는 배우자가 어떻게 우리에게 상처를 주거나 해를 입혔는지 솔직히 말해야 하지만, 배우자에게 그의 죄를 보고 회개하고 화해와 치유의 과정을 시작하도록 강요할 수는 없다. 그러나 우리가 성령에 힘입어 수직적 의미에서 용서할 힘을 얻게 된다면, 우리는 배우자가 용서를 구할 때 그를 용서하고 화해할 준비를 갖추게 될 것이다.

하지만 한쪽 배우자가 계속 죄를 짓기로 선택할 수도 있다. 그럴 경우에는 수직적 용서와 수평적 용서를 이해할 때 지혜롭게 처신할 수 있다. 첫째, 우리가 배우자의 죄를 주님께 위탁함으로써 용서하도록 부름 받았다는 것을 이해하면 주님, 곧 (그리스도 안에서 용서받은 이들을 제외하고) 언젠가 모든 죄에 대한 책임을 물으실 그분 앞에서 (상대방을 용서하지 않을 경우에 뿌리박을) 원한과 분노를 억제할 수 있다.

둘째, 용서에 관한 하나님의 말씀을 이해하면, 설사 배우자가 계속 회개하지 않고 상처를 줄지라도 부부관계를 이어나가는 법을 배울 수 있다. 우리는 외부의 도움을 받아야 할 때도 있고, (지역 교회의 지도나, 또는 어떤 학대가 발생했다면 정부 기관의 지도 아래) 회개의 여지를 마련하기 위해 우리 자신이 한동안 현 상황에서 벗어나야 할 때도 있다. 배우자가 계속 죄를 짓는데도 그런 상황에 그냥 머물러 있는 것은 무정한 처신이다. 물론 우리는 수직적인 차원에서 용서할 수 있다. 하지만 결국에는 회복될 것을 바라보면서 외부의 도움과 성경적 상담을 구하기 위해 필요한 조치를 취하는 것이 현명하고 자애로운 처신이다. 하나님은 언제나 우리에게 그분 앞에서 마음으로 용서하라고 명하시지만, 우리가 회개하길 싫어하는 배우자에게 회개와 화해를 강요할 수는 없다. 바울이 우리에게 타인과 화평하게 지내라고 말할 때는 중요한 단서를 달고 있다. **여러분의 힘으로 되는 일이라면** 모든 사람과 평화롭게 지내십시오(롬 12:18, 공동번역; 강조는 저자 추가).

용서는 하나의 사건이자 과정이다

나는 욥이 때로 그의 친구들과 가족과 아내가 최악의 순간에 그의 불행을 어떻게 악화시켰는지 떠올리며 괴로워했을지 궁금하다. 나라면 아마 그랬을 것이다.

그래서 우리는 용서가 하나의 사건인 동시에 하나의 과정임을 기억할 필요가 있다. 티모시 레인의 글을 다시 인용할까 한다.

> "우리가 누군가를 용서할 때, 그것은 하나의 사건이다. '나는 너를 용서한다.' 그러나 그것이 끝이 아니다. 그 잘못이 기억날 때마다 나는 계속 용서해야 한다. '나는 너를 용서하고 앞으로도 계속 너를 용서할 것이다.'"(p. 8-9)

용서하기로 한다고 해서 상처나 신뢰 부족, 또는 분노가 별안간 사라지는 것은 아니다. 용서는, 우리가 그리스도의 힘에 의지해 계속 우리의 고통과 분노를 포기하고, 피해를 다시 말하고 싶은 유혹을 뿌리치고, 다른 사람의 죄뿐 아니라 우리 자신의 죄도 직시하고, 신뢰 관계를 재건하려고 애쓰는 것이기에 그만큼 시간이 필요한 과정이다.

부부관계에서는 당신이 상처를 받은 경우에 이 점을 기억하는 것이 중요하다. 그런데 당신이 배우자에게 상처를 준 경우에도 이를 기억하는 것이 좋다. 배우자가 비록 당신을 '하나의 사건'으로서 용서를 베풀었다 할지라도 치유와 관계의 재건은 시간이 걸리기에 당신은 인내할 필요가 있다. 인내와 기도, 성령님의 도움과 함께 하나님은 우리의 죄로 인한 깨어짐과 손상을 구속하고 회복시키실 수 있다. 하지만 이런 작업은 종종 시간이 걸리며 또 남편과 아내 모두에게 그리스도의 힘과 치유의 능력을 의지하려는 자세가 필요하다.

용서를 잘 주고받는 부부관계

당신과 배우자가 완벽한 게 아니라면(그럴 가능성은 없다!), 행복한 결혼생활을 위해서는 정직함(상대방이 어떻게 당신에게 상처를 주었는지, 그리고 당신이 어떻게 상대방에게 죄를 지었는지에 관해)과 용서(양쪽 모두에 대한)가 반드시 필요하다. 우리는 서로에게 최선을 추구하고 서로의 잘못에 대해 천천히 반응해야 한다. 즉, 서로의 행동에 대해 최악의 것을 가정하거나 그 동기를 의심하지 말고, 때로는 하나가 되기 위해 배우자의 약점을 용인하는 일이 필요하다(엡 4:2-3).

이제 당신이 홀로 생각할 만한 질문들을 제시하려 한다. 가능하면 배우자와 함께 토론해도 좋겠다.

1. 당신이 짜증을 내거나 괴로워하는 문제 가운데 사실상 용서가 필요한 일이 아닌 것은 무엇인가? 남편과 아내는 기쁨과 슬픔에 대해 달리 반응하고 또 달리 소통하는, 서로 다른 사람들이기에 부부관계에는 긴장과 짜증이 발생할 수밖에 없다. 이것은 엄연한 현실이다. 혹시 당신은 배우자의 차이점을 죄로 여기지는 않는가? 혹시 당신은 상대방이 범했을지 모르는 어떤 죄에 비해 과하게 큰 불만을 품지는 않았는가?

2. 당신이 고집스럽게 정당화하거나 자존심을 내세우지 말고 용서를 구할 것이 있는가? (그리고 배우자에게 이렇게 물어보라. 혹시 내가 변명하거나 화를 내거나 보복하거나 부인할까 봐 나에게 말하지 않은 고통스러운 영역이 있는가?)

3. 당신이 계속 고통과 분노를 품지 말고 용서를 베풀어야 할 문제는 없는가?

4. 그리스도께서 이미 죽음으로 용서하셨지만 내가 용서를 받아들이지 못하고 스스로를 벌하는 것은 없는가?

친구들이여, 용서를 주고받는 법을 배우는 것은 부부관계에서 복음을 삶으로 실천하는 가장 위대한 방법 중 하나이다. 그리스도께서 당신을 위해 행하신 일에 점점 더 감사하면서, 그 결과 당신 곁에 있는 사람을 무조건 사랑하고 용서하는 삶을 살라. 은혜 충만한 용서를 마음껏 베푸는 결혼생활이야말로 하나님이 주시는 평화와 하나 됨과 생명을 풍성하게 경험하는 삶이기 때문이다.

성찰 질문

1. 이번 장을 읽고 나서 당신이 이제껏 생각했던 용서와 다른 점을 발견한 것이 있는가? 그로 인해 당신의 견해가 긍정적으로 바뀐 것이 있다면 이야기해보라.

2. 당신이 용서를 베풀었거나 용서를 받았는데도 아직도 상처나 신뢰나 수치심을 붙들고 계속 씨름하는 영역이 있는가? 용서가 하나의 사건이자 하나의 과정이라는 것을 이해하면 당신이 어떻게 앞으로 나아갈 수 있겠는가?

3. (가능하면 부부가 함께 풀라.) 앞에서 제시한 네 가지 질문을 하나씩 풀어보라
   (당신이 먼저 홀로 그 문제들을 풀어본 뒤에 서로 답변을 나누면서 서로의 통찰에 귀를 기울이는 것이 가장 좋다).

기도

예수님, 주님이 목숨을 희생하기까지 저를 사랑하셔서 제가 용서를 받고 주님 안에서 새로운 마음과 삶을 선물로 받게 하셨으니 정말 감사합니다. 저 역시 배우자와는 물론 타인과의 관계에서도 용서를 빨리 주고받아야 하는데, 때로는 그것이 힘들다는 사실을 고백합니다. 주님이 얼마나 큰 대가를 치르고 제게 은혜와 용서를 베푸셨는지 깨닫게 해주시고, (가능하면) 수직적으로 또 수평적으로 타인과의 관계에서 그 은혜와 용서를 주고받는 일에 성장하도록 저를 도와주소서. 배우자와 함께하는 삶에 인내와 회개, 용서와 화해가 풍성하기 원합니다. 그러려면 주님의 도움이 필요합니다. 우리 부부 모두 도움이 필요한 존재들입니다. 우리가 이 영역에서 자랄 수 있도록, 용서의 축복을 경험하도록, 주님의 복음을 반영하는 삶이 되도록 우리에게 은혜를 주옵소서. 아멘.

더 묵상할 본문 : 시 103:10-14; 잠 28:13; 미 7:18-19; 마 18:20-35; 요일 1:9

나의 묵상 노트

25장.

최선의 날은
아직
오지 않았다

_ 제프와 사라

"여호와께서 욥에게 이전 모든 소유보다 갑절이나 주신지라… 여호와께서 욥의 말년에 욥에게 처음보다 더 복을 주시니"(욥 42:10, 12).

욥기의 마지막 일곱 절에는 "여호와께서 욥에게 이전 모든 소유보다 갑절이나 주신"(10절) 내용이 기록되어 있다. 말 그대로 행복한 결말이다. 욥이 처음보다 더 많은 복을 받았다. 짐승도 두 배나 되었고, 또 다른 열 명의 자녀를 얻었으며, 수명도 더 늘어났다(12-13절, 16-17절). 욥은 행복한 결말을 맞이한다.

하지만 당신의 삶에는 행복한 결말이 보이지 않는다면 당연히 어려울 수밖에 없다. 당신은 "좋다, 그런데 나는 어떤가?" 하고 묻는다. "나의 부부관계는 회복될 것인가? 나의 몸은 과연 치유될 것인가? 내가 상실한 것들을 되찾을 수 있을까? 어떻게 하면 희망을 잃지 않을 수 있을까?" 당신은 낙담에 빠질지도 모르겠다.

형제자매여, 우리는 당신을 충분히 공감한다. 욥이 마침내 그랬던 것처럼 우리도 많은 시련을 겪은 후 결국에는 그처럼 회복되었다고 말하면서 이 책을 끝낼 수 있으면 좋겠다. 그러나 우리는 그렇지 않았다. 우리의 몸은 여전히 아프고, 우리 자녀들은 여전히 고통을 받고 있고, 우리의 재정 역시 고갈되고 있으며, 우리의 부부관계도 여전히 개선될 필요가 있고, 우리의 집도 벼룩의 습격을 받았다. 이는 우리가 생각하는 회복된 모습이 아니다.

하지만 그와 동시에, 우리에게 희망과 기쁨이 없는 것은 아니다. 하나님은 구속과 회복의 사역을 이제까지 해오셨고 지금도 수행하고 계신다. 그분은 우리의 마음을 변화시키고, 우리의 결혼생활을 개선시키고, 그의 아들에 대한 우리의 사랑을 키우시고, 우리로 다가오는 영원한 회복을 고대하게 하신다. 그리고 사실 우리 부부와 당신은 욥기의 마지막 일곱 절보다 훨씬 더 나은 어떤 것을 손꼽아 기대할 수 있다.

우리가 품은 희망

크리스천의 삶은 모두 장래의 희망에 관한 것이다. 우리는 결국 욥처럼 회복된 상태로 끝날 것이다. 요한은 우리의 장래 희망을 요한계시록 21장 1-4절에서 이렇게 묘사한다.

"또 내가 새 하늘과 새 땅을 보니 처음 하늘과 처음 땅이 없어졌고 바다도 다시 있지 않더라 내가 보매 거룩한 성 새 예루살렘이 하나님께로부터 하늘에서 내려오니 그 준비한 것이 신부가 남편을 위하여 단장한 것 같더라 내가 들으니 보좌에서 큰 음성이 나서 이르되 보라 하나님의 장막이 사람들과 함께 있으매 하나님이 그들과 함께 계시리니 그들은 하나님의 백성이 되고 하나님은 친히 그들과 함께 계셔서 모든 눈물을 그 눈에서 닦아 주시니 다시는 사망이 없고 애통하는 것이나 곡하는 것이나 아픈 것이 다시 있지 아니하리니 처음 것들이 다 지나갔음이러라."

언젠가는 고통과 눈물, 슬픔과 실망, 질병과 죽음, 굶주림과 죄가 더 이상 존재하지 않을 테고, 예수님을 따르는 자는 누구나 그분의 존전에 있게 될 것이다. 불완전한 우리의 결혼은 그리스도와 그의 백성 간의 완전한 결혼으로 대체될 것이다. 망가지고 깨어진 우리의 가정은 모든 하나님의 가족 안에 있는 완전한 연합과 사랑으로 대체될 것이다. 그리고 상한 우리 몸은 고통이 없으며 온전하고 영원한 몸으로 대체되리라. 그때가 되면 더 이상 의사나 약이나 장례식이 필요하지 않을 것이다. 더 이상 흔들리는 관계, 깨어진 가정, 또는 사랑하는 사람의 죽음도 없을 것이며, 두려움이나 실패나 죄도 없을 것이다. 그런데 이것들이 가장 좋은 선물은 아니다.

새로운 창조의 최고점은 우리가 마침내 그리스도의 존전에서 그분과 얼굴을 마주 보고 그분의 충만한 영광을 경험하며 살게 되는 것이다. 우리는 드디어 믿는 것을 눈으로 보게 되고, 그리스도께서 우리의 빛이 되시기에 해가 필요 없는 세상에 살게 될 것이다. 우리는 그리스도와 함께 걷고, 그분과 함께 이야기하고, 그분을 영원히 즐거워하게 되리라. 예수님은 우리의 눈에서 모든 눈물을 닦아주실 테고, 우리에게 슬픔은 더 이상 없을 것이고, 우리의 의(義)는 그분의 존전에서 완성될 것이다. 이것은 이해하기 어렵지만, 우리가 하늘의 집에 도달하기 위해 폭풍을 헤쳐 나갈 때 반드시 붙잡아야 할 희망이다.

중간 지대에서 사는 삶

하나님은 그분이 원하기만 하면 지금도 우리가 잃어버린 것들을 회복시킬 수 있다(그리고 우리는 이를 위해 계속 기도하고, 이를 눈여겨보고, 또 발견하면 감사해야 한다). 하지만 어떤 것들은 이 땅에서 회복되지 않을 것이다. 욥도 마찬가지였다. 하나님이 그를 축복하셔서 짐승을 이전보다 두 배나 주고 자녀들을 이전과 똑같은 수로 주셨다. 그런데 왜 하나님은 자녀들 역시 두 배로 주시지 않았을까? 아마 욥이 잃어버린 열 명의 귀한 자녀들이 영광 중에 그를 기다리고 있기 때문일 것이다.

우리는 하나님께서 욥과 그의 아내에게 회복시켜주신 모든 것에 초점을 맞추곤 하지만(이는 하나님의 큰 연민을 상기시켜준다) 그들이 상실한 것 중에 일부는 그들 평생에 회복되지 않았다는 사실을 기억할 필요가 있다(이는 이곳이 우리의 본향이 아님을 상기시켜준다). 욥과 그의 아내가 훗날의 열 자녀를 기뻐하고 사랑했다고 나는 확신하지만 이미 잃어버린 자녀들을 제자리로 되돌릴 수는 없었다. 그 대신 그들은 이 땅에서 하나님이 회복시켜주신 것을 즐거워하는 한편, 아마도 모든 것이 다 회복될 때 그들의 옛 자녀들과 재회할 날을 갈망했을 것이다.

크리스천이여, 우리는 삶을 이어가며 결혼생활을 할 때 이 점을 기억해야 한다. 우리가 하늘의 본향에 이를 때까지는 타락한 세상에 사는 하나님의 구속받은 백성으로서, 즉 완전한 땅을 향해 걷는 순례자로서 중간 지대에 살고 있다는 점이다. 이 말은 우리 평생에 회복되지 않을 수 있는 상실을 슬퍼하며 산다는 뜻이다. 또 가능하다면 성장과 회복을 위해 기도하고 또 그것을 추구하며 산다는 뜻이다. 그러나 무엇보다도 우리가 움킨 손을 펴고 그리스도를 신뢰하며 산다는 뜻이다. 곧 우리는 그분께서 우리가 모르는 방식으로 일하시고, 우리를 그분께로 돌려놓으려고 일하시며, 우리가 그분 안에서 더 큰 기쁨과 만족을 찾도록 이끄시고, 하늘의 본향에 맞춰 우리를 준비시키시며, 우리 부부가 폭풍을 통과하도록 힘을 주신다는 것을 신뢰하며 산다.

그러니 아직 희망을 포기하지 말라. 상황은 바뀔 수 있고, 하나님이 일하실 수 있으며, 내일이 오늘보다 나을 수 있다. 그러나 당신의 모든 희망을 현재에 걸지도 말라. 하나님이 그분의 완벽한 때에 당신의 환경과 결혼을 회복시키고 치유하고 구속하실 수 있다는 기대감을 품고 기다리며 기도하되, 그분이 언젠가 그분의 존전에서 모든 것을 완전히 회복시키고 구속하실 것임을 알면서 그렇게 하라. 다음 약속은 예수님을 따르는 모든 사람에게 이뤄질 것이다. "모든 은혜의 하나님, 곧 그리스도 안에서 너희를 부르사 자기의 영원한 영광에 들어가게 하신 이가 잠깐 고난을 당한 너희를 친히 온전하게 하시며 굳건하게 하시며 강하게 하시며 터를 견고하게 하시리라"(벧전 5:10).

욥은 이 진리를 어렴풋이 이해하고 하나님을 신뢰했던 것이다. 그는 욥기 42장에 기록된 지상의 축복과 회복을 보기 전에, 이미 그는 자신에게 가장 필요한 것을 갖고 있다는 사실을 발견했다. 바로 심판 이후에 장차 이 땅에 서셔서 그의 백성과 함께 살아가실, 만물을 구속하실 살아계신 하나님을 말이다(욥 19:25). 모든 것을 행하실 능력이 있고, 모든 것을 다스리시며, 전적으로 선하신 하나님을 그는 보았다(욥 42:2-6). 욥은 깊은 수렁에서도 위를 쳐다보고 앞을 내다볼 수 있는 능력이 있었고, 높은 곳에 있을 때도 그랬다.

우리 역시 무슨 일로 슬퍼하든지 욥과 똑같이 반응할 만한 (아니 그보다) 더 큰 이유를 갖고 있다. 우리는 예수님의 부활을 보면서 우리 희망의 근거가 되시는 그분은 실재하시고 권능이 크시고, 또 자신의 약속을 지키시는 분임을 확신할 수 있다. 베드로가 고난 받는 친구들에게 앞을 내다보고 위를 쳐다보라고 권면하면서 가리킨 곳이 바로 부활이었다.

"우리 주 예수 그리스도의 아버지 하나님을 찬송하리로다 그의 많으신 긍휼대로 예수 그리스도를 죽은 자 가운데서 부활하게 하심으로 말미암아 우리를 거듭나게 하사 산 소망이 있게 하시며 썩지 않고 더럽지 않고 쇠하지 아니하는 유업을 잇게 하시나니 곧 너희를 위하여 하늘에 간직하신 것이라 너희는 말세에 나타내기로 예비하신 구원을 얻기 위하여 믿음으로 말미암아 하나님의 능력으로 보호하심을 받았느니라"(벧전 1:3-5).

그러니 당신이 무슨 일을 하든지 또 무슨 일이 당신에게 일어나든지 욥이 알았던 이 하나님에 대한 믿음을 굳게 지키라. 어쩌면 당신이 상상도 못 한 회복의 사건이 당신의 결혼생활이나 환경에 일어날 수 있다. 물론 그렇지 않을 수도 있다. 이곳은 타락한 세상이자 종종 헷갈리는 세상이기 때문이다. 하지만 당신은 그런 회복의 사건을 통제할 수도, 요구할 수도 없다. 당신의 상황이나 부부관계가 어떠하든지 간에 당신의 본분은 그리스도를 꼭 붙잡는 것이고, 하나님의 도움으로 계속 위를 쳐다보고 앞을 내다보기로 결심하는 것이다. 배우자가 알든 모르든, 바로 이것이 당신의 결혼생활과 당신의 영혼을 위해 당신이 취할 수 있는 최선의 반응이다.

함께 폭풍을 헤쳐 나가다

(제프) 아내와 나는 어려운 길을 계속 걸어가는 동안(모퉁이를 돌 때마다 우리의 믿음과 부부관계를 시험했던 길이다) 하나님의 신실하심이 우리를 줄곧 지탱해주고, 우리를 겸손하게 하고, 우리를 변화시키고, 우리를 성장시키는 것을 경험했다. 그 길은 쉽지 않았고 우리가 기대한 길도 아니었으며, 우리의 계획표에 있었던 길은 확실히 아니었다. 그러나 우리가 시선을 우리 자신과 서로에게서 떼어내고 그리스도께 고정할 때, 그분이 우리의 마음과 결혼생활 가운데 회복 사역을 수행해오셨고 또 무엇보다도 우리가 그분을 더욱 갈망하게 하셨음을 알 수 있다. 우리는 죄인이라서 여전히 서로를 실망시키곤 한다. 우리는 우리가 이해하지 못하는 것과 씨름하고 우리의 시련에서 벗어나는 날을 갈망한다. 그러나 하나님의 은혜 덕분에 우리가 직면하는 폭풍이 우리를 파멸시키지 않았다. 그 대신, 폭풍은 우리로 하여금 그리스도의 사랑과 위안과 힘 속으로 더 깊이 몰아갔고, 우리는 영원한 본향을 갈망하며 결혼생활에 회복과 복을 초래하는 놀라운 원천을 늘 발견하는 중이다.

이제 우리가 마지막 장 마지막 대목에 이른 만큼 당신이 이 책을 내려놓고 그동안 읽고 배운 것을 돌아보기를 바란다. 성령님이 당신에게 부부관계에서 추진할 몇 가지 변화를 보여주시도록 간구하라. 극복하기 어려운 듯한 폭풍에 초점을 맞추지 말고, 당신이 적극적으로 행하거나 바꾸거나 헌신할 수 있는 몇 가지 사항에 대해 생각해보라. 우리의 목표는 완전해지는 것이 아니다. 성장을 추구하고 실제적인 믿음의 발걸음을 내디딘다면 당신의 삶뿐만 아니라 결혼생활에도 복이 임할 것이다.

그리고 당신이 실천하기로 약속할 수 있는 구체적인 사항들을 몇 가지 적어보라.

가능하면 당신의 배우자와 의논하고, 배우자에게 도움과 격려와 도전을 구하고, 당신을 위해 기도해달라고 부탁하라. 이상적으로는, 부부가 함께 변화를 추구할 수 있는 방법을 깊이 생각하는 것이 좋다.

그러나 함께 의논하는 것이 가능하지 않더라도, 당신은 여전히 주님의 도움으로 성장하고픈 영역에 헌신하고, 배우자를 섬기고 사랑함으로써 그리스도를 기쁘게 하는 것이 가능하다.

"신자여, 당신에게 기쁨을 선사하는 원천은 절대로 마르지 않는다. 요나의 경우처럼, 당신의 식물이 시들더라도(욘 4:7) 당신의 하나님은 여전히 살아 계신다. 욥의 경우처럼, 당신의 재산을 모두 빼앗기더라도(욥 1:15) 최고의 선(善)은 여전히 당신의 것이다. 강물이 말랐는가? 바다는 물로 가득하다. 별들이 숨겨졌는가? 하늘의 해는 영원한 찬란함을 뽐내며 빛나고 있다. 당신에게는 닳아 없어지지 않는 소유물, 틀림없이 이뤄지는 약속, 변함이 없는 보호자가 있다. 당신은 믿음이 없는 세상에 살지만 신실하신 하나님 안에 거하고 있다."(C. H. Spurgeon, Beside Still Waters, p. 153)

욥은 심한 시련들을 통해 하나님이 누구셨는지 또 누구신지에 대해 더 많이 배웠다. 당신도 어려운 시기를 보내면서 그와 똑같이 되기를 바란다. 예수님을 보게 될 날을 향해 움직이면서 당신의 결혼생활을 통해 하나님에 대해 더 많이 배우고 그분께 더 의지하며 믿음으로 전진하게 되기를 바란다. 당신이 거기에 도달했을 때는 뒤돌아보면서 당신의 결혼생활이야말로 시련을 견디고, 그리스도를 꼭 붙잡고, 서로를 격려하고, 예수님을 밝히 드러내고, 결국에는 하나님의 한없는 신실하심과 선하심을 보고 알게 된 현장이었다고 고백할 수 있기를 바란다. 둘이서 함께 폭풍을 헤쳐 나간 현장이었다고….

성찰 질문

1. 당신은 그리스도의 피로 구속을 받았는가? 그렇다면 당신이 하나님 안에서 안전하다는 것을 믿고 하나님을 찬양하라. 만일 아직 구속받지 못했는가? 그렇다면 당신은 무엇 때문에 주님이자 구원자이며 구속자이신 예수님께 나아가지 못하는가? 이 시간 하나님께 기도하되, 그분에 관해 귀로 들을 뿐만 아니라 그분이 누구신지 또 그분 안에 얼마나 큰 복이 있는지를 보게 해달라고 간구하길 바란다.

2. 당신은 이제까지 살면서 잃어버렸던 것을 그리스도께서 회복시켜주신 경험이 있는가? 있다면 그분께 감사하라! 장차 그분이 회복시켜주시길 바라는 영역이 있는가? 있다면 하나님께 그분의 때에 그것을 회복시켜 달라고 기도하라. 당신의 평생에 도무지 회복될 수 없다고 생각하는 것은 무엇인가? 당신의 슬픔을 그리스도께 아뢰고, 하지만 언젠가는 모든 것을 회복시키실 그분께 감사하는 시간을 가지라.

3. (가능하면 부부가 함께 풀라.) 이 책을 읽는 동안 가장 큰 영향을 받은 것이 무엇인지 서로 이야기해보라. 당신이 도전받은 것, 당신이 격려받은 것,

하나님이 가르쳐주신 것은 각각 무엇인가? 당신의 결혼생활에서 앞으로 추진하고픈 구체적인 변화를 몇 가지 열거하고, 당신이 꼭 기도하겠다고 약속하는 영역을 몇 가지 들어보라. 장차 그리스도께서 다시 오실 때 모든 것이 회복될 터인데, 그 가운데 가장 고대하는 것을 서로 나눠보라. 부부가 모두 원한다면, 현재 회복되길 바라는 것을 위해 기도하고, 장차 이뤄질 회복을 내다보며 함께 기뻐하는 시간을 가지라.

기도

예수님, 주님의 목숨을 내어주셔서 제가 구속받고 주님께 되돌아갈 수 있게 해주셔서 감사합니다. 저는 때때로 주님이 저의 삶과 결혼생활에 허락하신 시련을 받아들이고 이해하기가 어렵지만, 주님이 그런 시련을 통해 저의 유익을 도모하시고 또 언젠가 주님의 존전에서 모든 상실과 슬픔과 애통을 회복시키고 구속하시겠다고 약속해주셔서 감사합니다. 욥기에서 보았듯이, 주님은 진실로 주권자이시고 신실하고 선하신 분입니다. 제가 주님 또는 저의 상황을 제대로 이해할 수 없을 때라도 그렇습니다. 예수님, 나는 현재 어느 정도 회복되길 바라고 또 장차 온전히 회복될 것을 갈망합니다. 그날을 기다리는 동안 주님을 신뢰하게 도와주시고, 욥처럼 나도 가장 큰 기쁨과 복, 곧 예전에는 제대로 몰랐던 주님을 보고 또 알게 되는 복을 경험하게 허락하소서. 주님은 현재 완벽한 결혼생활을 약속하지는 않으시지만, 이런 시련들이 우리의 부부관계를 파괴하도록 허락하지 마시고, 그 대신 우리를 변화시켜 주님을 점점 더 닮아가게 해주셔서 서로를 사랑하고 섬기고 흠모하게 도와주소서. 언젠가 뒤를 돌아보면서 주님이 이런 시련을 통해 행하신 모든 일에 놀라고 또 감사하게 될 것을 생각하니 주님께 감사하지 않을 수 없습니다. 그동안 우리가 이런 폭풍을 헤치며 더 강한 발걸음으로 함께 걷도록 도와주소서. 아멘.

더 묵상할 본문 : 시 66:5-12, 16-20; 사 54:4-14, 사 57:18-19; 갈 2:20, 갈 3:13, 갈 4:4-6

나의 묵상 노트

감사의 글

무엇보다 먼저, 우리 주님이시자 구원자이신 예수 그리스도께 모든 영광과 영예를 올려드린다. 그분이 베푸신 구원의 은혜와 신실한 공급이 없었다면 이 책의 단 한 글자도 존재하지 않을 것이다. 오직 그분만이 본서를 통해 영광을 받으시길 바란다.

The Good Book Company는 우리에게 집필 기회를 주었을 뿐 아니라 유능하고 진실하며 경건한 편집진과 함께 일할 수 있게 해주었다. 한 사람 한 사람이 그리스도의 몸에 주신 선물이며 함께 일하는 것이 기쁨이었다.

우리의 편집자이자 그리스도 안에서 형제요 친구인 칼 라퍼튼에게는 너무나 감사해서 딱히 표현할 말을 찾기 어려울 정도이다. 우리 인생의 어려운 시기에 이 책을 집필하게 되어 무척 힘들었는데, 그의 인내와 지혜와 관대함 덕분에 마침내 끝낼 수 있었다. 아니, 즐겼다고 감히 말하고 싶다. 칼은 우리 원고를 훨씬 더 나은 책으로 만들어주었고 이제는 우리

가족의 귀한 친구가 되었다. 이 어려운 기간 내내 그가 줄곧 베푼 격려와 기도에 어떻게 감사해야 할지 모르겠다. 우리는 영원히 그에게 고마워할 것이다.

물론 우리 부모님께도 감사하는 글을 쓰지 않을 수 없다. 우리에게 인생을 선사하셨을 뿐 아니라 무엇보다도 우리가 예수님을 알고 사랑하도록 우리를 양육하신 분들이다. 우리 두 사람의 부모님은 우리가 결코 다 이해할 수 없을 그런 희생을 치르셨고, 어려운 중에도 그리스도를 사랑하고 또 서로를 사랑하는 훌륭한 모범을 보여주셨다. 우리와 나란히 신실하게 걸어주신 부모님께 감사를 드리고 싶다. 우리가 고통스러울 때는 우리와 함께 슬퍼하셨고, 우리가 기쁠 때는 기뻐하셨고, 우리가 더 이상 할 말이 없을 때는 우리를 위해 기도하셨고, 우리가 결코 보답할 수 없을 그런 지원을 아끼지 않으셨다. 부모님의 사랑과 지지가 우리를 지금까지 지탱해주었다.

그리고 우리가 집필하면서 주님께 신실하게 순종하려고 애쓰는 동안 우리에게 큰 인내심을 발휘한 자녀들(벤, 한나, 할리, 엘리)에게 고마움을 전하고 싶다. 우리는 완벽한 부모와 거리가 멀고 바라는 만큼의 본보기가 아닌 적도 많았으나 그들을 얼마나 사랑하는지 자녀들이 알게 되길 기도한다. 우리는 부족하지만, 주님이 자녀들의 눈을 열어주셔서 예수님이 그들의 주님이자 구원자임을 알게 해주시길, 그리고 장차 그분이 그들의 어린 시절에 견디도록 허락하신 그 고통과 시련을 사용하시고 또 구속하실 것을 자녀들이 보게 되길 기도한다. 많은 이들이 결코 다 알거나 이해할 수 없을 그런 시련들을 그들이 계속 견디고 인내한 것을 우리는 자랑스럽게 생각한다. 자녀들의 인생이 신실함, 선함, 은혜, 희망, 그리고 그리스도를 기뻐하는 것으로 채색되길 기원한다.

우리는 또한 우리의 목사이자 멘토요 친구인 콜린 스미스에게 감사드리고 싶다. 그는 매주 변함없이 하나님의 말씀을 지혜롭게 또 겸손하게 설교하며, 우리에게 하나님의 말씀을 배우는 학생이 되라고 또 복음의 렌즈를 통해 성경을 공부하라고 가르쳐주었다. 나(사라)에게 집필을 시작하도록 격려하고, 따라서 내가 상상도 못했던 여정을 걷게 한 것에, 그리고 우리가 이 책을 쓰는 동안 지혜롭게 상담해준 것에 감사를 드린다. 그리고 그동안 우리를 위해 신실하게 기도해주고, 지지와 격려를 해준 오처드 이벤젤리컬 프리 처치(Orchard Evangelical Free Church)의 다른 목사님들께도 감사드린다.

끝으로, 우리가 한 걸음씩 나아갈 때마다 우리를 위해 기도하고 우리를 지지해준 친구들과 가족에게 감사를 표한다. 일일이 감사해야 할 사람이 너무 많다. 그들이 지난 12년 동안 기꺼이 우리와 함께 고생하고 늘

기도하고 우리를 격려하고 사랑해준 것에 너무도 감사드린다. 그들은 카드로, 식사로, 그리고 우리가 아플 때 함께 있어주는 등 여러 모양으로 그리스도의 사랑과 그리스도의 몸에 속한 복을 우리에게 보여주었다. 우리는 한 분 한 분께 심심한 감사를 드린다. 그리그들도 얼마나 많은 사랑을 받고 있는지 알게 되기를 기도한다.

사명선언문

너희가 흠이 없고 순전하여……세상에서 그들 가운데 빛들로
나타내며 생명의 말씀을 밝혀 _ 빌 2:15-16

1. 생명을 담겠습니다
만드는 책에 주님 주신 생명을 담겠습니다.
그 책으로 복음을 선포하겠습니다.

2. 말씀을 밝히겠습니다
생명의 근본은 말씀입니다.
말씀을 밝혀 성도와 교회의 성장을 돕겠습니다.

3. 빛이 되겠습니다
시대와 영혼의 어두움을 밝혀 주님 앞으로 이끄는
빛이 되는 책을 만들겠습니다.

4. 순전히 행하겠습니다
책을 만들고 전하는 일과 경영하는 일에 부끄러움이 없는
정직함으로 행하겠습니다.

5. 끝까지 전파하겠습니다
모든 사람에게, 땅 끝까지, 주님 오시는 그날까지
복음을 전하는 사명을 다하겠습니다.

서점 안내

광화문점　서울시 종로구 새문안로 69 구세군회관 1층
　　　　　　02)737-2288 / 02)737-4623(F)

강남점　　서울시 서초구 신반포로 177 반포쇼핑타운 3동 2층
　　　　　　02)595-1211 / 02)595-3549(F)

구로점　　서울시 동작구 시흥대로 602, 3층 302호
　　　　　　02)858-8744 / 02)838-0653(F)

노원점　　서울시 노원구 동일로 1366 삼봉빌딩 지하 1층
　　　　　　02)938-7979 / 02)3391-6169(F)

분당점　　경기도 성남시 분당구 황새울로 315 대현빌딩 3층
　　　　　　031)707-5566 / 031)707-4999(F)

일산점　　경기도 고양시 일산서구 중앙로 1391 레이크타운 지하 1층
　　　　　　031)916-8787 / 031)916-8788(F)

의정부점　경기도 의정부시 청사로47번길 12 성산타워 3층
　　　　　　031)845-0600 / 031)852-6930(F)

인터넷서점　www.lifebook.co.kr